Stichwort Deutsch
Intensivkurs für Mittelstufe Band II
(neu erarbeitet)

新求精德语强化教程
中级 II
（第四版）

Deutsch-Kolleg
der Tongji-Universität

教育部直属同济大学留德预备部　编著

内 容 提 要

《新求精德语强化教程》是目前国内赴德留学培训使用最广的教材，现有初级和中级两套：初级教程（第四版）有初级Ⅰ和初级Ⅱ两册；中级教材（第四版）有中级Ⅰ和中级Ⅱ两册。中级内容难度相当于欧标德语 B1～B2 要求的水平，适用于已读完初级德语（540 学时）的学员。本书为中级教程Ⅱ。

为了适应广大参加德福考试人员的要求，同济大学留德预备部组织了有丰富教学经验的教师对中级教材第三版进行重新修改编写，在题材、信息、词汇以及训练方法等方面进行了更新。第四版中级教材分Ⅰ、Ⅱ两册，由 28 个单元构成，每一个单元有 5 篇课文，其中 3 篇是阅读课文，2 篇为听力课文，所有课文都提供了德国社会、文化、经济、科技等方面的最新信息内容。中级教材的题材广泛，词汇量丰富，将语言技能的培养和训练与对德国概况信息的了解融合在一起，为学员留学和通过德福考试打下扎实基础。

本教材还配有词汇手册以及教学参考书。所有听力课文配套的 MP3 都可以在同济大学出版社网站（www.tongjipress.com.cn）上的下载中心免费下载。

图书在版编目(CIP)数据

新求精德语强化教程. 中级. Ⅱ/教育部直属同济大学留德预备部编著. ——4 版. ——上海：同济大学出版社，2016.6(2017.10重印)
 ISBN 978-7-5608-6360-3

Ⅰ.①新… Ⅱ.①教… Ⅲ.①德语—高等学校—教材
Ⅳ.①H33

中国版本图书馆 CIP 数据核字(2016)第 121436 号

Stichwort Deutsch Intensivkurs für Mittelstufe Band Ⅱ（neu erarbeitet）
新求精德语强化教程中级Ⅱ（第四版）
教育部直属同济大学留德预备部　编著

| 策划编辑 | 张平官 | 责任编辑 | 孙丽燕 | 责任校对 | 徐春莲 | 封面设计 | 陈益平 |

出版发行	同济大学出版社　　www.tongjipress.com.cn
	（上海市四平路1239号　邮编：200092　电话：021-65985622）
经　　销	全国各地新华书店
印　　刷	启东市人民印刷有限公司
开　　本	889 mm×1 194 mm　　1/16
印　　张	19.75
印　　数	8 201—12 300
字　　数	632 000
版　　次	2016 年 6 月第 4 版　　2017 年 10 月第 3 次印刷
书　　号	ISBN 978-7-5608-6360-3
定　　价	88.00 元

本书若有印装质量问题，请向本社发行部调换　　版权所有　侵权必究

Stichwort Deutsch
Intensivkurs für Mittelstufe Band Ⅱ（neu erarbeitet）
新求精德语强化教程中级Ⅱ（第四版）

编著者：（以姓氏笔画为序）
　　方建国　区思明　杭国生　赵　勤
　　（德）Katrin Jander

初 版 前 言

《新求精德语强化教程》是专为赴德语国家学习、进修人员进行德语强化教学而编写的。全书分为初级Ⅰ、Ⅱ，中级Ⅰ、Ⅱ和高级教程，共五册，是目前国内德语强化教学界自《出国留学人员德语强化教学大纲》问世以来首套集语言、国情、跨文化交际，以及听、说、读、写训练和德国DSH（高校德语入学考试）迎考培训于一体的完整的系统教材。全书根据教学大纲并参考德国DSH考纲的要求编成。从编写、试用、修改、定稿、出版、使用，到修订、再版，历经10年时间。全书从初学德语开始，直到可参加DSH考试为止，适用三个学期的教学。

本教程内容丰富、体系完整、构思新颖、题型多样，是国内唯一与DSH直接接轨的德语强化教程。我们希望以《新求精德语强化教程》的出版来促进德语强化教学界教材建设工作方面的交流，并有利于我国与德语国家、地区间的文化沟通。

《新求精德语强化教程》中级教材在练习形式上力求多样，在培养听、说、读、写四项语言技能的过程中，着眼于训练学员从句层面向篇层面过渡的表达能力。在语言知识方面，既作为对初级教材的巩固和加深，也考虑到对高级教材的基础铺垫，中级教材Ⅰ，Ⅱ两册逐渐注入了构词知识、复用词义辨析、动词化与名词化结构的转换、功能动词结构等一系列更有生成意义的内容。在跨文化交际知识方面介绍了许多德国的风土人情，并要求学员就社会、人文、习俗、科技等多范畴题材，与我国的情况作比较式讨论。在中级教材Ⅱ中，还用较多的篇幅向学员概述了德国高校的情况，以及在那里从事学习、科研的大致步骤。对概念的抽象、语篇的分析、内容的概括、观点的阐述等较高层次表达技巧的培养，也作了相应安排。整套中级教程的材料，包括两册正式出版的教科书及教学磁带。

《新求精德语强化教程》中级教材在原《求实德语强化教程》和《求精德语强化教程》的基础上作了改进，在修订中，我们得到了在同济大学留预备部执教的德国专家们的帮助。在此谨向Barbara Osterhoff 和 Evelyn Schulze 女士以及所有帮助过我们的其他专家表示衷心的谢意。

希望《新求精德语强化教程》的读者和使用者对本书多提批评和建议，使本教程在今后修订时得以改进和完善。

编　者
1998年12月

第四版前言

近年来德国高校已普遍把通过德福考试(TestDaF)作为录取外国留学生的前提条件。随着中国留学德国的学生以及参加德福考试人数的逐年增多，大家对有一套更能为德福考试打好扎实基础的教材的呼声也越来越高。就目前国内赴德留学培训使用最广的《新求精德语语强化教程》中级教材(以下简称中级教材)来说，在题材、信息、词汇以及训练方法等方面已越来越不能适应广大参加德福考试人员的要求，为此同济大学留德预备部组织了有丰富教学经验的教师对中级教材第三版进行重新修改编写。

第四版中级教材分Ⅰ、Ⅱ两册，由28个单元构成，每一个单元有5篇课文，其中3篇是阅读课文，2篇为听力课文。不管是阅读还是听力课文，都提供了德国社会、文化、经济、科技等方面的最新信息内容，也同时为培养学员到德国留学所需以及德福考试中所要求的听、说、读、写语言能力提供话题素材。中级教材的题材广泛，词汇量丰富，将语言技能的培养和训练与对德国概况信息的了解融合在一起，能为学员留学和通过德福考试的需要打下扎实基础。

本中级教材中方建国老师编写了第1、12、13、14、17、21、25单元，赵勤老师编写了第2、5、8、11、16、20、24、28单元，杭国生老师编写了第3、7、9、15、19、22、26单元，区思明老师编写了第4、6、10、18、23、27单元。杭国生老师负责了教材组的组建和编写的组织工作，方建国老师负责了教材的试用。德籍语言教师Katrin Jander女士负责对所有编写的单元进行语言审校。

在本中级教材的编写和试用过程中，我们得到了德籍教师Andrea Schwedler女士，Doris Leber女士，Lisa Holzherr女士和杨建培老师的许多帮助。Katrin Jander女士，Lisa Holzherr女士，Rainer Holzherr先生，Doris Leber女士以及Sven Spies先生帮助灌制了听力课文录音，在此一并表示谢意。

编　者
2016年7月于上海

Inhaltsverzeichnis

Inhalt	Themen der Texte	Sprechen und Schreiben	Grammatik
15. **Studentenleben** *Seite* 1	A Über Studentenleben und Studium **LV** B Wie man ein Zimmer findet? **HV** C Erstsemester **LV** D Freizeitaktivitäten für Studenten **HV** E Arbeiten neben dem Studium **LV**	**Sprechen:** - über Zimmersuchen - über Freizeitaktivtäten - über Studentenjob **Schreiben:** ein Bewerbungsanschreiben	Umformulierung von Modalverben
16. **Mann und Frau** *Seite* 21	A Männer und Frauen ticken ähnlicher als gedacht **LV** B Frauensprache, Männersprache **HV** C Frauen und Männer im Berufsleben **LV** D Hausmann **HV** E Im Bann der Tradition **LV**	**Sprechen:** - über Geschlechterklischees - über den zukünftigen Partner - über gut ausgebildete Frauen **Schreiben:** - geschlechtsspezifische Unterschiede beim Gespräch - ein Forumsbeitrag	Wiederholung: Relativsätze Negation
17. **Massenmedien** *Seite* 39	A Wofür das Internet am liebsten genutzt wird **LV** B Ein Interview zum Thema „Kinder und Internet" **HV** C Moderne Medien – Segen oder Fluch? **LV** D Nutzung digitaler Medien verdummt! **HV** E Soziale Netzwerke werden immer beliebter **LV**	**Sprechen:** - über die Zeitung - über moderne Medien - über soziale Netzwerke **Schreiben:** eine Rezension zu einem Buch	Wiederholung: Relativsätze
18. **Wirtschaft** *Seite* 61	A Das Wirtschaftswunder **HV** B Warum der „German Mittelstand" so erfolgreich ist **LV** C Was bedeutet „Globalisierung"? **LV** D Ein Minireferat über interkulturelles Management **HV** E E-Commerce vs. stationärer Handel-Können beide nebeneinander bestehen? **LV**	**Sprechen:** - überdie Erfolgsfaktoren des Wirtschaftswunders - über die Vor- und Nachteile der Globalisierung - ein Minireferat	Generalisierende Relativsätze mit „wer" und „was" Grammatische Übung

Inhalt	Themen der Texte	Sprechen und Schreiben	Grammatik
19. **Konsumgesellschaft** *Seite* 81	A Der Deutsche bleibt ein sparsamer Konsument **LV** B Wie Kunden manipuliert werden **HV** C Einfacher Leben **LV** D Eine neue Sucht **HV** E Werbung ist Krieg **LV**	**Sprechen:** - über das Verhalte der chinesischen Konsumenten - über Verkaufstricks - über Lebensweise - einem Freund Ratschläge machen **Schreiben:** Vor- und Nachteile der Sparsamkeit abwägen und Stellung nehmen	Gerundium Wiederholung: Partizipial-Konstruktionen Gerundium
20. **Arbeitswelt** *Seite* 101	A Wie wir morgen arbeiten **LV** B SOHO, eine neue Arbeitsform **HV** C Arbeitslosigkeit **LV** D Kurt Wolf, ein Arbeitsloser **HV** E Auf den zweiten Blick sehr attraktiv **LV**	**Sprechen:** - über SOHO - über Arbeitslosigkeit - über Vor- und Nachteile von Großunternehmen oder ein mittelständischen Unternehmen **Schreiben:** Vor- und Nachteile von SOHO	Modalverb zur subjektiven Aussage
21. **Europa** *Seite* 121	A Die Europäische Union **LV** B Was bedeutet Europa für Sie? **HV** C Die EU wirkt auf das Leben ihrer Bürger ein **LV** D Europas Reichtum beruht auf seiner Sprachvielfalt **HV** E Welche Probleme bringt die EU mit sich? **LV**	**Sprechen:** - über die EU - über Englisch in China gesprochen würde, ... - über die Weitererweiterung von der EU **Schreiben:** Was wäre, wenn es die EU nicht gäbe?	Adjektiv mit Präposition, mit Dativ oder Akkusativ Wortschatzübung Nomen mit Präposition
22. **Entwicklung der Erdbevölkerung** *Seite* 143	A Weltbevölkerung bis 2050 **LV** B Interview mit einem Umweltdirektor **HV** C Alterung der Bevölkerung **LV** D Ausreichende Nahrung- zunehmender Hunger **HV** E Altersstruktur der Bevölkerung Deutschlands **LV**	**Sprechen:** - über Bevölkerungsproblem - über Problemlösung der Erdbevölkerung - über Bevölkerungsprobleme in China - über Ernährung der Erdbevölkerung **Schreiben:** eine Grafik beschreiben	Textgrammatik Wiederholung: Umformulierung der Nebensätze in präpositionale Wortgruppen

Inhalt	Themen der Texte	Sprechen und Schreiben	Grammatik
23. **Gesundheit und Ernährung** *Seite* 165	A Studie zum Ernährungsverhalten: So isst Deutschland LV B Übergewicht HV C Was ist Gesundheit? LV D Deutschland isst sich krank! HV E Antibiotika im Brötchen LV	Sprechen: - über Maßnahmen gegen Übergewicht - über Gesundheit - über die Maßnahmen gegen ernährungsbedingte Krankheiten Schreiben: die Ernährungstipps	Redewiedergabe Grammatikwiederholung
24. **Psychologie** *Seite* 183	A Das habe ich gut gemacht! LV B So beeinflussen Sie Ihr Glück HV C Viele Studenten in der Psycho-Krise LV D Einige Tipps gegen studentische Depressionen und Überforderung HV E Warum so schüchtern? LV	Sprechen: - über Heinz-Peter Röhrs Aussage - über ein Glückstagebuch - über Stress und Prüfungsangst im Studium Schreiben: eine Email schreiben	Modalpartikel
25. **Forschung und Technik** *Seite* 201	A Technischer Fortschritt – Segen oder Fluch? LV B „Ich fühle mich wie eine Sonnenblume!" HV C Intelligente Roboter LV D Die Natur hilft der technischen Evolution HV E Zukunft der Gentechnik LV	Sprechen: - über Solarhäuser - über den intelligenten Roboter - über Funktionen und Vorteile von technischen Sachen - über die technische Entwicklung Schreiben: Aufsatz über einen zukünftigen Roboter oder ein zukünftiges Auto oder was anderes, der/das von Ihnen erfunden wird und das menschliche Leben verändern würde	Partizipialsätze
26. **Energie** *Seite* 223	A Die Energiewende LV B Offshore-Windenergie HV C Vor- und Nachteile der Atomkraft LV D Energiesparen – Was kann der Einzelne tun? HV E Argumente für erneuerbare Energien LV	Sprechen: - über die Stromversorgung - für oder gegen Atomenergie ein Bericht Energiesparen in China - über die Vorteile der erneuerbaren Energien Schreiben: Wiedergabe von zwei verschiedenen Meinungen die eigene Stellungnahme Begründen Sie auch Ihre Meinung.	Funktionsverbgefüge Wiederholung: Umformulierung von Satzteilen in Nebensätze

Inhalt	Themen der Texte	Sprechen und Schreiben	Grammatik
27. Umwelt *Seite* 245	A Vorsicht bei der Mülltrennung **LV** B Interview mit Paul Ketz, Erfinder des Pfandrings **HV** C Sind Elektroautos wirklich umweltfreundlich? **LV** D Klimawandel **HV** E Der Himmel über dem Ruhrgebiet ist wieder blau **LV**	**Sprechen:** - über die Erfindung Pfandring - über die Erfolge der deutschen Umweltpolitik **Schreiben:** die Grafik beschreiben und die Maßnahmen zur Reduzierung von CO2	Konnektoren
28. Vorbereitungen auf die Prüfung *Seite* 268	A Wer sich beobachtet fühlt, ändert leichter sein Verhalten **LV** B Traumberuf **HV** C Psychologie des Weinens **LV** **Probeprüfung**	**Sprechen:** - über den Traumberuf	
Anhang 1 *Seite* 291	Übersicht über verschiedene Redemittel 1. Meinungen ausdrücken / argumentieren / diskutieren 2. etwas vorschlagen 3. berichten 4. Vorliebe / Interesse ausdrücken 5. Auskunft 6. Beschreibung von Diagrammen und Schaubildern		
Anhang 2 *Seite* 296	**Liste wichtiger Funktionsverbgefüge**		
Anhang 3 *Seite* 297	**Redemittel zur Bildbeschreibung**		
Anhang 4 *Seite* 299	**Erarbeit eines Referats**		
Anhang 5 *Seite* 302	**Listen der Adjektive und Nomen zum Auswendiglernen** Liste 1: Adjektive mit Präposition Liste 2: Adjektive mit Dativ Liste 3: Adjektive mit Akkusativ Liste 4: Nomen mit Präposition		

Studentenleben — Lektion 15

L15-1 Was und wo machen Studenten? Ordnen Sie den Bildern die Untertitel zu.

- (a) Essen in der Mensa
- (b) Lesen in der Bibliothek
- (c) Vorlesung im Hörsaal
- (d) Studentenjob in der Cafeteria
- (e) Experiment im Labor
- (f) Zimmersuche am Schwarzen Brett
- (g) Biertrinken auf einem Fest
- (h) Sport auf dem Sportplatz
- (i) Abschlussfeier an der Uni

In Robe und Hut feiern

1) h   2) a   3) g
4) b   5) c   6) i
7) d   8) e   9) f

Lektion 15   Text A

Text Über Studentenleben und Studium

 Einstieg

L15-1 Wie ist das Hochschulsystem in Deutschland reformiert? Tragen Sie die Stichwörter in die Tabelle.

> Diplom, Magister oder Staatsexamen, 2 bis 3 Jahre, Master 1 bis 2 Jahre, Bachelor, Master oder Staatsexamen, 4 bis 7 Jahre/(4 bis 10 Jahre)

Übersicht der Hochschulreform in Deutschland

	vor 2012	seit 2012
Studienzeit	2 bis 3 Jahre	Master 1 – 2 Jahre
Abschluss bzw. akadem. Titel		Bachelor Master oder —

 Leseverständnis

L15-2 **1** Lesen Sie den Text und vervollständigen Sie das Schema.

Was	früher	heute
Wechsel im Studentenheim		mehr als früher
Häufigkeit der Studentenfeier		nicht unbedingt weniger
Aktivitäten bei der Feier	die partischen Aktivitäten	WG-Partys, grillen auf dem Dorfplatz
Zeit fürs Studium		weniger Zeit
Belastung beim Studium		
Zeit für Jobben		
Studiendauer		
Studienziel		

2

2. Beantworten Sie die folgenden zwei Fragen.

a Was hinterfragt Christian Meyer?

b Was findet der Professor nicht gut?

Über Studentenleben und Studium

Wie leben Studenten in Deutschland einige Jahre nach der Hochschulreform? Wie hat sich das Studium verändert? Einige Leute aus verschiedenen Bereichen äußern sich darüber.

Mariana Racheva, 29, Studentendorf Schlachtensee

Es gibt mehr Mieterwechsel als früher – oft suchen die Studenten nur für ein, zwei Semester ein
5 Zimmer. Bei uns können sie mit einem kleinen Koffer anreisen und sich gleich auf das Studium konzentrieren. Die Infrastruktur im Dorf hilft ihnen beim Zeitmanagement, etwa durch den Internetanschluss ab dem ersten Tag und preiswerte Waschsalons. Die Studenten feiern heute nicht unbedingt weniger als früher, aber anders. Früher machten vor allem die politischen Aktivitäten das Studentendorf aus. Man traf sich, um zu diskutieren. So etwas findet heute weniger statt. Eher
10 die klassischen WG-Partys oder mal zusammen grillen auf dem Dorfplatz. Ich denke, das ist schon ein gesellschaftlicher Wandel. Schon möglich, dass das damit zusammenhängt, dass im neuen Uni-System jeder Student schnell sein Programm durchziehen muss.

Christian Meyer, 31, studiert im 20. Semester Soziologie auf Diplom, hat die Diplomarbeit abgegeben, seit 2007 im AStA der TU engagiert

15 Man darf sich da keine Illusionen machen: Die Unis waren nur in geschichtlichen Ausnahmefällen der Hort der Freiheit und des kritischen Denkens, und da müsste man erst mal wieder hinkommen. Heutzutage haben die Studenten weniger Zeit, mehr Stress und Angst vor Lücken im Lebenslauf. Man kann das auch gar nicht den einzelnen Studenten anlasten, es ist eher der gesellschaftliche Druck, den viele schon internationalisiert haben. Da fragt man sich schon: Was wollen die
20 Universitäten? Wollen sie Leute, die nach Abschluss des Studiums selbstständig sind, kritisch denken und wissenschaftlich arbeiten können? Oder sollen da Leute rauskommen, die gut qualifiziert sind und die nie was anderes erlebt haben als Druck von oben? Da kommen sicher gute Arbeitskräfte heraus, die nicht querschießen, sich gut ausbeuten lassen, ein hohes Fluktuationsniveau haben und unter Druck arbeiten können. Aber es ist die Frage, ob wir eine Gesellschaft wollen, in der Unis ausschließlich
25 diesen Zweck verfolgen.

Maria Dengel, 38, Jobvermittlung Heinzelmännchen

Heute war ein Student da, der nur sonntags Zeit zum Arbeiten hat. Schwierig, da einen passenden Job zu finden. Früher konnten die Studenten ihre Vorlesungen so belegen, dass genug Raum für den Nebenjob da war. Sie entschieden, ob sie das Studium in vier oder fünf Jahren beendeten. Jetzt
30 kenne ich einige, die zehn oder weniger Stunden die Woche zum Arbeiten haben. Das ist eine schwierige Situation, weil sie auf den Verdienst angewiesen sind. Mit kurzfristigen Aufträgen verdienen sie am schnellsten – als Umzugshelfer, Gartenhelfer oder Aufbauhelfer bei Messen. Auch als

Lektion 15   Text A

Dolmetscher oder Notfall-IT-Helfer. Für drei bis vier Stunden gibt es einen Lohn von 36 Euro. Einmal wurde ein Ziegencowboy gesucht. Der Student half, die Ziegen zum Scheren einzufangen.

35 **Günter M. Ziegler, 50, seit 1995 Mathematik-Professor in Berlin (erst an der TU, nun FU)**
Ich habe den Eindruck, dass die 17-Jährigen von heute teilweise zielstrebiger sind als die 19-Jährigen vor 20 Jahren. Das kann man natürlich positiv und negativ sehen. Es ist gut, wenn es bedeutet, dass die Studierenden heutzutage flotter durchs Studium kommen und trotzdem mit Erfolg und Spaß studieren. Wenn sie aber beispielsweise ihren Wunschstudiengang verwerfen, nur weil
40 irgendein Studienberater ihnen gesagt hat, dass sie damit später keinen Job finden, dann ist das sehr schlecht. Die Studierenden sollten sich nicht vom System terrorisieren lassen. Und es liegt schon ein großer Wert darin, nach rechts und nach links zu schauen. Das machen glücklicherweise auch heute noch viele. Ein Mathematikstudent konnte letztens nicht in meine Sprechstunde kommen, weil er parallel einen Japanisch-Kurs hatte – da verschiebe ich gern den Termin!

www.zitty.de/studentenleben-und-studium-gunter-m-ziegler.html

Wortschatzübung

1 Ordnen Sie den Wörtern die Erklärungen zu.

a Studentendorf — 1) Gestaltung der Zeit
b Zeitmanagement — 2) ein Ort, wo Studenten wohnen, mit mehreren Studentenwohnheimen und studentischen Einrichtungen
c Internetanschluss — 3) jemand, der eine Herde von Ziegen bewacht
d Fluktuationsniveau — 4) jemand, der beim Umzug hilft
e Umzugshelfer — 5) Fähigkeit, Arbeitsplätze in verschiedenen Bereichen oft zu wechseln
f Gartenhelfer — 6) jemand, der bei der Gartenarbeit hilft
g Ziegencowboy — 7) Möglichkeit, dass ein Computer z. B. ans Internet angeschlossen wird

2 Schreiben Sie die Sätze mit den in Klammern angegebenen Wörtern um. Achten Sie dabei auf die Änderung des Satzbaus.

a Im Studentendorf können die Bewohner mit einem kleinen Koffer **anreisen**. (ankommen)

b Früher **machten** vor allem die politischen Aktivitäten das Studentendorf **aus**. (etw. kennzeichnen)

c Im neuen Uni-System muss jeder Student schnell sein Programm **durchziehen**. (etw. zu Ende führen)

d Man kann Stress und Angst beim Studium gar nicht den einzelnen Studenten **anlasten**. (j-n für etw. verantwortlich machen) e Die heutigen Studienabsolventen **schießen** nicht gern **quer**. (*die Pläne absichtlich stören*)

stören nicht gern die Pläne

f Die qualifizierten Arbeitskräfte **lassen sich gut ausbeuten**. (*nicht gut / schlecht bezahlt werden*)

werden schlecht bezahlt

g Wenn Studenten aber beispielsweise ihren Wunschstudiengang **verwerfen**, nur weil irgendein Studienberater ihnen gesagt hat, dass sie damit später keinen Job finden, dann ist das sehr schlecht. (*etw. aufgeben / auf etw. verzichten*)

auf ... verzichten

h Die Studierenden sollten **sich** nicht vom System **terrorisieren lassen**. (*sich Angst von etw. machen lassen*)

sich nicht vom System machen lassen Angst / keine Angst

Grammatik: Umformulierung von Modalverben

	Redemittel zur Umformulierung
müssen	**Notwendigkeit:** Es ist notwendig/nötig, dass ... **Gesetz/Pflicht/Vorschrift:** Es ist Vorschrift/vorgeschrieben, dass ... / Man ist verpflichtet, ... **Zwang und Befehl:** Man ist gezwungen, ... / Einem ist befohlen worden, ...
können	**Möglichkeit:** Es ist möglich, ... / Es besteht die Möglichkeit, ... **Fähigkeit:** Man besitzt die Fähigkeit, ... / Man ist fähig, ... Man ist in der Lage, ... / Man ist imstande, ...
wollen	**Absicht / Vorhaben / eigener Plan:** Man hat vor, ... Man hat die Absicht, ... / Man beabsichtigt, ... Man hat sich fest vorgenommen, ...
möchten	**höfliche Frage und Ausdrücke:** Was hätten Sie gern? Ich würde gern ... **Bereitschaft und Wunsch:** Ich bin bereit, ... / Ich hätte gern ...
dürfen	**Erlaubnis und Verbot:** Es ist (nicht) erlaubt, ... / Es ist (nicht) zulässig, ... Sind Sie damit einverstanden, dass ... / Gestatten Sie mir, dass ...? Ich habe endlich die Erlaubnis bekommen, ...
sollen	**Wunsch/Bitte/Forderung/Vorschlag/Auftrag einer anderen Person:** Der Lehrer will, dass wir ... / Er schlägt uns vor, ... / Er bittet uns, ... **Frage (oft bei Ratlosigkeit):** Können Sie mir sagen, was/wie/wann/ob ich ... ? Wenn Sie wollen, dass ich ...

Lektion 15 — Text A

Übung: Formulieren Sie die Sätze mit Modalverben um. Achten Sie dabei auf die Änderung des Satzbaus.

a Es ist im Studentendorf schon möglich, dass Studenten mit einem kleinen Koffer anreisen und sich gleich auf das Studium konzentrieren.
können

b Im neuen Uni-System ist es den Studenten vorgeschrieben, in bestimmter Zeit ihr Studium abzuschließen.
dürfen müssen

c Haben die Universitäten die Absicht, nur gute Arbeitskräfte, die aber nicht kritisch denken können, auszubilden?
wollen

d Viele Hochschulabsolventen haben die Fähigkeit, ihre Arbeitsstelle ständig zu wechseln.
können

e Früher war es erlaubt, dass Studenten selbst entschieden, ob sie das Studium in vier oder fünf Jahren beendeten.
dürfen

f Der Mathematik-Professor schlägt den Studenten vor, sich an der Universität umzuschauen.
sollen

g Die meisten Studenten beabsichtigen, nach dem Bachelorstudium mit dem Masterstudiengang anzufangen. Manche haben sich vorgenommen, direkt mit der Berufslaufbahn zu beginnen.
wollen

h Die deutschen Hochschulen fordern von den deutschen Studenten, möglichst ein Semester an einer Hochschule im Ausland zu verbringen.
sollen

i Tatsächlich haben heute schon viele deutsche Studenten den Wunsch, ein Semester oder ein Jahr an einer Universität im Ausland zu studieren.
möchten

j Für viele Studierende ist es notwendig, neben dem Studium zu arbeiten, weil sie finanzielle Probleme haben.
müssen

k Es ist in Deutschland zulässig, dass Studenten sowohl ihr Studienfach als auch die Hochschule wechseln.
dürfen

Text B   Lektion 15

Text B Wie man ein Zimmer findet?

Einstieg

1 Ordnen Sie den Ausdrücken in der linken Spalte die Erklärungen in der rechten Spalte zu.

- **a** ein Dach über dem Kopf
- **b** etw. durchstöbern
- **c** j-m unter die Arme greifen
- **d** schlechte Karten haben
- **e** etw. verlosen

1) ungünstig für j-n sein
2) etw. durchsuchen, etw. suchen
3) etw. als Preis aussetzen und durch Lose bestimmen, wer es bekommt
4) j-m (in einer schwierigen Situation) helfen
5) ein Zimmer oder eine Wohnung

2 Lesen Sie die kurzen Texte und geben Sie jedem eine Überschrift.

a _Wohnen für Hilfe_

Studenten in Deutschland haben zu Beginn des Studiums oft das Problem, ein Zimmer bzw. eine Wohnung zu finden. Ältere Leute haben oft eine große Wohnung oder sogar ein Haus. Sie brauchen aber Hilfe. Seit einigen Jahren läuft kontinuierlich ein Projekt „Wohnen für Hilfe". Das Prinzip des Projektes ist: Studierende können ein Zimmer bei einer älteren Person beziehen, wenn sie als Gegenleistung der älteren Person bei Haushalts- und Gartenarbeiten helfen.

b _Studentwerk_

Das Studentenwerk jeder Universitätsstadt ist im Auftrag des einzelnen Bundeslandes für die soziale, gesundheitliche, wirtschaftliche und kulturelle Betreuung der Studierenden zuständig. Es bietet u. a. in den Mensen und Cafeterien Essen und Getränke zu niedrigen Preisen an, hilft Studenten bei der Zimmersuche, vermittelt ihnen einen Job, berät sie bei allerlei Problemen.

Hörverständnis

Hören Sie den Text und notieren Sie möglichst stichwortartig:

a Von welchen Möglichkeiten wird gesprochen?

b Welche Informationen sind für die einzelne Möglichkeit wichtig?

Lektion 15   Text C

	Möglichkeiten	Wichtige Informationen
1)		
2)		
3)		
4)		
5)		
6)		

  Sprechübung

Berichten Sie Ihrem Partner als Zimmersuchendem mit Hilfe von Ihren notierten Stichworten über je drei von den sechs Möglichkeiten.

 **Erstsemester**

 Einstieg

 Diskutieren Sie mit Ihrem Partner darüber, welche Schwierigkeiten ein Studienanfänger haben könnte.

> *Redemittel:*
> - *Es könnte sein, dass ...*
> - *Die Erstsemester könnten ...*
> - *Es ist möglich, dass ...*
> - *Möglicherweise ...*

2 Ordnen Sie den Erklärungen die folgenden Begriffe zu.

- a Bafög
- b Fachschaft
- c Asta
- d c. t.

1) Kürzel (Abkürzung) für Allgemeiner Studierenden-Ausschuss. Er vertritt studentische Interessen und bietet allerhand Dienstleistungen an: vom Semesterticket für freie Fahrt in Bus und Bahn über Kulturveranstaltungen bis zur Beratung in allen Studienangelegenheiten.

2) Abkürzung für das lange Wort Bundesausbildungsförderungsgesetz. Eine staatliche Finanzhilfe für deutsche Studenten aus weniger wohlhabenden Familien. Nach dem Studium muss man die Hälfte des Geldes zurückzahlen und steht oft vor einem gigantischen Schuldenberg.

3) Lehrveranstaltungen an der Universität beginnen oft erst ein akademisches Viertelstündchen später. Dann steht die Abkürzung hinter der Ankündigung im Vorlesungsverzeichnis.

4) Fachschaften geben Studenten Rat bei Problemen im Studienalltag. Wer hartnäckig nachfragt, bekommt auch Tipps, welche Professoren besser zu meiden sind, weil sie launisch sind oder in Prüfungen unberechenbare Fragen stellen.

Leseverständnis

1 Geben Sie jedem Textabschnitt eine Überschrift.

2 Markieren Sie die richtige Antwort.

a Was müssen Studienanfänger zu Semesterbeginn machen?
- 1) Sie müssen viele Dinge mitbringen.
- 2) Sie müssen die Stadt besichtigen.
- 3) Sie müssen viele Probleme bewältigen.

b Was verstehen Sie unter „Eigeninitiative"?
- 1) In der Regel werden Studenten Informationen gebracht.
- 2) Studienanfänger versuchen, Probleme selbst zu lösen.
- 3) Ihnen werden verschiedene Initiativen helfen.

Lektion 15 °Text C

c Wie kann man sich den Studienstart erleichtern?
☐ 1) Studienanfänger sollen sich schon vorbereiten, bevor das Studium anfängt.
☒ 2) Gleich nach dem Studienbeginn müssen sich Studierende informieren.
☐ 3) Man braucht nur an Kneipenbummel und Bowlingabenden teilzunehmen.

d Wie werden Erstsemester an der Uni Mannheim aufs Studium vorbereitet?
☒ 1) Sie werden ins Fachstudium und auch ins Studentenleben eingeführt.
☐ 2) Sie werden ins Büro des Asta geführt.
☐ 3) Sie besuchen zu Beginn des Semesters Professoren.

e Wer bekommt finanzielle Unterstützung vom Staat?
☐ 1) Studenten, die sich an örtliche Studentenwerke wenden.
☐ 2) Studenten mit reichen Eltern.
☒ 3) Studenten mit finanziell schwachen Eltern.

f Warum ist es für Erstsemester so schwierig, ein Wohnheimzimmer zu bekommen?
☐ 1) Weil sie in vielen Städten eine Hürde überwinden müssen.
☒ 2) Weil das Angebot der Studentenwerke viel kleiner ist als die Nachfrage.
☐ 3) Weil Anzeigen und Aushang dafür nirgends zu finden sind.

g Worum geht es im Text?
☐ 1) Wohnungssuche der Erstsemester
☒ 2) Ratschläge für Studienanfänger
☐ 3) Finanzierung des Studiums

Erstsemester

a _____

Zu Semesterbeginn stürmen viele Dinge zugleich auf Studienanfänger ein: Sie müssen sich in der neuen Stadt zurechtfinden, das Mysterium Uni begreifen, eine Wohnung finden, Seminare belegen, Ämter besuchen, Fristen einhalten, das neue akademische Kauderwelsch verstehen – was heißt noch mal „c.t."? Und wo geht's hier zur Mensa? Starthilfe geben Fachschaften und
5 Studentenwerke – doch ohne Eigeninitiative geht gar nichts.

Aber die typischen Anfängerfehler lassen sich vermeiden, wenn die Erstsemester sich rechtzeitig informieren. „Studenten denken in der Regel, die Informationen werden ihnen gebracht", sagt Christiane Westhauser, die Leiterin der zentralen Studienberatung der Universität Ulm. Während die Schule vergleichsweise wenig Eigeninitiative fordert, geht es an der Hochschule gar nicht ohne.
10 „Es ist wichtig, sich bereits rechtzeitig vor dem Studium auf der Homepage der Uni und der Fachbereiche zu informieren", so Westhauser. Hier finden sich meist auch die Links zu den Fachschaften, Initiativen und den Studierendenvertretungen. Sie alle bieten Erstsemesterveranstaltungen an und sind Anlaufstellen für Fragen und Probleme.

Text C **Lektion 15**

c _____

Das „Ersti-Angebot" des Asta der Uni Mannheim startet für Erstsemester in der Woche Null, „also
15 eine Woche vor dem eigentlichen Studienstart", erklärt Rike Schweizer vom Asta. Neben den
fächerspezifischen Einführungsveranstaltungen gibt es Kneipenbummel und Bowlingabende für die
ersten sozialen Kontakte. „Und wer spezielle Fragen hat, kann während unserer Bürozeiten vorbeikommen", sagt Schweizer.

d _____

Auf eigenen Studentenfüßen zu stehen, das muss finanziert werden. Wenn die Eltern ihnen nicht
20 unter die Arme greifen können, haben Studenten oft Anspruch auf staatliche Förderung in Form
von Bafög. Jeder solle sich zu Anfang des Studiums beim Bafög-Amt informieren, bevor man mit
eigenen Kalkulationen oder Rechnen aus dem Internet zu falschen Ergebnissen komme, rät das
Deutsche Studentenwerk in Berlin – im Zweifel einen Antrag stellen. Auch zu weiteren
Finanzierungsmöglichkeiten wie Stipendien oder günstigen Studienkrediten bieten die örtlichen
25 Studentenwerke eine erste Anlaufstelle.

e _____

In vielen Studentenstädten gehört die Wohnungssuche zur schwierigsten Hürde. Gerade kurz vor
Semesteranfang stehen oftmals zehn Mitbewerber je Zimmer in einer Wohngemeinschaft auf der
Matte. Wohnungs- und Zimmeranzeigen finden sich in der örtlichen Presse oder als Aushang an der
Uni. Die Studentenwerke bieten begrenzte Plätze in den Wohnheimen an.

gekürzt und geändert nach: Miriam Braun, gms www.spiegelonline.de

  Wortschatzübung

1 Ergänzen Sie die Rektionen der Verben aus dem Text.

a _____ j-n einstürmen
b _____ zurechtfinden
c _____ begreifen
d _____ belegen
e _____ etw. kommen
f _____ beantragen
g _____ der Matte stehen

2 Schreiben Sie die Sätze mit den in Klammern angegebenen Wörtern um. Achten Sie
dabei auf die Änderung des Satzbaus.

a Zu Semesterbeginn stürmen viele Dinge zugleich auf Studienanfänger ein. (auf j-n
zukommen)

b Die neuen Stadtbewohner müssen sich in der neuen Stadt zurechtfinden. (sich einleben)

11

Lektion 15   Text C

c Die Studenten müssen die Einrichtungen an der Uni **begreifen**. (*verstehen*)

d Erstsemester müssen sich klar machen, welche Lehrveranstaltungen sie **belegen** müssen. (*besuchen*)

e Sie haben zu Semesterbeginn viele Termine und Fristen und müssen sie auch **einhalten**. (*sich an etw.(A) halten*)

f Wenn die neuen Studenten sich gut informiert haben, **lassen sich** viele Anfängerfehler **vermeiden**. (*vermieden werden können / vermeidbar sein*)

g Als Studenten müssen sie schon **auf eigenen Füßen stehen**. (*unabhängig sein*)

h Viele Eltern können **ihnen** nicht **unter die Arme greifen**. (*j-m helfen*)

i Aber zum Glück können sie oft **Anspruch auf** staatliche Förderung in Form von Bafög **haben**. (*ein Recht auf etw. haben*)

j Manche neuen Studenten informieren sich nur im Internet und **kommen** deshalb manchmal mit eigenen Kalkulationen der Studienkosten **zu falschen Ergebnissen**. (*falsche Ergebnisse bekommen*)

k Viele Studenten **stellen einen Antrag auf** ein Zimmer im Studentenwohnheim beim Studentenwerk und kommen auf eine Warteliste. (*etw. beantragen*)

l Gerade kurz vor Semesteranfang **stehen** oftmals zehn Mitbewerber je Zimmer in einer Wohngemeinschaft **auf der Matte**. (*bei j-m erscheinen / vor der Tür stehen*)

Grammatische Wiederholung

L15 8 Ersetzen Sie die Modalverben mit anderen Formulierungen.

a Studienanfänger **müssen** sich in der neuen Stadt zurechtfinden, das Mysterium Uni begreifen und eine Wohnung finden. *Es ist notwendig, dass die Studienanfänger sich ....*

b Sie **können** nur schwer ein Dach über dem Kopf finden.
Es ist möglich für sie, nur schwer .... zu finden

c Jedoch **können** sie Starthilfe von Fachschaften und Studentenwerk bekommen.
Es besteht die Möglichkeit, dass sie .... bekommen

d Sie **wollen** immer eine halbe Stunde früher in den Vorlesungssaal gehen.
Sie hat sich fest vorgenommen, ... zu gehen

Text C   Lektion 15

e   Aber die typischen Anfängerfehler **können** die Erstsemester vermeiden, wenn sie sich rechtzeitig informieren. *Es ist möglich, dass*

f   Die Erstsemester **sollen** sich bereits rechtzeitig vor dem Studium auf der Homepage der Uni und der Fachbereiche über die Uni informieren.

g   Wenn die Eltern ihnen nicht unter die Arme greifen **können**, **dürfen** Studenten oft Anspruch auf staatliche Förderung in Form von Bafög erheben.

h   Man **soll** sich zu Anfang des Studiums beim Bafög-Amt informieren, bevor man mit eigenen Kalkulationen oder Rechnern aus dem Internet zu falschen Ergebnissen kommt.

i   Wer spezielle Fragen hat, **kann** während der Bürozeiten vom Asta vorbeikommen.
    Es ist möglich, dass ...

j   Alle Studenten **möchten** gern auf eigenen Füßen stehen.
    sind bereit, --- zu stehen

k   Alle neuen Studenten **wollen** vor Semesteranfang ein Zimmer oder eine kleine Wohnung finden. Die Studentenwerke **möchten** auch gern dabei helfen.
    haben vor, --- zu finden   sind bereit, --- zu helfen

Schreibübung

 1   Wenn Sie ein Praktikum bei einer Firma machen möchte, müssen Sie eine Bewerbung schreiben. Ist diese Bewerbung ein formelles oder ein informelles Schreiben? Wie unterscheidet sich ein formelles von einem informellen Schreiben?

2   Ein Bewerbungsanschreiben soll folgende Komponenten enthalten und so gegliedert sein:

a   **Korrespondenzanschrift des Bewerbers**
b   **Anschrift der Firma**
c   **Ort und Datum**
d   **Betreff** (Worum geht es im Anschreiben?)
e   **Anrede/Begrüßung**
f   **Schreibanlass** (Aus welchem Anlass schreibt man?)
g   **Kurze Vorstellung** (Wer schreibt?)
h   **Interesse und Begründung** (Warum schreibt man?)
i   **Bitte** (um eine Einladung zu einem Vorstellungsgespräch)
j   **Gruß**
k   **Unterschrift**
l   **Anlagen** (z. B. Lebenslauf, Zeugnisse)

Lektion 15   Text C

3   Ein chinesischer Student sucht einen Praktikumsplatz in einer Firma. Er schreibt einen Bewerbungsbrief an die zuständige Person der Firma. Bringen Sie die folgenden Abschnitte / Zeilen von seiner Bewerbung in eine richtige Reihenfolge, so dass ein Anschreiben entsteht.

a) im Internet habe ich Ihre Anzeige für ein Praktikum bei der Solarion AG im Bereich Photovoltaik-Forschung und Entwicklung gelesen und schicke Ihnen deswegen meine Bewerbungsunterlagen zu.

b) Sehr geehrter Herr Münch,

c) **Bewerbung um ein Praktikum mit Abschlussarbeit bei der Solarion AG im Bereich Photovoltaik-Forschung & Entwicklung von März 2016 bis August 2016, Anzeige auf der Webseite: www.praktika.de**

d) WANG Xue
Budapester Straße 24, Zi. 5013
01069 Dresden
Tel. 0172 32117644

e) Solarion AG
Herrn Markus Münch
Breitscheidstr. 45
01156 Dresden

f) Wenn meine Bewerbung Ihr Interesse geweckt hat, freue ich mich über eine Einladung zu einem Vorstellungsgespräch.

g) 15. November 2015

h) Ich interessiere mich sehr für Umwelttechnik und möchte nach meinem Abschluss auch gerne in diesem Bereich arbeiten. Neben Kursen zur Mess- und Sensortechnik habe ich einige Kurse zur Energietechnik besucht. Das von Ihnen angebotene Praktikum zur Entwicklung flexibler und leichtgewichtiger Solarmodule ist für mich daher besonders reizvoll. Während meines Studiums habe ich bereits an einigen Projektarbeiten teilgenommen.

i) Anlagen:
Lebenslauf
Zeugnisse

j) Mit freundlichen Grüßen

k) *Xue Wang*

l) Derzeit studiere ich an der Technischen Universität Dresden im 7. Semester des Bachelorstudiengangs Elektrotechnik. Für das kommende Sommersemester suche ich einen Platz für mein Praxissemester mit Abschlussarbeit.

4   Schreiben Sie jetzt ein Bewerbungsanschreiben für einen Praktikumsplatz in Ihrem eigenen Fachbereich.

Text D   Lektion 15

Text D   Freizeitaktivitäten für Studenten

 **Einstieg**

Was gehört zu Freizeitaktivitäten und was zur Selbstdisziplin? Sortieren Sie die folgenden Stichwörter:

fechten, Lehrveranstaltungen nie schwänzen, Fußball spielen, in einem Chor singen, in einem Orchester musizieren, eine Party geben, tanzen gehen, an einer Debatte teilnehmen, im Internet surfen, Karate machen, aktiv in einer Arbeitsgruppe arbeiten, auf eine Party gehen, pünktlich zur Vorlesung kommen, sich in die Sonne legen, Tai Chi ausprobieren, Prioritäten setzen, sich ausschlafen, rechtzeitig mit der Hausarbeit fertig werden, im Biergarten sitzen, für Prüfungen pauken, nicht zu viel saufen

Freizeitaktivitäten:

Selbstdisziplin:

 Hörverständnis

1 Hören Sie den Text einmal, antworten Sie auf die Frage: Von welchen Möglichkeiten wird im Text gesprochen? *Freizeit Aktivitäten für Studenten*

2 Hören Sie den Text noch einmal, notieren Stichwörter zu den folgenden Fragen.

a Welche Bedeutung hat die Freizeit für Studenten?

b Was tun die Hochschulen im Bereich Sport für Studenten?

c Wie können sich Studenten über Sportprogramme an der Uni informieren?

d Was können Studenten an der Uni machen, wenn sie sich für Musik interessieren?

Lektion 15   Text E

e Welche Partys können neue Studenten besuchen?
-
-
-

f Was sollten Studenten bei so vielen Möglichkeiten und Freiheiten tun?
-
-

g Was sollten sie dabei nicht tun?
-
-

 **Sprechübung**

Sprechen Sie mit Ihrem Partner darüber:

a Wie verbringen Sie Ihre Freizeit?

b Wozu dienen diese Freizeitaktivtäten?

 Text E Arbeiten neben dem Studium

 Einstieg

1 Wer möchte / muss als Student in Deutschland arbeiten?

2 Kennen Sie die Regelungen für die Arbeit der Studenten?

 Leseverständnis

Lesen Sie den Text und beantworten Sie die Fragen.

a Wie lange dürfen Sie im Jahr arbeiten?

b Dürfen Sie auch während der Vorlesungszeit arbeiten, wenn ja, wie viele Stunden in der Woche?

c Welche Tätigkeiten sind arbeitserlaubnisfrei?

120 ganz - 240 halbe Tage / Jobs von Hochschulen.

d Dürfen Sie wegen einer interessanten Arbeit das Studium in die Länge ziehen?

Ja. 2M

e Wann sind Ihre Einkünfte steuerpflichtig?

mehr als 450.

f Wo beantragen Sie die Lohnsteuerkarte?

Arbeitsaufnahme

g Zu welcher Steuerklasse gehören Sie als Student?

1.

Arbeiten neben dem Studium

Die Arbeitsmarktlage in Deutschland ist angespannt. Daher ist es besonders für Studierende schwierig, einen Arbeitsplatz zu finden. Vor allem in der vorlesungsfreien Zeit sind die lukrativsten Jobs schnell vergeben, denn dann haben plötzlich alle Zeit zum Geldverdienen. Zudem finden in dieser Zeit oft Prüfungen statt.

5 Wenn Sie während des Studiums arbeiten möchten, so müssen Sie zunächst einmal die Regelungen zur Arbeitserlaubnis beachten:

Insbesondere Ausländer aus Nicht-EU-Ländern dürfen in der Regel höchstens drei Monate im Jahr arbeiten. Genauer gesagt: Neben dem Studium sind 120 ganze oder 240 halbe Tage im Jahr arbeitserlaubnisfrei. Ausnahmen werden für Jobs an den Hochschulen selbst gemacht. Hier gilt:
10 Wissenschaftliche oder studentische Nebentätigkeiten sind ohne zeitliche Begrenzung arbeitserlaubnisfrei. Wie Ihre deutschen Kommilitonen auch dürfen Sie bis zu 82 Stunden im Monat arbeiten. Dies gilt allerdings nur unter der Voraussetzung, dass Sie Ihr Studium weiterhin zügig vorantreiben.

Eine Tätigkeit, die über die 120 ganzen oder 240 halben Tage im Jahr hinausgeht, erfordert eine Arbeitserlaubnis. Diese müssen Sie bei der Ausländerbehörde beantragen. Erfragen Sie dort,
15 welche Bedingungen Sie erfüllen müssen. Auch hier gilt: Ihre Aufenthaltserlaubnis berechtigt Sie in erster Linie zum Studium und nicht zum Arbeiten. Sie müssen zeigen, dass Sie Ihr Studium erfolgreich und in angemessener Zeit abschließen.

Generell ist für Studenten die Arbeitszeit während der Vorlesungszeit auf 20 Stunden pro Woche beschränkt. In den Semesterferien ist die wöchentliche Arbeitszeit unbeschränkt. Doch auch
20 während der Vorlesungszeit kann die 20-Stunden-Grenze überschritten werden. Dann allerdings muss es sich um eine kurzfristige Beschäftigung handeln, die nicht länger als zwei Monate dauert.

Sie dürfen monatlich Einkünfte in Höhe von 450 Euro ohne Lohnsteuerkarte haben. Diese 450-Euro-Jobs sind so genannte geringfügige Beschäftigungen, für die keine Abgaben notwendig sind.

Lektion 15 Text E

Auch mehrere Jobs, deren gesamte Einkünfte unter dieser Grenze bleiben, sind abgabenfrei.

25 Als Student sind Sie bei einer geringfügigen Beschäftigung von den drei Bestandteilen der Sozialversicherung (Arbeitslosen-, Kranken-, und Pflegeversicherung) befreit. Dies gilt allerdings nicht, wenn Sie mehrere geringfügige Beschäftigungen nebeneinander haben oder das monatliche Gesamteinkommen die 450 EUR-Grenze übersteigt.

Verdienen Sie mehr als die 450 Euro, so müssen Sie dem Arbeitgeber bei der Arbeitsaufnahme
30 außerdem eine Lohnsteuerkarte vorlegen. Diese wird vom Einwohnermeldeamt ausgestellt. Auf der Lohnsteuerkarte sind unter anderem Familienstand, Geburtsdatum, Steuerklasse, Religionszugehörigkeit und ggf. die Zahl der Kinder eingetragen. Diese Eintragungen sind wichtig für die Höhe der Lohnsteuer. Studenten arbeiten in der Regel in Steuerklasse 1.

In Steuerklasse 1 dürfen Sie im Monat bis zu einem Betrag von etwa 850 Euro steuerfrei arbeiten.
35 Daraus ergibt sich eine steuerfreie Jahresarbeitslohngrenze: rund 8.130 Euro. (Erfragen Sie, welche Zahlen aktuell gelten!) Bleiben Sie unterhalb dieser Grenzen, so können Sie die ursprünglich einbehaltene Steuer vom Finanzamt zurückfordern.

http://130.83.47.128/international/iso/studium/finanzierung_index.htm

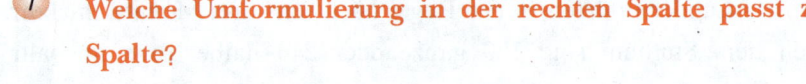

Wortschatzübung

1) Welche Umformulierung in der rechten Spalte passt zu der Aussage in der linken Spalte?

a) Vor allem in der vorlesungsfreien Zeit sind die lukrativsten Jobs schnell vergeben.	1) Für eine Arbeit, die 120 ganze Tage oder 240 halbe Tage im Jahr überschreitet, ist eine Arbeitserlaubnis erforderlich.
b) Dies gilt allerdings nur unter der Voraussetzung, dass Sie Ihr Studium weiterhin zügig vorantreiben.	2) In den Ferien sind die attraktivsten Stellen sehr schnell besetzt.
c) Eine Tätigkeit, die über 120 ganze oder 240 halbe Tage im Jahr hinausgeht, erfordert eine Arbeitserlaubnis.	3) Den Studenten, die weniger als 450 Euro verdienen, werden die Sozialversicherungen erlassen.
d) Ihre Aufenthaltserlaubnis berechtigt Sie in erster Linie zum Studium und nicht zum Arbeiten.	4) Dies ist mit nur einer Bedingung verknüpft, nämlich, das Studium so schnell wie möglich abzuschließen.
e) Generell ist für Studenten die Arbeitszeit während der Vorlesungszeit auf 20 Stunden pro Woche beschränkt.	5) Außerdem müssen Sie dem Arbeitgeber bei der Arbeitsaufnahme eine Lohnsteuerkarte vorweisen.

Text E **Lektion 15**

- f) Als Student sind sie bei einer geringfügigen Beschäftigung von den drei Bestandteilen der Sozialversicherung befreit.
- g) So müssen Sie dem Arbeitgeber bei der Arbeitsaufnahme außerdem eine Lohnsteuerkarte vorlegen.
- h) Daraus ergibt sich eine steuerfreie Jahresarbeitslohngrenze von 8.130 Euro.
- 6) Nach Steuerklasse berechnet man ein steuerfreies Jahreseinkommen von 8.130 Euro.
- 7) Ihre Aufenthaltserlaubnis gibt Ihnen Recht hauptsächlich zum Studium, aber nicht zum Arbeiten.
- 8) Normalerweise ist die wöchentliche Arbeitszeit für Studenten auf 20 Stunden begrenzt.

2 Welche Erklärung passt zu welchem Begriff? Ordnen Sie zu.

- a) Ausländerbehörde (Ausländeramt)
- b) Lohnsteuerkarte
- c) Auslandsamt

1) Ein Formular, das man von der Gemeinde bekommt und beim Arbeitgeber abgeben muss, damit er darauf einträgt, wie viel Lohn man in einem Jahr bekommt, bzw. wie viel Steuer man bezahlt hat.

2) Eine Abteilung einer Univerwaltung, die für Austausch mit den Hochschulen im Ausland und für Angelegenheiten der ausländischen Studenten zuständig ist.

3) Eine Abteilung der Stadtverwaltung, die für Ausländer zuständig ist und z. B. eine Aufenthaltserlaubnis erteilt.

Sprechübung

Diskutieren Sie in einer Gruppe zu viert darüber, ob sie in den Ferien arbeiten wollen? Argumentieren Sie auch Ihr Vorhaben.

Redemittel zum Argumentieren:
- *Für / gegen einen Studentenjob spricht vor allem ...*
- *Außerdem ...*
- *Ein wichtiges Argument dafür / dagegen ist, dass ...*
- *Darüber hinaus ...*
- *Nicht zuletzt ...*
- *Schließlich ...*

Test

L15-8 Ergänzen Sie den Text mit angemessenen Wörtern.

Studentenwerk Hannover – Ihr Partner im Studium

Aufgabe des Studentwerks ist die „wirtschaftliche, gesundheitliche, soziale und kulturelle Förderung der Studierenden", heißt es im Niedersächsischen Hochschulgesetz. Dabei arbeitet es die als öffentlich-rechtliche Institution mit knapp 290 Beschäftigten nach den Grundsätzen der Gemeinnützigkeit und der Selbstverwaltung, an der selbstverständlich auch die Studierenden beteiligt sind.

Zur Erfüllung seiner Aufgaben betreibt das Studentenwerk Hannover Mensen und Cafeterien, unterhält Wohnhäuser für Studierende, bietet eine Sozialberatung und soziale Unterstützung für Studierende in besonderen Lebenslagen, unterstützt die studentische Kulturarbeit und informiert Studierende zu wichtigen Fragen rund ums Studium. Außerdem ist es im Auftrag des Landes Niedersachsen für die Bearbeitung der BAföG-Anträge zuständig.

Finanziert werden die Aufgaben des Studentenwerks durch die bei der Immatrikulation zu zahlenden Semesterbeiträge der Studierenden, Umsatzerlöse und Mieten aus Mensen, Cafeterien und Wohnhäusern (mit über 60% der größte Posten), Zuschüsse des Landes Niedersachsen zum laufenden Betrieb und die Aufwandserstattung des Landes für die BAföG-Verwaltung.

http://www.studentenwerk-hannover.de/profil.html

Mann und Frau — Lektion 16

Themeninteressen im Jahr 2009 nach Geschlecht

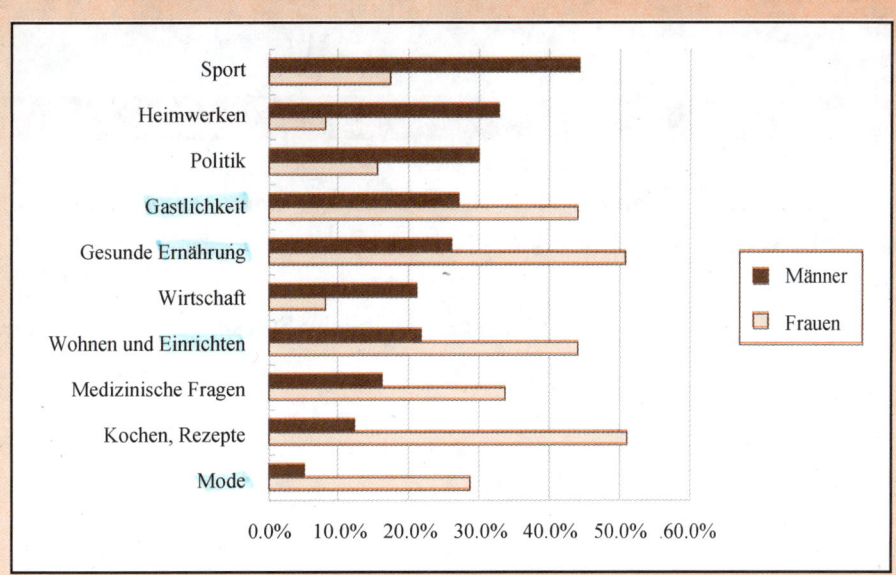

Quelle: IfD Allensbach

Sehen Sie sich die Grafik an und sprechen Sie zu zweit über die folgenden Fragen.

a. Welche Informationen können Sie der Grafik entnehmen?
b. Für welche Themen interessieren sich Männer und Frauen am meisten bzw. am wenigsten?
c. Wie lassen sich Ihrer Meinung nach diese Geschlechtsunterschiede erklären?

- s Geschlecht, -er 性别
- r Unterschied, -e 区别
- h beschäftigen
- auf etw/jn eingehen 研究 探讨
- die Anatomie 解剖学
- die Psyche 心理
- s Sozialverhalten 社会行为
- zurückführen jn ir-wohin z. 送回
  etw auf etw z. 将etw 追溯到
- s Merkmal, -e 特征
- primär sekundär tertiär
- in der Pubertät 青春期

Lektion 16   Text A

Text A — Männer und Frauen ticken ähnlicher als gedacht

Einstieg

Gehören folgende mentale Eigenschaften Ihrer Meinung nach eher zur männlichen oder weiblichen Stärke? Kreuzen Sie an und sprechen Sie zu zweit darüber.

	männliche Stärke	weibliche Stärke	nicht unbedingt
Raumorientierung	✓		
Kreativität		\	✓
Einfühlungsvermögen		✓	
sprachliche Kompetenz		✓	
Kommunikationsfähigkeit			✓
mathematische Fähigkeiten	✓		
Risikofreudigkeit	✓		
Multi-Tasking		✓	
Führungskraft 能力			✓

Leseverständnis

Lesen Sie den Text und beantworten Sie die folgenden Fragen.

a   Welche Geschlechterklischees werden im Text genannt?

b   In welchem Fall bekommen Frauen in mathematischen Tests schlechtere Ergebnisse?

c   Warum haben Männer bessere Raumvorstellung?

d   Erklären Sie das Wort „Muse" mit eigenem Wort.

e   Wie bewerten sich Mädchen normalerweise und welche negativen Auswirkungen gibt es?

f Suchen Sie Erklärungen und Beispiele für beide Denkstrategien im Text heraus.

	Erklärungen	Beispiele
das fokussierte Denken		
das vernetzende Denken		

g Ordnen Sie zu, bei welchen mentalen Eigenschaften Ähnlichkeiten und Unterschiede zwischen den beiden Geschlechtern bestehen.

	mentale Eigenschaften
Ähnlichkeiten	
Unterschiede	

Männer und Frauen ticken ähnlicher als gedacht

Frauen können angeblich wegen ihrer mangelhaften Raumorientierung schlechter Auto fahren und einparken als Männer. Männer wiederum formulieren sich schlechter, weil ihr Sprachzentrum hinterherhinkt. Die Vorstellung, wonach es auf mentalem Gebiet große Unterschiede zwischen den Geschlechtern gebe, stimmt aber nicht.

5 Psychologin Shibley Hyde von der Universität Wisconsin hat jedoch 50 der bekanntesten Thesen und Vorurteile zu den mentalen Unterschieden zwischen Mann und Frau näher untersucht, und ihr Fazit dazu fällt eindeutig aus: „Nur die wenigsten davon halten einer wissenschaftlichen Überprüfung stand." Shibley Hyde fand noch viel mehr heraus: In 80 Prozent der untersuchten Eigenschaften sind sich die beiden Geschlechter überaus ähnlich. „Dazu zählen auch mathematische Fähigkeiten,
10 Impulsivität, Führungsstärke, Selbstwertgefühl und sprachliche Kompetenz", sagt Hyde.

Viele der angeblichen Unterschiede kommen ihrer Ansicht nach erst dadurch zustande, dass man sie den Menschen einredet. Wie etwa in der Mathematik. So fanden Wissenschaftler heraus, dass Frauen nur dann in mathematischen Tests schlechter abschneiden, wenn man ihnen vorher sagt, dass sie unbegabt dazu seien. Ohne derlei Hinweise schnitten die Geschlechter hingegen ähnlich gut
15 ab. Doch es gibt auch mentale Aktivitäten, in denen sich Männer und Frauen tatsächlich unterscheiden. Wie etwa in der Raumorientierung. Das Hormon Testosteron hilft den Männern dabei, dass sie gut Karten lesen können und geometrische Figuren im Kopf besser drehen können als

Frauen.

In der Kreativität sind Frauen allerdings ziemlich unabhängig von Hormonen. In einer Studie der
20 Arizona State University waren Männer beim Schreiben von Kurzgeschichten deutlich kreativer,
wenn sie dabei an eine attraktive Frau dachten. Bei den weiblichen Versuchspersonen bewirkten
amouröse Fantasien hingegen keinerlei Steigerung im kreativen Output. Was im Fazit heißt:
Männer brauchen eher eine Muse, um kreativ zu sein; Frauen hingegen nicht.

Auch beim Einfühlungsvermögen gibt es Unterschiede zwischen den Geschlechtern. So zeigt eine
25 Studie der University of Illinois, dass schon bei 11-jährigen Kindern die Mädchen besorgter und
mitfühlender sind als die Jungen. Allerdings zeigen sie auch stärkere Neigungen zur Depression. Was
vermutlich daran liegt, dass sie ihr Selbstwertgefühl mehr aus den Sympathien und Bewertungen
anderer ziehen und daher Trennung und Zurückweisung als stärker belastend empfinden.

Insgesamt setzen Männer beim Lösen von Problemen mehr die Zellkörper ihrer Hirnzellen ein,
30 während Frauen sich mehr der filigranen Zellausläufer bedienen, mit denen die Neuronen
untereinander in Kontakt treten. Also auch physiologisch betrachtet setzen weibliche Gehirne mehr
auf Kommunikation. Für die geistigen Leistungen bedeutet dies, dass Männer Probleme eher
dadurch lösen, dass sie sich hartnäckig darin „verbeißen". Frauen hingegen schauen lieber über den
Tellerrand, bedienen sich auch aus Ressourcen, die auf den ersten Blick nur wenig mit der Lösung
35 des aktuellen Problems zu tun haben.

Doch mit beiden Strategien kommt man vorwärts. Das fokussierte Denken der Männer hilft
beispielsweise beim Schach und bei logischen Denkaufgaben. Das vernetzende Denken der Frauen
befähigt sie hingegen eher dazu, große Unternehmen und soziale Gemeinschaften zu leiten. Von
daher scheint Angela Merkel als Deutschlands erste Kanzlerin zumindest hirnphysiologisch offenbar
40 schon längst überfällig gewesen zu sein.

Jörg Zittlau, verkürzt nach
http://www.welt.de/wissenschaft/article1965627/Maenner-und-Frauen-ticken-aehnlicher-als-gedacht.html

Sprechübung

Sprechen Sie zu zweit über die folgenden Fragen.

a Nennen Sie noch ein paar Beispiele für Geschlechterklischees, die in ihrem Heimatland üblich sind.

b Welche sozialen Folgen haben Ihrer Meinung nach diese Klischees auf die persönliche Entwicklung der Menschen?

> *Redemittel zu b:*
> • *Geschlechterklischees haben oft den Nachteil, dass ...*
> • *Geschlechterstereotypen können dazu führen, dass ...*

Text A Lektion 16

 Wortschatzübung

Schreiben Sie die Sätze mit den in Klammern angegebenen Wörtern um. Achten Sie dabei auf die Änderung des Satzbaus.

a Männer und Frauen ticken ähnlicher als gedacht. (*denken und handeln*)

b Männer wiederum formulieren sich schlechter, weil ihr Sprachzentrum hinterherhinkt. (*zurückbleiben*)

c Nur die wenigsten davon halten einer wissenschaftlichen Überprüfung stand. (*wissenschaftlich nachgewiesen / belegt werden können*)

d Viele der angeblichen Unterschiede kommen ihrer Ansicht nach erst dadurch zustande, dass man sie den Menschen einredet. (1. *entstehen*; 2. *j-n. etw. glauben machen*)

e So fanden Wissenschaftler heraus, dass Frauen in mathematischen Tests schlechter abschneiden. (*Ergebnisse bekommen*)

f Was vermutlich daran liegt, dass sie ihr Selbstwertgefühl mehr aus den Sympathien und Bewertungen anderer ziehen. (*bekommen / gewinnen*)

g Für die geistigen Leistungen bedeutet dies, dass Männer Probleme eher dadurch lösen, dass sie sich hartnäckig darin „verbeißen". (*sich auf etw. konzentrieren / fokussieren*)

h Frauen hingegen schauen lieber über den Tellerrand, ... (*einen weiten Horizont haben*)

i Das vernetzende Denken der Frauen befähigt sie hingegen eher dazu, große Unternehmen und soziale Gemeinschaften zu leiten. (*j-m etw. ermöglichen / j-m die Fähigkeit geben*)

25

Lektion 16   Text A

 Grammatik: Negation

mit Konjunktionen (*weder ... noch... , ohne... zu...*)
Das arme Mädchen kann nicht lesen. Es kann nicht schreiben.
Das arme Mädchen kann *weder* lesen *noch* schreiben.

Sebastian geht zur Schule. Er frühstückt nicht.
Sebastian geht zur Schule, *ohne zu frühstücken*.

mit Präpositionen (*ohne, außer*)
Man kann das Auslandsstudium nicht bewältigen. Man hat keine guten Fremdsprachenkenntnisse.
Ohne gute Fremdsprachenkenntnisse kann man das Auslandsstudium nicht bewältigen.

Fast alle Studenten waren auf der Party. Nur Christian nicht.
Alle Studenten *außer Christian* waren auf der Party

mit Präfixen und Suffixen (un-, a-, des-, in-, ir-, il-, -los, -frei)
un sauber, un möglich, un glaublich, un verständlich, un fähig, un höflich, ...
a sozial, a politisch, a normal, a typisch, ...
des illusioniert, des interessiert, des organisiert, des orientiert, ...
in akzeptabel, in diskret, in stabil, in kompetent, ...
ir relevant, ir real, ir rational, ir regulär, ir reparabel, ...
il legal, il legitim, il loyal, ...
schlaf los, kinder los, mühe los, end los, sprach los, rat los, ...
sorgen frei, kosten frei, alkohol frei, steuer frei, ...

Übung: Verneinen Sie, indem Sie passende Konjunktionen, Präpositionen, Präfixe oder Suffixe einsetzen.

a Die Gefahr des Internets besteht darin, dass man sich nur noch in einer _____ realen Scheinwelt wohl fühlt.

b Viele Grundschüler klagen schon darüber, dass sie vor der Prüfung bei fast allem _____ sicher sind und unter Stress leiden.

c Jemand, der sich nicht an Gesetze und Normen hält, gilt als _____ sozial.

d Ein erfahrener Politiker und ein ebenso erfahrener Beamter können glänzend reden, _____ etwas _____ sagen.

e Das umstrittene Internet-Geld Bitcoin hat demonstriert, wie _____ stabil die virtuelle Währung sein kann.

f Depressive Patienten fühlen sich oft hoffnungs_____ und hilf_____ .
g Studenten _____ finanzielle Unterstützung müssen selbst das Geld fürs Studium und Leben besorgen.
h Mehr als 230.000 arbeitslose Menschen in Deutschland bekommen _____ Geld _____ Förderung.
i Als nikotin_____ Tabak werden verschiedene Ersatzstoffe bezeichnet, die zur Herstellung von Tabakwaren dienen.
j Der 57-jährige Mann, der nach der Explosion einer ehemaligen Gaststätte vergangene Woche aus den Flammen gerettet wurde, ist _____ Lebensgefahr.
k Der neue Lehrer ist bei seinen Schülern sehr _____ beliebt.
l Forscher der Uni Konstanz haben herausgefunden, dass die Studenten von heute politisch _____ interessiert sind wie nie zuvor.
m Wegen seiner Krankheit ist er vor 2 Jahren arbeits_____ geworden.
n Viele Touristen sind extra nach Hongkong gereist, weil sie dort zoll_____ einkaufen können.
o Die jahrelange Suche nach dem vermissten Malaysia-Airlines-Flug 370 bleibt erfolg_____ .

Text B Frauensprache, Männersprache

Einstieg

1 Beschreiben Sie das Bild.

2 Vermuten Sie, was die Frau und der Mann eigentlich einander sagen wollten?

3 Glauben Sie, dass Männer und Frauen wirklich unterschiedliche Sprachen sprechen?

4 Welche folgenden verbalen Kommunikationsstile empfinden Sie als angenehm, welche unangenehm? Ordnen Sie zu.

> direkt, dominant, respektvoll, kritisch, indirekt, gefühlvoll, offen, aggressiv, unterstützend, konkurrenzorientiert, verständnisvoll, analytisch, autoritär ...

Lektion 16   Text B

angenehm	unangenehm

Hörverständnis

Hören Sie den Text und beantworten Sie die folgenden Fragen.

a Wo ist Herr Professor Ebert tätig und womit beschäftigt er sich?

b Wie haben Herr Ebert und seine Kollegen die Untersuchung durchgeführt?

c Welche Beispiele hat Herr Ebert genannt? Was sind die geschlechtsspezifischen Unterschiede dabei?

Beispiel 1:	Frauen:
	Männer:
Beispiel 2:	Frauen:
	Männer:

d Wie bewerten Frauen und Männer die eigene Arbeit und sich selbst?
- Frauen
- Männer

e Welche Konsequenz hat das für Frauen?

f Welche Erfolgsregeln schlägt Herr Ebert Männern und Frauen vor?
- Männern:
- Frauen:

Sprechübung

Kennen Sie noch weitere geschlechtsspezifische Unterschiede beim Gespräch? Nennen Sie Beispiele.

Text C Frauen und Männer im Berufsleben

Einstieg

Sehen Sie sich die Grafik an und sprechen Sie zu zweit über die folgenden Fragen.

a Worüber informiert die Grafik?

b Wie groß ist die Lohnlücke zwischen Männern und Frauen?

c Welche Gründe werden dafür genannt?

d Sind Ihrer Meinung nach Männer und Frauen gleichberechtigt im Beruf?

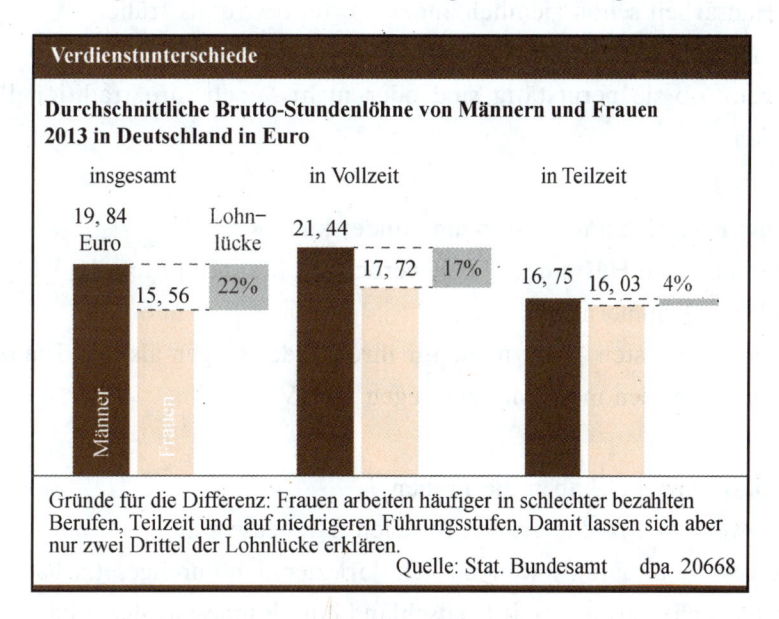

Verdienstunterschiede

Durchschnittliche Brutto-Stundenlöhne von Männern und Frauen 2013 in Deutschland in Euro

	insgesamt		in Vollzeit		in Teilzeit	
Männer	19,84 Euro	Lohnlücke	21,44		16,75	
Frauen	15,56	22%	17,72	17%	16,03	4%

Gründe für die Differenz: Frauen arbeiten häufiger in schlechter bezahlten Berufen, Teilzeit und auf niedrigeren Führungsstufen. Damit lassen sich aber nur zwei Drittel der Lohnlücke erklären.

Quelle: Stat. Bundesamt   dpa. 20668

Leseverständnis

Lesen Sie den Text und markieren Sie die richtige Antwort.

a In der Sache der Gleichberechtigung von Mann und Frau
  ☐ 1) ist Deutschland zum Stillstand gekommen.
  ☐ 2) ist Deutschland dem Ziel einigermaßen näher gekommen.
  ☐ 3) hat Deutschland große Fortschritte gemacht.

b Die Anzahl der berufstätigen Frauen nimmt zu, aber

☐ 1) 65% bis 73% der Frauen sind teilzeitbeschäftigt.
☐ 2) sie arbeiten öfter in Teilzeit, solange ihre Kinder klein sind.
☐ 3) wenn ihr Mann ganztags arbeitet, dann arbeitet eine Frau mit kleineren Kindern in Teilzeit.

c Frauen verdienen weniger als Männer,
☐ 1) weil sie 74% oder 71% der Arbeit von ihren männlichen Kollegen machen.
☐ 2) weil Männer- und Frauenarbeiten unterschiedlich sind.
☐ 3) denn ihre Stellung ist oft nicht so hoch wie die ihrer Kollegen.

d Frauen, die eine sehr hohe Position haben,
☐ 1) haben in ihrem Berufsleben auch noch große Schwierigkeiten.
☐ 2) stoßen zuerst auf viele Schwierigkeiten, aber allmählich wird es besser.
☐ 3) haben noch mehr Probleme und weniger Aufstiegsmöglichkeiten.

e Die größte Schwierigkeit für berufstätige Frauen besteht darin, dass
☐ 1) die Hausarbeit schon ziemlich anders verteilt wird als früher.
☐ 2) die Mehrheit der Männer keine Hausarbeit machen wollen.
☐ 3) Frauen, ob sie berufstätig sind oder nicht, noch ihre traditionelle Rolle zu Haus spielen.

f Während die Frau sich am meisten um Kinder kümmert,
☐ 1) halten über die Häfte der Vater werdenden Männer selten ihr Versprechen, sich um Kinder zu kümmern.
☐ 2) wollen die meisten Väter mehr für ihre Kinder sorgen als ihre Frauen.
☐ 3) sind in Schweden mehr Männer gegen ihre Vaterrolle.

g Was die Politik angeht, haben die Frauen
☐ 1) es schwer, sich in den großen Parteien durchzusetzen.
☐ 2) eine bessere Situation, weil sie sich dort ziemlich durchgesetzt haben.
☐ 3) es jetzt nicht schwer, weil Deutschland eine Bundeskanzlerin hat.

Frauen und Männer im Berufsleben

Die im Grundgesetz geforderte Gleichberechtigung der Frauen ist in Deutschland – so wie in anderen modernen Gesellschaften auch – ein erhebliches Stück vorangekommen. So haben im Bildungsbereich die Mädchen die Jungen nicht nur eingeholt, sondern inzwischen sogar überholt. An den Gymnasien – den Schulen mit dem höchsten Bildungsniveau – stellen sie 57 Prozent der Absolventen; der Anteil
5   junger Frauen an den Studienanfängern der Universitäten beträgt knapp 54 Prozent.

Immer mehr Frauen ergreifen einen Beruf. In Westdeutschland sind mittlerweile 65 Prozent der Frauen berufstätig, in Ostdeutschland 73 Prozent. Während Männer in der Regel einer

Vollzeitbeschäftigung nachgehen, arbeiten Frauen häufig, besonders jene mit kleineren Kindern, in Teilzeit. Auch bei Löhnen und Gehältern bestehen nach wie vor Differenzen zwischen den Geschlechtern: So verdienen Arbeiterinnen nur 74 Prozent des Gehalts ihrer männlichen Kollegen und Angestellte lediglich 71 Prozent. Dies hat im Wesentlichen damit zu tun, dass Frauen häufig in niedrigeren und damit schlechter bezahlten Positionen arbeiten. Auch wenn sie inzwischen häufiger in die Spitzenpositionen der Berufswelt vorrücken, stoßen sie dabei nach wie vor auf erhebliche Karrierehindernisse. So sind zum Beispiel zwar knapp die Hälfte der Studierenden, aber nur ein Drittel der wissenschaftlichen Mitarbeiter und lediglich 14 Prozent der Professoren Frauen.

Ein Haupthindernis beim beruflichen Aufstieg liegt darin, dass sich an der häuslichen Arbeitsteilung zwischen Frauen und Männern nur relativ wenig verändert hat. Der Kern der traditionellen Hausarbeiten – Waschen, Putzen und Kochen – wird in 75 bis 90 Prozent der Familien von den Frauen erledigt. Und obwohl 80 Prozent der Väter angeben, dass sie gerne mehr Zeit mit ihren Kindern verbringen würden, investieren Frauen, selbst die erwerbstätigen, doppelt so viel Zeit in die Kinderbetreuung wie ihre Männer. 56 Prozent der Männer mit Kinderwunsch wären zwar unter bestimmten Bedingungen bereit, nach der Geburt eines Kindes in Elternzeit zu gehen, tatsächlich tun dies nur knapp fünf Prozent der Väter. In Schweden dagegen machen 36 Prozent der Väter von diesem Recht Gebrauch.

In der Politik haben die Frauen sich inzwischen etabliert. In den beiden großen Parteien SPD und CDU ist fast jedes dritte beziehungsweise vierte Mitglied weiblich. Bemerkenswert entwickelt hat sich der Anteil der Frauen im Bundestag: 1980 stellten sie nur acht Prozent der Parlamentarier, 2005 sind es fast 32 Prozent. Im gleichen Jahr wurde Angela Merkel die erste Bundeskanzlerin Deutschlands.

www.tatsachen-ueber-deutschland.de

Wortschatzübung

1 Ordnen Sie die Erklärungen den Ausdrücken zu.

a	j-n überholen	1) Willen haben, etwas zu erfüllen
b	j-n einholen	2) es gibt Unterschiede
c	einen Beruf ergreifen	3) etw. regelmäßig machen
d	etw. (D) nachgehen	4) sich Zeit für etw. nehmen
e	Differenzen bestehen	5) sich mit kleinen Schritten nach vorne bewegen
f	(etw.) mit etw. (D) zu tun haben	6) j-n/etw. nachlaufend/nachfahrend erreichen
g	vorrücken	7) etw. in einer bestimmten Situation verwenden
h	Zeit in etw. (A) investieren	8) j-n übertreffen
i	zu etw. (D) bereit sein	9) einen Beruf wählen
j	von etw. (D) Gebrauch machen	10) im Zusammenhang mit etw. stehen

Lektion 16   Text D

2 **Ergänzen Sie mit den in Übung 1 vorkommenden Wörtern (a–j).**

a Die Studentin macht große Fortschritte, indem sie viel _____ ins Studium _____ .

b Mädchen wie Jungen wollen gleich nach ihrem Studium etwas verdienen, also _____ sie _____ .

c Bei der Berufswahl _____ zwischen Mann und Frau große _____ .

d Er hat mich in der Arbeit schon längst _____ , obwohl er jünger ist als ich.

e Viele chinesische Frauen _____ in eine gleiche Position wie Männer _____ .

f Bist du dazu _____ , deine Vaterrolle zu übernehmen?

g Seit mehr als 20 Jahren _____ sie einer Arbeit als Kindergärtnerin _____ .

h Um sich vor Ungerechtigkeit zu schützen, bringen immer mehr chinesische Frauen ihren Mut auf und machen _____ ihrem gesetzlichen Recht _____ .

i Auf dem Land wünscht man sich eher einen Sohn als eine Tochter, was auch damit _____ _____ _____ , dass eine bäuerliche Familie mehr Arbeitskräfte braucht, um satt zu werden.

j Ina und Thomas unternehmen eine Radtour. Anfangs fuhr Thomas voraus, aber allmählich hat Ina ihn _____ und die beiden haben gleichzeitig das Ziel erreicht.

Text D Hausmann

Einstieg

Sehen Sie sich das Bild an und sprechen Sie zu zweit.

a Was sehen Sie auf dem Bild?

b Was fällt Ihnen dabei auf?

c Gefällt Ihnen das Bild? Warum (nicht)?

d Kann man auch ähnliche Situationen in China sehen?

e Können Sie sich vorstellen, ein Hausmann zu werden bzw. einen Hausmann zu heiraten? Warum (nicht)?

Text D Lektion 16

Hörverständnis

Hören Sie den Text abschnittsweise und notieren Sie die Informationen.

Abschnitt 1

traditionelle Rollenverteilung von Mann und Frau	
alternative Rollenverteilung von Mann und Frau	

Abschnitt 2

a) Was erfahren wir über das Leben von Josef Krüger?

früher _____

seit zwei Jahren _____

Tagesplan _____

_____

finanzielle Lage _____

b) Warum hat er seinen Beruf aufgegeben?

erstens _____

zweitens _____

c) Gefällt ihm das Leben als Hausmann?

_____

Abschnitt 3

a) Wie ist das Verhältnis zu seinen früheren Kollegen und Freunden?

manche _____

andere _____

b) Welche Meinungen zur Vereinbarung von Familie und Karriere werden von Herrn Krüger genannt? Kreuzen Sie an.

	richtig	falsch
1) Es gibt keine ideale Lösung.		
2) Wenn man einfach die Rollen tauscht, können dieselben Probleme entstehen.		
3) Ob der Mann oder die Frau zu Hause bleibt, hängt vom Einkommen ab.		
4) Teilzeitarbeit ist ideal für Familien mit kleinen Kindern.		
5) Auf dem Arbeitsmarkt sind Teilzeitjobs immer leichter zu finden.		

Lektion 16   Text D

Sprechübung

Diskutieren Sie mit Ihrem Sprechpartner über die Frage:

Wie soll Ihr zukünftiger Partner sein? Suchen Sie eine „Karrierefrau" oder eine Hausfrau, einen „Karrieremann" oder einen „Hausmann"? Begründen Sie Ihre Bevorzugung.

> *Redemittel:*
> - *Ich bevorzuge ..., weil ...*
> - *Ich ziehe ... vor, weil ...*
> - *Ich mag keine/keinen ..., weil ...*
> - *Mir ist völlig egal, ob ... Am wichtigsten ist es, dass ...*
> - *Für mich ist es wichtig, dass ...*
> - *Ich halte viel/nichts von ...*

Schreibübung

Einen Forumsbeitrag schreiben

Ein Internetforum (von *lat. forum*, Marktplatz), auch Webforum oder Online-Forum, ist ein virtueller Platz zum Austausch von Gedanken, Meinungen und Erfahrungen.

1 Lesen Sie die Forumsbeiträge und beantworten Sie die folgenden Fragen:

a Worüber wird hier diskutiert?

b Was haben die Forumsteilnehmer geäußert? Kreuzen Sie an.

	Erfahrung	Meinung	Begründung
Liebling88	×		
Sporty1243			
gyukudo			
Tegali			
Roberto86			

c Was fällt Ihnen an der Sprache auf?

Forum *Gofeminin*: Pro oder Contra
Liebling88 Kochen ist Frauensache!!! (???) Hallo ihr Lieben, ich HASSE es zu kochen. Mit dem Rest des Haushalts hab ich absolut kein Problem. Jedoch muss ich mich immer schief angucken lassen, wenn ich es jemanden erzähle. „Wiiiie du kochst nicht?!" 😳 Da redet jeder ständig von der Emanzipation der Frau, aber dennoch wird eine solche Aussage nicht wirklich toleriert. Wie seht ihr das? Würde mich interessieren, was ihr dazu sagt!

Sporty124	**Bei uns kocht er ...**
	Also bei uns kocht mein Freund, denn ich habe keine große Lust zu. Wir teilen uns den Rest des Haushalts. Der jenige der Zeit hat macht das. Ich finde, es ist heutzutage vollig legitim wenn die Frau nicht kocht, sondern der Mann das tut. Bei uns bin ich zum Beispiel die jenige die handwerklicher begabt ist und wenn in dieser Richtung was gemacht wird, dann mache ich das eben. Wo ist da das Problem? Die Frau von heute geht ja auch arbeiten und nimmt nicht mehr nur die klassische Rolle der Hausfrau ein. Ich finde deine Einstellung gut, denn wir machens ähnlich
gyukudo	**Frauensache!**
	Natürlich ist Kochen Frauensache. Dafür hat er ja die Frau... 😊 Genau so wie die Versorgung des Haushalts, Betten machen, putzen, etc. Er soll mit Pfeil und Bogen wilde Tiere erlegen ...
Tigali	**Dumme Frage!**
	Was für eine dumme Frage! Warum sollte Kochen Frauensache sein? Braucht man zum Kochen denn eine Gebärmutter? Frauen, wenn ihr euch nicht wehrt, seid ihr ein Leben lang angekettet an den Herd 😈
Roberto 86	**Als Mann...**
	...koche ich sehr gerne. Leider kann ich noch nicht allzu viel, aber ich übe mich vor allem in der japanischen Küche. Ich hätte kein Problem damit, künftig die Familie zu bekochen, sofern ich nicht zu lange arbeite. Der Traum in der Küche wäre es natürlich, mit der Frau/Freundin gemeinsam zu kochen – das macht meiner Meinung nach den meisten Spaß und dann schmeckt es auch nochmal besser. Übrigens: Männer die gut kochen können punkten unglaublich bei Frauen!

2 Schreiben Sie nun selbst einen Forumsbeitrag dazu.

Text E   Im Bann der Tradition

Leseverständnis

Lesen Sie den Text und beantworten Sie die folgenden Fragen.

a Warum werden Frauen als Gewinner im Bildungssystem bezeichnet?

b Erklären Sie den Ausdruck „studieren sie nicht karrieregerecht" (Z.9) mit eigenen Worten.

c Was ist mit „dieser Anstrengung" (Z.18) gemeint?

d Was ist ein „Eineinhalbverdienerhaushalt" (Z. 23)?

e Aus welchen Gründen investieren Frauen eher in den Heiratsmarkt als in die eigene Karriere?

f Warum haben gut ausgebildete Frauen schlechtere Chance auf dem Heiratsmarkt?

Im Bann der Tradition

Obwohl Frauen höher qualifiziert sind denn je, suchen viele nach wie vor den statusüberlegenen Versorger.

Im Bildungssystem gelten Frauen längst als Gewinner. 56 Prozent der deutschen Abiturienten sind weiblich, ihre Abschlussnote ist im Schnitt besser als die der jungen Männer. Im Jahr 2005 lag die Studierquote beider Geschlechter erstmals auf gleichem Niveau. Und unter den Hochschulabsolventen sind heute etwas mehr als die Hälfte Frauen.

In den Wirtschafts-, Natur- und Ingenieurwissenschaften, also klassischen Karrierestudiengängen, beträgt ihr Anteil jedoch nur 30 Prozent. „Und wenn Frauen sich für diese Fächer entscheiden, studieren sie nicht karrieregerecht", sagt Sonja Bischoff, Professorin für Betriebswirtschaftslehre an der Universität Hamburg. „Bei den Ingenieurwissenschaften wählen sie Architektur statt Maschinenbau, bei den Naturwissenschaften Biologie statt Physik." Das Potential für die Karriere in der Wirtschaft sei dadurch begrenzt, sagt Bischoff, die seit mehr als 20 Jahren auf diesem Gebiet forscht.

Vor allem in den Chefetagen dominieren folglich Männer, die bei gleicher Qualifikation und Position insgesamt besser bezahlt werden als Frauen – das ist kurz gesagt auch heute noch das Ergebnis von Bischoffs Untersuchungen. Und daran wird sich wohl so schnell nichts ändern.

„Es gibt nur eine Minderheit von Frauen, die wirklich Karriere machen möchten und dabei vielleicht noch ein Kind haben", sagt Bischoff. „Und es gibt die Mehrheit, die diese Anstrengung nicht auf sich nehmen wird und den Weg über die Familie geht."

In den meisten Fällen heißt das: nur noch in Teilzeit arbeiten. „Es sind heute zwar mehr Frauen denn je erwerbstätig", sagt Jutta Allmendinger, Präsidentin des Wissenschaftszentrums Berlin für Sozialforschung. „Aber aus dem traditionellen Einverdienerhaushalt, in dem der Mann für das Einkommen sorgt, ist nur ein Eineinhalbverdienerhaushalt geworden." Auch Umfragen zeigen, dass immer noch ein Drittel der Frauen das Modell Hauptnährer plus Zuverdienerin favorisiert. Als Chefversorgerin der Familie sehen sich die wenigsten.

Es sind die Nachwirkungen langer Traditionen. Über Jahrzehnte hätten Frauen eben „eher in den Heiratsmarkt als in die eigene Karriere" investiert, sagt Allmendinger, „angehalten durch das Ehegattensplitting und Erleichterungen bei der Kranken- und Rentenversicherung". Schlechtere Gehälter für Frauen und fehlende Kinderbetreuung taten und tun ihr Übriges.

Wenn es Frauen im Beruf doch nach oben schaffen, und das tun in aller Regel die Hochqualifizierten, dann bleiben sie überdurchschnittlich häufig kinderlos. Nach jüngsten Schätzungen von Bevölkerungswissenschaftlern werden 30 Prozent der Akademikerinnen in

Westdeutschland nicht Mutter, unter allen Frauen gilt das nur für 20 Prozent. Eine Studie des Instituts für Arbeitsmarkt- und Berufsforschung zeigt: Weibliche Führungskräfte sind häufiger kinderlos als Männer in gleicher Funktion. Die leben öfter mit Partnerin und Kind oder Kindern.

Bei den Akademikerinnen mag hinzukommen, dass sie schon bei der Partnersuche kritischer sind und deshalb vielleicht seltener als andere Frauen einen geeigneten Kindsvater finden. Ein aktuelles Forschungsprojekt des Soziologen Hans-Peter Blossfeld von der Universität Bamberg zeigt, dass in Online-Partnerbörsen niemand so streng auswählt wie gut ausgebildete Frauen. Heirat nach unten kommt offenbar kaum in Frage. „Wenn aber die Frauen immer noch nach oben heiraten wollen, also an einem gut gebildeten und gut verdienenden Mann interessiert sind, dann fehlen hochqualifizierte Männer auf dem Heiratsmarkt."

http://www.spiegel.de/spiegel/print/d-56240573.html

Sprechübung

„Für gut ausgebildete Frauen kommt Heirat nach unten offenbar kaum in Frage." Was halten Sie davon? Diskutieren Sie mit Ihrem Sprechpartner darüber.

Redemittel:
- *Ich finde es gut / nicht gut / interessant / sinnvoll / absurd.*
- *Ich bin der Meinung, dass .../ Meiner Meinung nach ...*
- *Ich meine / denke / glaube, dass ...*

Wortschatzübung

1 Suchen Sie im Text synonyme Ausdrücke aus.

a Bann _____
b Haupternährer _____
c kritisch _____
d gut ausgebildet _____
e Partnerbörse _____

2 Schreiben Sie die Sätze mit den in Klammern angegebenen Wörtern um. Achten Sie dabei auf die Änderung des Satzbaus.

a Obwohl Frauen höher qualifiziert sind denn je, suchen viele **nach wie vor** den **statusüberlegenen** Versorger. (1. *immer noch*; 2. *mit höherem Status*)

b Im Jahr 2005 **lag** die Studierquote beider Geschlechter erstmals **auf gleichem Niveau**. (*gleich hoch sein*)

Lektion 16 Text E

c Und es gibt die Mehrheit, die diese Anstrengung nicht auf sich nehmen wird und den Weg über die Familie geht. (*etw. ⟨Unangenehmes⟩ machen / unternehmen*)

d Aber aus dem traditionellen Einverdienerhaushalt, in dem der Mann für das Einkommen sorgt, ... (*die Familie unterhalten / ernähren*)

e Auch Umfragen zeigen, dass immer noch ein Drittel der Frauen das Modell Haupternährer plus Zuverdienerin favorisiert. (*etwas vorziehen / bevorzugen*)

f Schlechtere Gehälter für Frauen und fehlende Kinderbetreuung taten und tun ihr übriges. (*noch hinzu kommen*)

g Wenn es Frauen im Beruf doch nach oben schaffen, ... (*Karriere machen*)

h Heirat nach unten kommt offenbar kaum in Frage. (*möglich sein / in Betracht kommen*)

Test

Vervollständigen Sie den Text

_____ einer repräsentativen Allensbach-Umfrage bleiben die Lebenswelten von Frauen und Männern in Deutschland _____ beachtlich gestiegener Bildungs- und Berufserfolge der Frauen weiter getrennt.
_____ junge Frauen durch Bücherlesen eifrig ihren Horizont _____ und immer reger kommunizieren, hocken viele junge Männer lieber _____ Computer. Männer _____ sich vor allem für Sport, Computer, Heimwerken – und danach noch für Politik und Wirtschaft. Frauen sind diese Themen höchstens halb so viel Energie w_____. Sie _____ sich viel lieber mit Wohnen und Einrichten, mit Büchern, Psychologie, medizinischen Fragen und Mode. Auch _____ den Gesprächsthemen liegen die Geschlechter in der Umfrage weit _____.

Männer reden am liebsten _____ Sport, Autos und Technik, danach _____ Politik, Wirtschaft und Finanzfragen. Frauen sprechen am häufigsten über Familie, Gesundheit, Kindererziehung, Partnerschaft, Bücher und Modetrends. Für „typisch weiblich" _____ die Befragten das Reden über Gefühle, Beziehungsfragen und Frust. _____ „typisch männlich" wird Direktheit, Nüchternheit und die Herrschaft _____ die Gesprächsführung angesehen. Da wundert es schon fast, dass Männer und Frauen _____ noch miteinander reden. An _____ Gesprächsstoff bleiben aber immerhin die Themen Freundeskreis, Urlaub, Job, Essen und Fernsehen übrig. Wobei viele Männer weiter glauben, dass sie sich mit anderen Männern besser _____ können.

Massenmedien — Lektion 17

1 Ordnen Sie zu. Welche Wörter gehören zu welchem Oberbegriff?

> PC (Personal Computer), Tastatur, Notebook, Smartphone, Maus, Laptop, Printmedien, CD-ROM-Laufwerk, Zeitungen, Scanner, Diskette, TabletPC, Drucker, Diskettenlaufwerk, Bücher, Monitor/Bildschirm, Zeitschriften, Rechner, CD-ROM, Internet, Lautsprecher, Taste, Filme

a Kommunikationsgeräte:

b Computerteile und -zubehöre:

c Medien:

2 Sie wollen Ihre E-Mails lesen und anschließend einige verschicken. Was müssen Sie machen? Bringen Sie die Vorgänge in die richtige Reihenfolge.

1. den Computer einschalten
- ☐ das E-Mail-Programm aufrufen
- ☐ E-Mail-Anhänge herunterladen
- ☐ E-Mails von unbekannten Versendern löschen
- ☐ eine Antwort-Mail verfassen
- ☐ die eingegangenen E-Mails öffnen und lesen
- ☐ die E-Mails verschicken
- ☐ ein Bild einscannen
- ☐ die Datei anhängen
- ☐ den Posteingang aufrufen
- ☐ den Computer herunterfahren
- ☐ das Mail-Programm beenden

3 Schauen Sie sich die Bilder an. Sagen Sie, was die Leute machen.

a    b    c

d    e    f

4 Sprechen Sie mit Ihrem Partner.

a Wählen Sie sich ein Bild aus und beschreiben Sie es hinsichtlich Ihrer Vermutung: wer, welche Tätigkeit, in welcher Situation und warum.

b Welche Medienarten nutzen Sie in welcher Situation und zu welchem Zweck?

Lektion 17   Text A

Text A Wofür das Internet am liebsten genutzt wird

Einstieg

Sprechen Sie mit Ihrem Partner über die folgenden Fragen.

a. Surfen Sie oft im Internet? Wenn ja, wozu?
b. Mit welchen Kommunikationsgeräten kommen Sie mit anderen in Verbindung? Und wie?
c. Welche sozialen Netzwerke nutzen Sie gern, wenn Sie sich mit anderen online treffen wollen? Warum?

Leseverständnis

1. **Sehen Sie sich das Bild auf Seite 41 an und sagen Sie, was es veranschaulicht.**

2. **Lesen Sie den Titel und den fettgedruckten Abschnitt und sagen Sie, was Sie von dem Text erwarten.**

3. **Lesen Sie den restlichen Text und geben Sie jedem Abschnitt eine Überschrift, indem Sie Stichwörter aus dem jeweiligen Abschnitt nehmen oder selbst eine Überschrift formulieren.**

4. **Ergänzen Sie die folgende Tabelle anhand des Textes stichwortartig.**

Vorteile des Internets	Beispiele und/oder Begründungen
• seine Inhalte und seine ständige Verfügbarkeit	•
• seine große Bequemlichkeit	•

Nutzung des Internets	Beispiele und/oder Begründung
• Kommunikation	•
• Chatten in Echtzeit	•
• als soziale Netzwerke	•
• als Informationsquelle	•
• Nachrichtenseiten besuchen	•
• berufliche bzw. schulische Aspekte	• keine
• eigene Homepage erstellen	•
• das Spielen von Computerspielen	•

Text A   Lektion 17

Wofür das Internet am liebsten genutzt wird

Das Internet bietet seinen Nutzern unzählige Möglichkeiten. Besonders gefragt sind Kommunikation und Information. Eines der bedeutendsten Hobbys unserer Zeit ist die Nutzung des Internets. Doch wofür wird das Netz am liebsten genutzt?

a _____

5 Immer mehr Menschen greifen auf das Internet zurück. Durch seine vielen unterschiedlichen Möglichkeiten eignet es sich optimal, einer Vielzahl von Hobbys nachzugehen, wobei die Internetnutzung mittlerweile schon ein Hobby für sich ist.

b _____

10 Zu den größten Vorteilen des World Wide Webs zählen vor allem seine Inhalte und seine ständige Verfügbarkeit. So kann man jederzeit auf das Netz zugreifen, um eine gewünschte Tätigkeit auszuüben. Größere Nachteile oder längere Wartezeiten sind in der Regel nicht zu befürchten. Ein weiterer Vorteil, den das Internet bietet, ist seine große Bequemlichkeit. So kann man sich mit vielen Tätigkeiten beschäftigen, ohne deswegen aus dem Haus gehen zu müssen. Es ist inzwischen
15 sogar möglich, über das Internet Lebensmittel einzukaufen.

c _____

Zu den Tätigkeiten, die am häufigsten im WWW ausgeführt werden, zählt die Kommunikation mit anderen Benutzern des Internets. Dazu gehören vor allem der Austausch via E-Mail oder das Chatten. Beim Chatten erfolgt die Kommunikation in Echtzeit. Genutzt werden unterschiedliche Chatformen wie IRC (Internet Relay Chat), Instant Messaging Webchat oder Videochats über eine
20 Webcam. Chatrooms werden von Altersklassen aller Art benutzt, wobei sie sich besonders bei jungen Menschen großer Beliebtheit erfreuen. Aber auch ältere Menschen nutzen zunehmend Chats, um virtuelle Seniorentreffen abzuhalten. Enorm an Popularität gewonnen haben die so genannten sozialen Netzwerke. Diese werden besucht, um Freundschaften zu pflegen oder neue Kontakte zu knüpfen.

d _____

25 Ebenfalls gern genutzt wird das Internet als Informationsquelle. Die meisten Nutzer recherchieren dabei nach einem bestimmten Thema, das für sie von Interesse ist. Auch Nachrichtenseiten werden häufig besucht, um sich über das aktuelle Tagesgeschehen auf dem Laufenden zu halten. Ebenfalls wichtig sind berufliche bzw. schulische Aspekte.

e _____

Häufig wird das Internet auch dazu genutzt, um eine eigene Homepage zu erstellen und über diese dann
30 aus seinem Leben oder über bestimmte Themen, die auch für andere von Interesse sind, zu berichten.

f _____

Ebenfalls sehr populär ist das Spielen von Computerspielen über das Internet. Dabei trifft man sich im Netz mit anderen Spielern, um sich mit diesen zu messen.

Nach: http://www.paradisi.de/Freizeit_und_Erholung/Hobbys/Internet/Artikel/16845.php

Lektion 17   Text A

Sprechübung

1   Lesen Sie die folgenden drei Antworten auf die Frage:

Warum liest man heutzutage noch Zeitung? Es gibt doch viel handlichere und aktuellere Medien z. B. durch das Internet ...

Lambert:
Die Zeitung in der jetzigen Form ist auf dem Rückmarsch – irgendwann wird es keine mehr geben.

Miss Andersen:
Mir persönlich gefällt es mehr, etwas in der Hand zu haben (und damit meine ich kein Laptop), worin ich umblättern kann etc. Wenn ich unterwegs bin, kaufe ich mir eine Zeitung oder nehme die Zeitung von zu Hause mit, die ich noch nicht gelesen habe, und lese sie dann, wenn ich Zeit habe. Ich habe nicht immer Zeit, ins Internet zu gehen. Das will ich auch nicht. Zeitung ist mir lieber. Ich möchte nicht alles durch das Internet ersetzen.

Jennifer:
Weil in der Zeitung alles gedruckt wird. So findest du immer, was du brauchst, kannst den Überblick gut behalten und siehst quasi auf einen Blick, was los ist. Im Netz musst du dich erst zurecht suchen und dann ändert sich der Artikel meist oft noch. Außerdem sind Artikel im Netz selten so genau wie in der Zeitung.

2   Diskutieren Sie nun zu viert über die folgende Frage und nutzen Sie dazu Argumente aus dem Lesetext oder aus Antworten von Lambert, Miss Andersen und Jennifer.

Wird eines Tages das Internet die Zeitungen ersetzen? Welcher Meinung sind Sie?

Redemittel:

Zustimmung
... hat Recht.
Ich bin derselben Meinung wie ... .
Ich schließe mich ... Meinung an.

Ablehnung/ Widerspruch
Ich bin anderer Meinung als ... .
Ich lehne die Meinung von ... ab.
Da muss ich ... widersprechen.
... Meinung kann ich nicht teilen.

Aufzählung (z. B. von Argumenten)
als erstes ..., weiterhin ..., außerdem ..., darüber hinaus ..., schließlich ...
Hinzu kommt etw. (N) / , dass ...
Nicht vergessen darf man etw. (A) / , dass ...

Argumentation
Für/Gegen Zeitungen (Dafür/Dagegen) spricht etw. (N) / , dass ...
Es liegt an etw. (D) / , dass ...
Der Grund für/gegen Internet besteht in etw. (D) / darin, dass ...
Die Argumente dafür/dagegen sind etw. (N) / , dass ...

Text A   Lektion 17

Wortschatzübung

1 Schreiben Sie die Sätze mit den angegebenen Wörtern um. Achten Sie dabei auf die Änderung des Satzbaus!

a **Eines der** bedeutendsten Hobbys unserer Zeit ist die Nutzung des Internets. (*zu etw.* (D) *gehören / zählen*)

b Immer mehr Menschen **greifen auf** das Internet **zurück**. (*etw.* (A) *nutzen*)

c Beim Chatten **erfolgt** die Kommunikation in Echtzeit. (*stattfinden*)

d Chatrooms **erfreuen sich** besonders bei jungen Menschen **großer Beliebtheit**. (*sehr beliebt sein*)

e Aber auch ältere Menschen nutzen zunehmend Chats, um **virtuelle** Seniorentreffen abzuhalten. (*online / im Internet*)

f **Enorm an Popularität gewonnen** haben die so genannten sozialen Netzwerke. (*sehr populär werden*)

g Die meisten Nutzer **recherchieren** dabei nach einem bestimmten Thema, das für sie von Interesse ist. (*etw.* (A) *intensiv / mit viel Zeit suchen*)

h Auch Nachrichtenseiten werden häufig **besucht**, um sich über das aktuelle Tagesgeschehen auf dem Laufenden zu halten. (*etw.* (A) *lesen*)

i Die Themen **sind** auch für andere **von Interesse**. (*interessant sein*)

j Beim Spielen von Computerspielen über das Internet trifft man sich im Netz mit anderen Spielern, um **sich** mit diesen zu **messen**. (*sich vergleichen / kämpfen*)

2 Die folgenden Online-Tätigkeiten sind heute sehr populär. Was davon machen Sie oft und wozu?

- Informationen recherchieren
- Nachrichtenseiten besuchen
- Lebensmittel einkaufen
- chatten
- eigene Inhalte veröffentlichen / publizieren
- Bankgeschäfte erledigen
- Informationen beschaffen
- Nachrichten checken
- Computerspiele spielen
- sich austauschen
- kommunizieren
- Musik herunterladen

Lektion 17   Text A

3 **Ergänzen Sie die Sätze, indem Sie aus Übung 2 geeignete Verben wählen.**

a Der Student hat wochenlang für seine Masterarbeit relevante Materialien im Internet _____ .

b Vor dem Semesterende _____ die Studenten gern im Internet, um _____ über die Prüfungen in den Ferien _____ .

c Nach dem Abitur _____ viele Schüler die Webseiten der einschlägigen Hochschulen, um Informationen über ihre gewünschten Studiengänge zu _____ .

d Aus Bequemlichkeit _____ heute viele Hausfrauen gern online _____ , statt in den Supermarkt zu gehen.

e Um den Wahrheitsgehalt der Nachrichten zu _____ , gehen manche Leute ins Internet und suchen die Quelle der Nachricht.

f Man kann heutzutage Musik nicht nur im Netz hören, sondern auch _____ .

g Um sich die Zeit nach der Schule zu vertreiben, _____ viele Jugendliche bei Skype mit ihren Schulkameraden oder _____ Computer.

Grammatische Wiederholung

1 Suchen Sie aus dem Text alle Relativsätze heraus. Worauf bezieht sich das jeweilige Relativpronomen?

Relativsätze	Relativpronomen	Bezug auf
1) einer Vielzahl von Hobbys nachzugehen, wobei die Internetnutzung mittlerweile schon ein Hobby für sich ist.	wobei = dabei	einer Vielzahl von Hobbys nachzugehen
2) Ein weiterer Vorteil, den das Internet bietet.	den (Relativpronomen)	Ein weiterer Vorteil
3)		
4)		
5)		
6)		

Text A   **Lektion 17**

② Ergänzen Sie die folgenden Tabellen.

a **Relativpronomen beziehen sich auf ein Nomen.**

Beispiele:
- Ein weiterer Vorteil, **den** das Internet bietet, ist seine große Bequemlichkeit.
- Bei den so genannten sozialen Netzwerken handelt es sich um Internetplattformen, **auf denen** Interessengemeinschaften zusammenkommen.

	maskulin	feminin	neutral	Plural
Nominativ	der / welcher			
Akkusativ				
Dativ				
Genitiv				

b **Relativpronomen beziehen sich auf den vorhergehenden Satz, auf Indefinitpronomen wie** *nichts, alles, eines, etwas, vieles oder manches* **oder auf** *das / das + Superlativ,* **z. B.:** *das Beste, das Wichtigste* **usw.**

Beispiele:
- Das mobile Internet wird sehr verbreitet, **wodurch** heute viele Menschen schnellen und ortsungebundenen Zugang zu einer großen Anzahl an Tagesmedien haben.
- Man kann nicht alles glauben, **was** im Internet steht.
- Das Wichtigste, **was** die Menschen brauchen, sind Wasser, Luft und Nahrungsmittel.

Nominativ oder Akkusativ	was
Mit Präposition wie bei, für, durch, an, auf, wegen usw.	wobei,

③ Lesen Sie die Sätze und unterstreichen Sie das Relativpronomen und seinen Bezug.

a Das Handy liegt bei den Medien, die am häufigsten von Kindern genutzt werden, auf Platz eins.

b 97 Prozent aller Kinder haben ein Handy oder nutzen es regelmäßig, was schon für die Kleinen längst normal ist.

c Bei Jugendlichen sind Handys sehr beliebt, mit denen sie SMS verschicken, Musik hören,

45

Lektion 17   Text B

sich Film ansehen und fotografieren.

d Besonders Jugendliche legen viel Wert auf ein neues modernes Modell, welches für sie längst zu einem Statussymbol geworden ist.

e Um hohe Handykosten zu vermeiden, sollte man seinem Kind ein Gerät schenken, bei dem man mögliche Funktionen abschalten kann, die mit zusätzlichen Kosten verbunden sind, worauf alle Eltern achten sollten.

f Alles, was hier besprochen wird, kann alle Eltern interessieren.

4 **Ergänzen Sie Relativpronomen.**

a Für ganz kleine Kinder eignen sich etwa Handys, _____ über keinerlei Zusatzfunktionen, wie Internetzugang oder Kamera verfügen und robust sind.

b Das Medienangebot ist heute so groß wie nie zuvor, _____ die Gewohnheiten und das Informationsverhalten der Bevölkerung verändert.

c In absehbarer Zeit wird die überwältigende Mehrheit der Haushalte einen Internet-Zugang haben, _____ sie zu jeder Tages- und Nachtzeit auf aktuelle Informationen zugreifen können.

d Heute verwendet fast jeder Mensch ein Handy oder Smartphone, mit _____ man theoretisch jeden anderen Nutzer auf der Welt erreichen kann.

e Mit dem Smartphone kann man das mobile Internet nutzen, _____ man sich Mails schreiben, soziale Netzwerke verwenden oder weitere Möglichkeiten in Anspruch nehmen kann, _____ eine Internetverbindung bietet.

f Ein Tablet ist eigentlich ein Computerersatz, _____ es auch oft Tabletcomputer genannt wird.

g Chatrooms werden viel benutzt, _____ sie sich besonders bei jungen Menschen großer Beliebtheit erfreuen.

Text B Ein Interview zum Thema „Kinder und Internet"

Einstieg

1 **Ordnen Sie zu. Welche der folgenden Ausdrücke können einander in einem Text ersetzen.**

a Kinder, Inhalte, Buch, Sprösslinge, Internet-Angebote, Kompetenz, Internet-Seiten, Angebote, Fähigkeit, Ratgeber, Informationen, Seiten

Text B   **Lektion 17**

b online gehen, suchen, klicken, sich umsehen, reizen, ins Internet gehen, interessieren, im Internet surfen

c online, wichtig, im Internet, entscheidend, beispielsweise, im Netz, zum Beispiel

2 **Ordnen Sie den Wörtern die entsprechende Erklärung zu.**

- **a** Medienkompetenz
- **b** Protokollprogramm
- **c** Webfilter
- **d** intuitiv

1) ein Programm, in dem die besuchten Webseiten gespeichert werden
2) Fähigkeit, mit Medien umzugehen
3) ein Programm, durch das die ungewünschten Informationen aus dem Internet getrennt werden
4) aufgrund seines Gefühls

3 **Sehen Sie sich das Bild an. Was fällt Ihnen dabei auf?**

90 Prozent der Eltern kontrollieren nicht, was ihre Kinder online machen. Das scheint Mama und Papa nicht zu interessieren.

4 **Lesen Sie nun den Text zu dem Bild. Was könnten die Kinder im Netz machen und welche Probleme könnten dadurch entstehen?**

Hörverständnis

Hören Sie nun das Interview und machen Sie sich zu den folgenden Fragen Notizen.

a Worüber schreibt Herr Maier in seinem Ratgeber?

b Womit können sich die Kinder seiner Meinung nach ohne Internet beschäftigen?

c Warum können die Kinder auf die Idee kommen, online zu gehen?

d Was sagt Herr Maier in Bezug auf das Surfen von Kindern?

Lektion 17   Text C

e Wie sollten die Eltern ihren Kindern Internetkompetenz beibringen?

f Welche Medienfähigkeiten werden von Herrn Maier genannt?

g Welche Kontrollmethode hinsichtlich des Surfens der Kinder empfiehlt Herr Maier nicht?

h Welche Maßstäbe hat Herr Maier bei seiner Auswahl der für Kinder geeigneten Internet-Seiten angelegt?

i Was interessiert Kinder im Netz im Allgemeinen?

j Was interessiert die Kinder im Internet besonders?

k Surfen Kinder anders als Erwachsene? Warum?

Text C — Moderne Medien – Segen oder Fluch?

Leseverständnis

1 Sehen Sie sich das Bild an und lesen Sie den Text auf dem Umschlag des Buches. Beantworten Sie die folgenden Fragen:

a Wer ist der Autor des Buches?
b Wovon wird wohl das Buch handeln?

2 Lesen Sie das Fazit des Textes.

Wie ist die Meinung der Rezensentin zu dem Buch, positiv, negativ oder eher neutral? Begründen Sie.

3 Lesen Sie nun den ganzen Text und unterstreichen Sie darin die Aussagen, mit denen die Meinung des Autors zu dem Buch zum Ausdruck kommt.

4 Ergänzen Sie Argumente.

campus

DAVID PFEIFER
Klick.
Wie moderne Medien uns klüger machen

David Pfeifer.
Frankfurt a. M. : Campus, 2007.
ISBN: 3593381613. ca. 18,- EUR

Text C Lektion 17

Meinung zu dem Buch	Argumente dazu
• ein vielfältiger Blick auf den Medienkonsum und dessen Auswirkungen	•
• Der Autor hat auf positive Aspekte der modernen Medien hingewiesen	• • •
• Der Stil des Buches ist gut und journalistisch.	• •
• Die Inhalte sind interessant.	• •
• Unzulänglichkeiten: kein praktischer Ansatz. •	• • •

5 **Ergänzen Sie die folgende Gliederung des Textes.**

1. Allgemeine Darstellung des Buchinhalts
   1.1 Aufgreifung verschiedener Aussagen gegen _____
   - _____ verblödet
   - _____ machen einsam
   - von _____ werden unsere Kinder gewalttätig

   1.2 Hinweis auf die _____ Aspekte der neuen Medien
   - hoch komplexe _____ – und noch dazu mehrere gleichzeitig – ausführen können
   - neue _____ und _____ entwickeln
   - die _____ besser verstehen lassen

2. Bewertung des Buches
   2.1 _____ Seite
   - Sprache: _____ und _____ , ohne Mühe und mit Freude Seite für Seite lesen können
   - Erzählweise: nach der Reihe der Zeit (von _____ über _____ bis _____), mit vielen Anekdoten

   2.2 Unzulänglichkeiten
   2.2.1 am Untertitel
   - fehlender Hinweis auf _____ zum besseren Nutzen der Medien
   - _____ nicht verhindern können

   2.2.2 fehlende Anweisung auf die Art und Weise, wie _____ gewonnen werden kann

3. Fazit
   - Ein Buch zur _____ um die modernen Medien voller Informationen und Denkanstöße.

Moderne Medien – Segen oder Fluch?

Es wird viel auf die neuen Medien geschimpft: Fernsehen verblödet, Computer machen einsam und

Lektion 17   Text C

von Videospielen werden unsere Kinder gewalttätig. David Pfeifer greift diese Meinungen auf, um einen vielfältigeren Blick auf unseren Medienkonsum und seine Auswirkungen zu werfen.

Die positiven Aspekte der modernen Medien fallen nämlich oft unter den Tisch: Dass wir z. B. heute in der Lage sind, ganz selbstverständlich hoch komplexe Tätigkeiten – und noch dazu mehrere gleichzeitig! – auszuführen, dass unsere Kinder neue Denkweisen und Intelligenzen entwickeln, dass uns die Medien die Welt besser verstehen lassen als je zuvor. Auf das und mehr weist David Pfeifer hin.

Man merkt dem Schreibstil des Autors seinen journalistischen Hintergrund an – locker und unterhaltsam plaudert David Pfeifer auf eine so persönliche Weise über sein Thema, dass man ohne Mühe und mit Freude Seite für Seite liest. So gut wie der Stil, so interessant sind auch die Inhalte, in denen er den Bogen vom Beginn der Medien über die Gegenwart bis hin zu dem, was uns die Zukunft wohl bringen wird, schlägt und immer wieder eigene, kleine Anekdoten einfügt.

Was dem Buch etwas fehlt, ist ein praktischer Ansatz. Der Untertitel „Wie moderne Medien uns klüger machen" weist nicht, wie man vermuten könnte, auf konkrete Anregungen hin, mit denen wir moderne Medien besser nutzen können. Und das ist fast ein bisschen schade, weil es damit möglich wäre, aus dem Schwarz-weiß-Denken von „Gut" oder „Schlecht" herauszukommen. Wenn der Autor z. B. mit dem Kapitel „Wir brauchen mehr Medienkompetenz" endet, hat er natürlich Recht – aber es wäre auch toll zu erfahren, wie genau das erreicht werden kann. Seine Antwort lautet, die ganze Sache viel entspannter zu sehen. Für all jene, die einen Feldzug gegen die Medien führen, dürfte das eine pure Provokation sein, auch wenn an seiner Aussage natürlich einiges dran ist...

Fazit: Ein Buch zur Diskussion um die modernen Medien voller Informationen und Denkanstöße.

Tania Konnerth

http://www.zeitzuleben.de/717-moderne-medien-segen-oder-fluch/

Schreibübung

Schreiben Sie eine Rezension zu einem Buch, das Sie gelesen haben und bewerten Sie das Buch in Hinsicht auf den Inhalt, die Sprache und den Stil.

Wortschatzübung

Schreiben Sie die Sätze mit den in Klammern angegebenen Wörtern um. Achten Sie dabei auf die Änderung des Satzbaus.

a Fernsehen **verblödet** uns. (*j-n dumm machen / j-n verdummen*)

b David Pfeifer **greift** diese Meinungen **auf**, um **einen vielfältigeren Blick auf** unseren Medienkonsum und seine Auswirkungen zu **werfen**. (1. *sich mit etw.*(D) ⟨*als Problem*⟩ *beschäftigen*; 2. *etw.*(A) *aus verschiedenen Perspektiven betrachten*)

c Die positiven Aspekte der modernen Medien **fallen** nämlich oft **unter den Tisch**. (*etw.*(A) *nicht berücksichtigen / etw.*(A) *übersehen / ignorieren*)

d Wir **sind** heute **in der Lage**, ganz selbstverständlich hoch komplexe Tätigkeiten auszuführen. (*imstande sein / fähig sein / können*)

e Man **merkt** dem Schreibstil des Autors seinen journalistischen Hintergrund **an**. (*etw.*(A) *an etw.*(D) *erkennen / etw.*(A) *an etw.*(D) *sehen*)

f Der Untertitel **weist** nicht **auf** konkrete Anregungen **hin**, mit denen wir moderne Medien besser nutzen können. (*j-n auf etw.*(A) *aufmerksam machen*)

g Es wäre möglich, **aus** dem Schwarz-weiß-Denken von „Gut" oder „Schlecht" **herauszukommen**. (*etw.*(D) *entkommen / entgehen*)

h Wenn der Autor mit dem Kapitel „Wir brauchen mehr Medienkompetenz" **endet**, hat er natürlich Recht. (*zum Schluss kommen*)

i Für all jene, die **einen Feldzug gegen** die Medien **führen**, dürfte das eine pure Provokation sein. (*einen Kampf gegen etw.*(A) *führen*)

Grammatik: Relativsatz

1 Ergänzen Sie die folgende Tabelle.

Relativpronomen in Relativsätzen			wodurch	weswegen		wobei	worüber
Entsprechungen in Hauptsätzen	hier/ dort/da	das/ es/dies			danach		

2 Wandeln Sie die Satzpaare in Satzgefüge mit einem Relativsatz um oder umgekehrt.

Beispiele:

Fernsehen verblödet und Computer machen einsam. **Das** greift David Pfeifer auf, um einen vielfältigeren Blick auf unseren Medienkonsum zu werfen.

→ Fernsehen verblödet und Computer machen einsam, *was* David Pfeifer aufgreift, um einen vielfältigeren Blick auf unseren Medienkonsum zu werfen.

Wir können heute ganz selbstverständlich hoch komplexe Tätigkeiten ausführen, worauf David Pfeifer hinweist.

Lektion 17   Text D

→ Wir können heute ganz selbstverständlich hoch komplexe Tätigkeiten ausführen. *Darauf* weist David Pfeifer hin.

In Deutschland sind heute viele Leute relativ schwach im Rechnen, obwohl dort doch der erste Computer in der Welt gebaut worden ist.
→ *In Deutschland, wo der erste Computer der Welt gebaut worden ist, sind doch viele Leute relativ schwach im Rechnen.*

a Das Tablet ist kein Notebook, *weswegen* es keine Unterlage wie einen Schreibtisch braucht, um bedient zu werden.

b Das Internet wird die Tageszeitung zunehmend ersetzen. *Das* ist auf den ersten Blick eine durchaus einleuchtende Erwartung.

c In der letzten Zeit hört man immer wieder im Fernsehen von versteckter Werbung. *Daran* kann man einen Teil der „Medienmacht" sehen.

d Die große Mehrheit der Bevölkerung surft täglich online, sieht fern, liest Zeitung und hört Radio, *wodurch* politische Botschaften die Menschen erreichen können.

e Die öffentlich-rechtlichen Medien sind gesetzlich verpflichtet, den Parteien im Wahlkampf Sendezeit anzubieten, *wo* sie mit Hilfe eigener Spots für sich werben können.

f Die Wähler informieren sich in den Medien über alles. *Dazu* gehören u.a. Beliebtheit von Spitzenpolitikern, deren Zufriedenheit mit der Arbeit von Regierung und Opposition.

g Globalisierung wird häufig als eine Verdichtung von Raum und Zeit definiert. *Dabei* spielt auch das Internet eine wichtige Rolle.

Text D   Nutzung digitaler Medien verdummt!

Einstieg

1 **Bilden Sie Sätze, indem Sie die Satzteile in die richtige Reihenfolge bringen. Achten Sie dabei auf die Konjugation der Verben.**

a wegnehmen / die Maschinen / den Menschen / viel Arbeit

b abnehmen / das Auto / uns / die Transporttätigkeiten

c müssen / in Kauf nehmen / für eine Reise nach Europa / die Chinesen / einen anstrengenden Flug

d verfallen / wegen zu viel Verwendung von digitalen Medien / bei vielen Jugendlichen / die Sprachfähigkeit

e sein / werden / manche Jugendliche / internetsüchtig, so dass / sie / Herr über ihre eigene Tätigkeit / nicht mehr

2 Ordnen Sie zu. Welche Erklärung passt zu welchem Begriff?

- **a** Neurologe
- **b** Medienpädagogik
- **c** These
- **d** Navigationsgerät
- **e** Updates
- **f** Demenz

1) Erziehungswissenschaft über den Umgang mit den Medien
2) Apparat zur Kursbestimmung
3) Gehirnforscher
4) Aktualisierung
5) eine degenerative Erkrankung des Gehirns mit dem Rückgang der Gehirnfähigkeit
6) Behauptung/Hypothese/Annahme

3 Um es sich leicht zu machen, nutzt man heutzutage viel Computer und Navigationsgerät. Welche Folgen kann das für das menschliche Gehirn haben?

Hörverständnis

1 Lesen Sie die Aufgaben zum Text und unterstreichen Sie die Stichwörter.

2 Hören Sie den Text und machen Sie sich dabei Notizen in Stichworten.

a Welche Meinung vertritt der Gehirnforscher zu elektronischen Medien?

b Was für eine Krankheit können elektronische Medien bei Nutzern verursachen?

c Auf welche Weise lösen sie die Krankheit aus?

d Welche Beispiele werden dafür gegeben, dass das Gehirn durch die Nutzung der elektronischen Medien verfällt?

Lektion 17   Text D

e Was ist wichtig, um Demenz vorzubeugen?

f Welchen Einfluss hat Stress auf unser Gehirn?

g Wie viele Stunden sind acht- bis zwölfjährige Mädchen nach der Stanford-Studie täglich online und wie viel Zeit verbringen sie mit anderen Mädchen zusammen?

h Welche Folge hat es nach der Meinung von Spitzer, wenn man täglich lange im Internet ist und wenig Kontakt mit anderen hat?
  -
  -

i Was sollten die Schule und die Eltern tun?
Schule:
Eltern:

Sprechübung

Streiten Sie sich mit Ihrem Partner zu der folgenden Frage:

Moderne Medien – Segen oder Fluch?
Sammeln Sie zuerst für Ihre Meinung Pro- oder Kontra-Argumente aus Text C und Text D, äußern Sie dann Ihre Meinung zu der Frage und begründen Sie sie mit Beispielen.

Redemittel:
Ausdrücken der eigenen Meinung
Meines Erachtens ...
Meiner Meinung nach ...
Begründung
Dafür / Dagegen spricht vor allem ...
Nennen eines Beispiels
Nehmen wir etw. (A) als Beispiel.
Zum Beispiel ...
Beispielsweise ...
Abschwächen von Gegenargumenten
Das finde ich auch, aber ...
Das ist zwar richtig, aber ...
Sie haben sicher Recht, trotzdem ...
Ich verstehe Ihre Argumente / Meinung gut, aber ...

Text E   **Lektion 17**

Text E — Soziale Netzwerke werden immer beliebter

Einstieg

1 Lesen Sie den folgenden Kurztext und beantworten Sie mündlich die folgenden Fragen.

- **a** Was sind soziale Netzwerke?
- **b** Welche anderen Namen dafür werden im Text noch genannt?
- **c** Welche einzelnen sozialen Netzwerke werden als Beispiele erwähnt?

Soziale Netzwerke stehen für eine Form von Netzgemeinschaften (Online-Communities), die technisch durch Webanwendungen oder Portale abgebildet werden. Im Englischen existiert der präzisere Begriff des social network service (SNS), deutsche Begriffe wie „Gemeinschaftsportal" oder „Online-Kontaktnetzwerk" sind kaum gebräuchlich. Die bekanntesten Dienste in Deutschland sind Facebook, Twitter, XING, Google+, MySpace, Flickr, LinkedIn, Pinterest sowie studiVZ/meinVZ.

2 Machen Sie partnerweise eine Sprechübung über die folgenden Fragen.

- **a** Welche chinesischen sozialen Netzwerke im Internet kennen Sie? Erzählen Sie ihrem Partner etwas über ihre Funktionen.
- **b** Welche davon nutzen Sie am liebsten? Warum?

Leseverständnis

1 Sehen Sie sich das Bild auf Seite 57 an, lesen Sie den fettgedruckten Teil des Textes und sagen Sie, was Sie von dem Text erwarten.

2 Überfliegen Sie den ganzen Text und überprüfen Sie, welche von Ihnen erwarteten Inhaltspunkte im Text behandelt werden.

3 Lesen Sie noch einmal den Text, ordnen Sie die folgenden Überschriften den jeweiligen Textteilen zu, indem Sie die Zeilennummer angeben.

Überschriften	Zeilen
Entwicklung der Zahl der Netzwerknutzer	von 8 bis 12
Allgemeines über soziale Netzwerke	

Lektion 17   Text E

Nachteile	
Nutzungszwecke	
Vorschläge für die Nutzer	

4 Kreuzen Sie die richtige Antwort an.

a Was belegt, dass soziale Netzwerke einen Boom erfahren?
☐ 1) Viele Kontakte werden dadurch geknüpft.
☐ 2) Sie werden viel besucht.
☐ 3) Man kann bei sozialen Netzwerken zusammenkommen.

b Welche der folgenden Aussagen ist richtig?
☐ 1) Unter deutschen Nutzern von Online-Communities sind mehr ältere Leute.
☐ 2) Unter deutschen Nutzern von Online-Communities sind mehr Jugendliche.
☐ 3) Unter deutschen Nutzern von Online-Communities sind mehr jüngere Leute.

c Warum nutzt man Soziale Netzwerke?
☐ 1) Um sich über neue Nachrichten zu informieren.
☐ 2) Um sich z. B. nach Ort oder Termin einer Party zu erkundigen.
☐ 3) Um v. a. einen Lebenspartner zu finden.

d Mit welcher Gefahr sind Nutzer der sozialen Netzwerke konfrontiert?
☐ 1) Ihre persönlichen Daten können verraten werden.
☐ 2) Sie können auf ungesetzliche private Netzwerke stoßen.
☐ 3) Ihre privaten Informationen werden ausnahmslos von den Betreibern der Netzwerke missbraucht.

e Worauf muss man beim Einstieg in ein Netzwerk achten?
☐ 1) Man sollte nur der eingeschränkten Verwendung seiner Daten zustimmen.
☐ 2) Man sollte lieber nicht soziale Netzwerke besuchen.
☐ 3) Man sollte nicht mehr Informationen eingeben als nötig.

5 Vervollständigen Sie die Zusammenfassung zu Text E.

Heutzutage nutzen immer mehr Deutsche digitale soziale Netzwerke als _____ , um persönliche oder geschäftliche _____ herzustellen bzw. zu _____ . Diese _____ findet sich nach Studienergebnissen sowohl v. a. unter _____ als auch älteren Leuten.
Dabei werden die Internetplattformen hauptsächlich zur Gründung und Aufrechterhaltung von _____ besucht, außerdem auch zur _____ über Treffen und _____ und sogar zum Finden von _____ oder für berufliche _____ .
Neben den _____ der sozialen Netzwerke existieren auch ein paar

56

Unzulänglichkeiten. Zu nennen sind erstens die versehentliche _____ von privaten _____ und somit der Missbrauch der Daten. Zweitens können die Daten von Netzwerkbetreibern zu ihrem _____ Vorteil verwendet werden. Drittens besteht noch die Möglichkeit, dass private Daten und _____ gestohlen werden. Viertens können die Nutzer _____ werden, ihre Daten beliebig verwenden zu lassen. Nicht zu vergessen ist, dass sie beim _____ Mängel aufweisen.

Deshalb sollte der Nutzer beim Einloggen in ein _____ nicht zu viel von seinen _____ Daten verraten und im Zweifel lieber auf die Nutzung _____ .

Soziale Netzwerke werden immer beliebter

Soziale Netzwerke werden immer beliebter. Vor allem jüngere Menschen nutzen sie häufig und gerne.

Bei den so genannten sozialen Netzwerken handelt es sich um Internetplattformen, auf denen Interessengemeinschaften zusammenkommen. Sie dienen zur Knüpfung von privaten oder
5　geschäftlichen Kontakten. Auch in Deutschland haben soziale Netzwerke einen hohen Zulauf zu verzeichnen. Man kann sogar von einem regelrechten Boom sprechen.

So nutzen Umfragen zufolge rund 76 Prozent aller deutschen Internetuser Online-Communities, was 40 Millionen Menschen entspricht. Bis 2011 stieg die Anzahl der Netzwerknutzer um rund zehn
10　Millionen an. Besonders hoch im Kurs stehen soziale Netzwerke bei den unter 30-Jährigen, aber auch ältere Menschen nutzen sie vermehrt. Dabei beschränken sich die Internetnutzer nicht nur auf ein einzelnes soziales Netzwerk, sondern melden sich gleich bei mehreren an.

Die meisten User von sozialen Netzwerken nutzen diese Einrichtungen, um Freundschaften zu schließen oder zu pflegen. Darüber hinaus dienen die Netzwerke auch dazu, sich über Treffen oder
15　Veranstaltungen zu informieren. Einige Nutzer schaffen es sogar in einem sozialen Netzwerk, den Lebenspartner kennenzulernen oder berufliche Kontakte zu knüpfen.

Die Nutzung von sozialen Netzwerken hat allerdings auch seine Nachteile. Kritisiert wird vor allem die Preisgabe von privaten Informationen. Diese könnten durch Unvorsichtigkeit des Nutzers oder Sicherheitslücken persönliche Nachteile zur Folge haben. In manchen Fällen wurden die Daten auch
20　für Cyber-Mobbing missbraucht.

Darüber hinaus nutzen die Betreiber der Netzwerke persönliche Daten der User für kommerzielle Zwecke. Dabei muss bedacht werden, dass es sich bei den sozialen Netzwerken keineswegs um soziale Einrichtungen, sondern um profitorientierte Wirtschaftsunternehmen handelt. So gelten die Netzwerke für viele Unternehmen als Werbemarkt der Zukunft.

25　Bemängelt wird auch die unzureichende Sicherheit der sozialen Netzwerke. Nach Erkenntnissen der „Stiftung Warentest" kann keines der zehn bekanntesten Netzwerke als vollkommen sicher eingestuft werden. So ist es möglich, Daten und sogar Passwörter mühelos zu hacken.

Lektion 17   Text E

In einigen AGBs (Allgemeine Geschäftsbedingungen) müssen die Nutzer außerdem der uneingeschränkten Verwendung ihrer Daten zustimmen. Des Weiteren werden Mängel beim Jugendschutz kritisiert.

Wer sich in einem sozialen Netzwerk anmeldet, sollte also aufpassen, dass er nicht zu viel von sich preisgibt. Hat man Zweifel an der Sicherheit einer Community, ist es besser, sie zu meiden und auf die herkömmliche Weise Kontakte zu knüpfen.

http://www.paradisi.de/Freizeit_und_Erholung/Hobbys/Internet/Artikel/16849.php

Wortschatzübung

1 Schreiben Sie die Sätze mit den in Klammern angegebenen Wörtern um. Achten Sie dabei auf die Änderung des Satzbaus.

a) **Vor allem** jüngere Menschen nutzen die soziale Netzwerke häufig und gerne. (*überwiegend / besonders*)

b) Man kann sogar **von** einem regelrechten Boom **sprechen**. (*es als etw. bezeichnen*)

c) Besonders **hoch im Kurs stehen** soziale Netzwerke bei den unter 30-Jährigen. (*beliebt sein*)

d) Aber auch ältere Menschen nutzen soziale Netzwerke **vermehrt**. (*immer mehr / zunehmend*)

e) Die meisten User von sozialen Netzwerken nutzen diese Einrichtungen, um **Freundschaften zu schließen** oder Kontakte zu **pflegen**. (1. *sich anfreunden*; 2. *etw.(A) aufrechterhalten*)

f) **Bemängelt** wird auch die unzureichende Sicherheit der sozialen Netzwerke. (*etw.(A) kritisieren*)

g) Nach Erkenntnissen der Stiftung Warentest kann keines der zehn bekanntesten Netzwerke als vollkommen sicher **eingestuft** werden. (*etw.(A) beurteilen*)

h) So ist es möglich, Daten und sogar Passwörter mühelos zu **hacken**. (*etw.(A) stehlen*)

2 Lesen Sie die Informationstexte und ordnen Sie die Logos zu.

☐ 1) Ihr soziales Netzwerk   ☐ 2) Professionelles Netzwerk weltweit   ☐ 3) Kontakt mit anderen Studenten

Text E **Lektion 17**

a Erfahre, was an deiner Hochschule passiert, finde neue Leute oder alte Bekannte und tausche dich mit ihnen aus: Wer ist der coole Typ in der zweiten Reihe? Wo ist die nächste Party? Welche Professoren und Dozenten geben gute Noten?

b Einfach anmelden, ein persönliches Profil erstellen und los geht's. Diese Plattform ist ein soziales Netzwerk, das Menschen mit ihren Freunden, Arbeitskollegen, Studienfreunden und anderen Menschen auf der ganzen Welt verbindet.

c Dieses Netzwerk für Geschäftsleute und Berufstätige fördert die internationale Vernetzung und professionelle Kontaktpflege. Die Jobbörse, die Expertengruppen und Networking-Events von Argentinien bis Zypern sind wichtig für Geschäftsleute auf der ganzen Welt.

Sprechübung

1 Führen Sie ein Gespräch mit Ihrem Partner.

Angenommen, Sie sind nicht so vertraut mit sozialen Netzwerken und möchten dies ändern. Sie informieren sich bei Ihrem Nachbarn, der darin sehr erfahren ist, darüber,
- zu welchem Zweck man sich mit Freunden bei welchem sozialen Netzwerk treffen kann.
- welche Funktionen sie noch anbieten.
- wie man sich anmeldet.
- worauf man bei der Anmeldung achten muss.

2 Sehen Sie sich die folgende Tabelle an. Fassen Sie die Hauptinformationen mündlich zusammen.

in Min./Tag — Durchschnittliche Nutzungsdauer der Medien 2014

	Fernsehen 1)	Hörfunk 2)	Internet 3)	Zeitung 4)	Tonträger 2)	Buch 4)	Zeitschrift 4)
Gesamt (ab 14 J.)	240	192	111	23	27	22	6
14–29 J.	128	142	233	10	63	30	4
30–49 J.	223	207	135	18	26	15	4
ab 50 J.	297	203	46	34	10	23	9

1) AGF in Zusammenarbeit mit GfK, TV Scope; 1. Halbjahr 2014. 2) ma 2014/I.
3) ARD/ZDF-Onlinestudie 2014. 4) Massenkommunikation 2010.

Redemittel:
- *In der Tabelle geht es um ... / Die Tabelle zeigt ... / Man kann der Tabelle entnehmen, dass ...*
- *Am beliebtesten ist / sind bei allen Befragten (bei unter 14-Jährigen) ... / An erster Stelle (zweiter) Stelle steht ... / Auf Platz 1 (2) landete ...*
- *Insgesamt sieht man, dass ... / Daraus lässt sich schließen, dass ...*

Lektion 17 Text E

3 Und Sie? Welche Medien nutzen Sie wie oft? Berichten Sie. Die folgenden Wörter sollen Ihnen dabei helfen.

| immer dauernd ständig | häufig oft | gelegentlich manchmal | hin und wieder ab und zu selten | nie |

Beispiele:
- *Internetseiten besuche ich immer. ...*
- *Soziale Netzwerke habe ich noch nie genutzt. ...*

Test

Ergänzen Sie die Lücken.

a Ein Tipp für Autofahrer

Ein Mobiltelefon kann von anderen Tätigkeiten ablenken, _____ besonders beim Autofahren gefährlich ist. _____ sollte der Autofahrer das Telefon ausschalten. _____ kann er das Unfallrisiko verringern.

b Tipps für Eltern

Über zwei Millionen Kinder zwischen 6 bis 13 Jahren in Deutschland besitzen ein eigenes Handy. _____ ist zwar für die Eltern praktisch, bringt jedoch ein gewisses gesundheitliches Risiko mit sich, _____ die Eltern auf ein großes Display, _____ die Augen des Kindes schont, achten sollten.
Vielmehr sollten Eltern ihren Kindern die Gefahren, _____ ein Handy bergen kann, verdeutlichen und offen mit ihnen über Risiken und Probleme sprechen.

c Die Beliebtheit der sozialen Netzwerke

Bis 2011 stieg die Anzahl der Netzwerknutzer um rund zehn Millionen an, _____ sie sich nicht nur auf ein einzelnes soziales Netzwerk beschränken, sondern sich gleich bei mehreren anmelden.

d Das Internet verändert unser Sozialverhalten

Das Internet, _____ sich auf das Sozialverhalten des Individuums auswirkt, ist sehr verbreitet. Tendenziell neigen jüngere Generationen, _____ bereits mit dem Internet aufgewachsen sind, zu einem weitaus lockereren Kommunikationsstil. Manche sehen im Internet ein Mittel, _____ die Kommunikation und den Wissenserwerb erleichtert.

Wirtschaft — Lektion 18

Wirtschaftssektoren

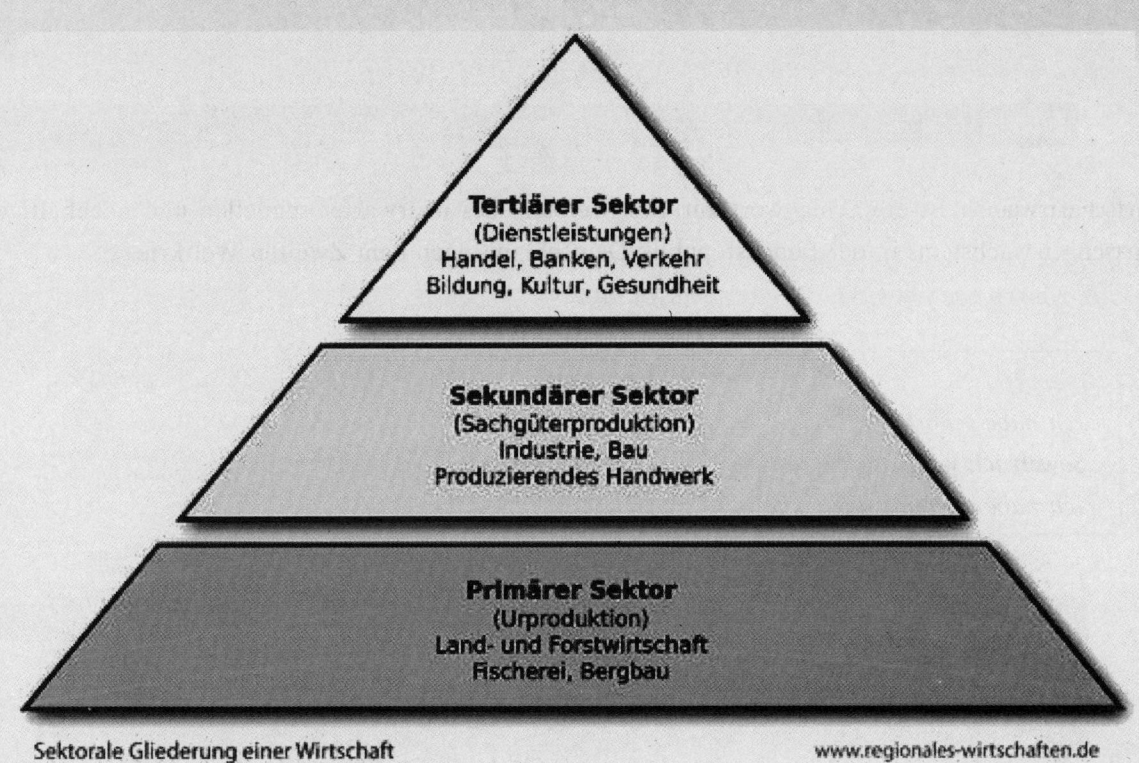

Tertiärer Sektor
(Dienstleistungen)
Handel, Banken, Verkehr
Bildung, Kultur, Gesundheit

Sekundärer Sektor
(Sachgüterproduktion)
Industrie, Bau
Produzierendes Handwerk

Primärer Sektor
(Urproduktion)
Land- und Forstwirtschaft
Fischerei, Bergbau

Sektorale Gliederung einer Wirtschaft   www.regionales-wirtschaften.de

1 Ordnen Sie die folgenden Begriffe den im Schaubild genannten Wirtschaftssektoren zu.

Filmindustrie, Theater, Kohlekraftwerk, Bergbau, Landwirtschaft, Forstwirtschaft, Einzelhandel, E-Commerce, stationärer Handel, Bankwesen, Freizeitindustrie, Reisebüro, private Sprachschule, Fahrzeugbau, Maschinenbau, Leichtindustrie, Presse, Lebensmittelverarbeitung, Schiffbau, Arztpraxis, Pharmazie, Optik, Bekleidungsindustrie

Primärer Sektor	Sekundärer Sektor	Tertiärer Sektor

2 In welchem Wirtschaftssektor ist Deutschland besonders stark? In welchem Wirtschaftsektor ist China besonders stark?

Lektion 18   Text A

Text A Das Wirtschaftswunder

Einstieg

Wirtschaftswunder ist ein Schlagwort zur Beschreibung des unerwartet schnellen und nachhaltigen Wirtschaftswachstums in der Bundesrepublik Deutschland nach dem Zweiten Weltkrieg.

Was wissen Sie über das Wirtschaftswunder?

> *Redemittel:*
> - *Ich habe gehört, ···*
> - *Soweit ich weiß, ···*
> - *Ich habe gelesen, dass ...*

Hörverständnis

Hören Sie den Text und beantworten Sie folgende Fragen.

a Wie war die soziale und wirtschaftliche Situation in Deutschland nach dem Zweiten Weltkrieg?

b Wie sieht der Wirtschaftsaufschwung aus? Ergänzen Sie das Schema mit Stichwörtern.

alle Arbeitssuchenden	
überall	
Lebensstandard	

c Welche drei Faktoren waren bestimmend für den Wirtschaftsaufschwung Deutschlands in den 50er Jahren? Ergänzen Sie das folgende Schema.

Faktoren	Detailinformationen
1.	Maßnahmen: Folge:

2.	Maßnahmen:
3.	Prinzip: Zweck: Maßnahmen:

d Wie sah die Situation in Deutschland in den 60er Jahren aus?
   Arbeitslosenquote:
   Lebensstandard:

Wortschatzübung

Ergänzen Sie die Sätze mit den folgenden Wörtern!

Wunder / Wunderkind / Naturwunder / wundervoll / sich wundern / j-n bewundern

a Mozart konnte schon mit sechs Jahren komponieren – wirklich ein _____ .

b Eines der _____ Deutschlands sind die Kreidefelsen auf Rügen.

c Ich _____ mich, warum sie noch nicht da ist. Sie ist doch sonst so pünktlich!

d Kein _____ , dass du krank bist – du hast dich nicht warm angezogen!

e Was für ein _____ Bild! Ich muss es unbedingt kaufen!

f Ich _____ dich – so schnell wie du hätte ich die Arbeit nicht geschafft!

Sprechübung

Versuchen Sie anhand des Hörtextes die Erfolgsfaktoren des Wirtschaftswunders zusammenzufassen.

> *Redemittel:*
> als erstes ...; hinzu kommt ...; (außerdem, weiterhin) ...; schließlich ...; auf etw. (A) zurückführen; etw. (D) zu verdanken sein; begründen; auf etw. (D) basieren

Grammatik: Generalisierende Relativsätze mit „wer" und „was"

Relativpronomen:

Nominativ	Akkusativ	Dativ	Genitiv
wer	wen	wem	wessen

Lektion 18   Text A

Relativsätze mit **wer**, **wem** oder **was** formulieren allgemeingültige Aussagen. Der folgende Hauptsatz beginnt mit einem Demonstrativpronomen, z. B. der, den, die, o. a.

Beispiele:
Nominativ: *Wer oft Sport treibt, der lebt gesünder.*
Akkusativ: *Wen Sport nicht interessiert, der sollte spazieren gehen.*
Dativ: *Wem Sport nicht gefällt, der sollte wenigstens öfter zu Fuß gehen.*
Genetiv: *Wessen Brot man isst, dessen Lied singt man.*
Mit Präposition: *Für wen Joggen zu schwer ist, der sollte mit Wandern beginnen.*

Ist der Kasus von Relativ- und Demonstrativpronomen gleich, kann das Demonstrativpronomen wegfallen.

Beispiel:
Wer kein hohes Einkommen hat, (der) kann sich keinen Mercedes Benz leisten.

Was steht nach dem Demonstrativpronomen *das*, *alles*, *nichts*, *etwas*, *einiges*, *vieles*.

Beispiel:
Er hat uns zum Beispiel erklärt, dass jeder einen Engel hat, der **alles** aufschreibt: **was** wir tun, **was** wir reden, denken und fühlen.

Ebenso nach dem neutralen Superlativ und nach dem substantivischen Adjektiv: *das Schönste, das Interessanteste, das Einzige*.

Beispiele:
Es war für mich **das Schönste**, **was** ich je erlebt habe.
Dies war jedoch nicht **das Einzige**, **was** in der Peterskirche gearbeitet wurde.

Übung: Setzen Sie das richtige Wort in die Lücke ein!

> wer, wem, wessen, was, der

a Er fährt jeden Tag 20 Kilometer mit seinem Fahrrad, _____ immer noch selten in Österreich ist.

b _____ in der prallen Sonne sitzt, sollte den Kopf schützen.

c Ethik hat mit dem Sollen zu tun und befasst sich somit mit dem, _____ maßgeblich ist.

d _____ mit 22 über sein Leben erzählen will, muss meiner Meinung nach nämlich entweder naiv oder verrückt sein.

e Dieses Verfahren kann das, _____ offensichtlich ist, nicht umkehren.

f _____ der russische Wodka noch nicht stark genug ist, _____ trinkt den griechischen Ouzo.

g Gleichzeitig befanden sich Ende Dezember 55 103 Menschen im Asylprozess, _____ einem Rückgang um 9 453 (14,6 Prozent) entspricht.

h Ich habe alles gekauft, _____ du auf die Liste geschrieben hast.

i Hier wird Tradition ganz groß geschrieben, _____ sich auch in den schönen Bauten ausdrückt.

ⓙ _____ diese sozialen Netzwerke nicht ausreichen, _____ kann auf Skype surfen.

ⓚ _____ Herz sich an den Gesängen von „Ode an die Freude" von Beethoven nicht erwärmt, _____ hat einen Stein in der Brust.

ⓛ _____ Leben bedroht ist, _____ soll halt kommen.

Text B Warum der „German Mittelstand" so erfolgreich ist

Einstieg

Definition:
Die in Deutschland gebräuchliche Bezeichnung **Mittelstand** steht nach quantitativen Kriterien für kleine und mittlere Unternehmen und nach qualitativen Kriterien für Familienunternehmen. Er ist gekennzeichnet durch die Einheit von Eigentum, Leitung, Haftung und Risiko und bezieht sich auf Unternehmen aller Branchen.

Lernen Sie die untenstehenden deutschen mittelständischen Unternehmen und ihre Produkte kennen. Und versuchen Sie, eins davon vorzustellen.

Firma	Produkte	Firma	Produkte
BRAUN	Rasierapparat, Kaffeemaschine	WÜRTH	Eisenwaren, Werkzeug,
Fissler	Kochtopf, Küchenzubehör	VOITH	Anlage und Geräte für Kraftwerke, Papierherstellung, Bremssystem
LIEBHERR	Baumaschine, Haushaltsgeräte	BOSCH	Haushaltsgeräte, Autozubehör
Miele	Haushaltsgeräte	Boehringer Ingelheim	Pharmazie

Lektion 18   Text B

> *Redemittel:*
> - *Ich kenne ein mittelständisches Unternehmen, ...*
> - *Es sitzt ...*
> - *Es ist auch in China vertreten. Sein Produktionsstandort liegt ...*
> - *Es produziert ...*
> - *Ich bin davon beeindruckt, dass ...*

Leseverständnis

Lesen Sie den Text und beantworten Sie die folgenden Fragen.

a Woher stammt das Wort „German Mittelstand"?

b Mit welchen Fragen beschäftigt sich der Text?

c Was ist die Philosophie des deutschen Mittelstands?

d Was versteht man unter dem mittelständischen Wertsystem?

e Spielt die Größe des Unternehmens eine entscheidende Rolle bei der Bestimmung eines Mittelstandes? Wodurch ist ein Mittelständler gekennzeichnet?

f Warum sagt man, dass der Mittelstand eine wichtige Rolle als Treiber von Innovationen in Deutschland spielt?

g Mit welchen Zahlen wird die Exportorientierung der deutschen mittelständischen Unternehmen veranschaulicht?

h Warum bezeichnet man den deutschen Mittelstand als Jobmotor?

Warum der „German Mittelstand" so erfolgreich ist

Die Bezeichnung „German Mittelstand" ist eine Wortschöpfung angelsächsischer Medien, um die von Millionen kleinen und mittleren Firmen geprägte deutsche Wirtschaft zu beschreiben. Was macht die knapp vier Millionen kleinen und mittleren Unternehmen in Deutschland so erfolgreich? Wieso hat die deutsche Wirtschaft auch den Schock der Finanzkrise mit einem Wachstumseinbruch
5 von über fünf Prozent relativ unbeschadet verkraftet? Was ist der Grund dafür, dass Deutschland mit seinen nur 80 Millionen Menschen der Konkurrenz größerer Nationen wie China oder den USA

die Stirn bieten kann?

Will man diesen Fragen auf den Grund gehen, muss man die Philosophie des deutschen Mittelstands verstehen. Es geht dabei vor allem um „gelebte unternehmerische Verantwortung mit dem eigenen Portemonnaie", wie es ein prominenter Mittelstandsvertreter beschreibt. Anders als ein angestellter Manager trägt der mittelständische Unternehmer mit seiner Personengesellschaft in der Regel die volle Haftung. Da kann man nicht freitags die Tür zumachen und einfach nicht mehr an den Betrieb denken, erzählt ein Mittelständler.

Es gibt noch andere Dinge, die man zu Hören bekommt, wenn man nach dem Geheimnis des deutschen Mittelstands sucht. „Da geht es um ein Wertesystem, das man mit der Muttermilch aufsaugt", beschreibt es ein Mittelständler romantisch. Es gehe um die Bereitschaft, etwas zu wagen, Verantwortung zu übernehmen für ein Unternehmen, für die Mitarbeiter und auch die Region.

Das Phänomen „German Mittelstand" lässt sich mit Zahlen und Fakten allein nicht erfassen, heißt es dort. Es gibt zwar einige prägende Merkmale, wie Konzernunabhängigkeit oder Familienführung und -besitz. Die Größe spielt dagegen eine untergeordnete Rolle.

Gerne wird auf eine Reihe bekannter Beispiele verwiesen – Namen großer Familienkonzerne mit Weltruf, die in der Provinz sitzen: Miele in Gütersloh, Boehringer in Ingelheim, Würth in Künzelsau, Liebherr in Biberach, B. Braun in Melsungen, Voith in Heidenheim, auch Bosch in Gerlingen. All sie werden dem Geiste nach oft noch als Mittelstand gezählt.

Besonders stolz ist Deutschland auf die hohe Zahl seiner „heimlichen Weltmeister" aus dem Mittelstand in vielen Nischen der globalen Wirtschaft – die „hidden champions". Über 1300 zählte die Regierung 2012 und reklamierte damit eine Spitzenposition in der Welt für Deutschland, weit vor den USA mit 366. Besonders im Maschinenbau und in der Elektrotechnik findet man sie. Der Mittelstand spielt also eine wichtige Rolle als Treiber von Innovationen in Deutschland.

Ein weiteres Merkmal ist die hohe Exportorientierung des Mittelstands. Über 20 Prozent ist inzwischen der Anteil der deutschen Mittelständler gestiegen, die sich auf ausländischen Märkten tummeln. Das sind mehr als 700.000 Unternehmen. Besonders auslandsaktiv sind dabei die Betriebe mit mehr als 50 Beschäftigten.

Mittelständische Firmen bieten den Beschäftigten üblicherweise auch mehr Stabilität als viele Großkonzerne, wie viele Statistiken zeigen. Das wurde gerade während und nach der Finanzkrise deutlich. Da wurde der deutsche Mittelstand als Job-Motor gefeiert, als der Teil der Wirtschaft, der an seinen Mitarbeitern festhielt, danach dann aber auch relativ schnell wieder auf Expansion umschaltete. 2011 waren über 70 Prozent aller Erwerbstätigen im Mittelstand beschäftigt. Während die Großunternehmen und der Staat in diesem Jahr 530.000 Stellen abbauten, schufen Mittelständler 925.000 neue. Und von 2007 bis 2011 stieg die Zahl der Beschäftigten in mittelständischen Firmen um rund 2,5 Millionen.

http://www.welt.de/wirtschaft/article118171834/Warum-der-German-Mittelstand-nicht-kopierbar-ist.html

Lektion 18   Text B

Wortschatzübung

1 **Schreiben Sie mit den angegebenen Wörtern die Sätze um.**

a Wieso **hat** die deutsche Wirtschaft auch den Schock der Finanzkrise mit einem Wachstumseinbruch von über fünf Prozent relativ unbeschadet **verkraftet**? (*überwinden*)

b Was ist der Grund dafür, dass Deutschland mit seinen nur 80 Millionen Menschen der Konkurrenz größerer Nationen wie China oder den USA **die Stirn bieten** kann? (*j-m oder etw.(D) furchtlos entgegentreten*)

c Will man diesen Fragen **auf den Grund gehen**, muss man die Philosophie des deutschen Mittelstands verstehen. (*die Ursachen für etw. finden*)

d Da geht es um ein Wertesystem, das man **mit der Muttermilch aufsaugt**. (*etw. schon als Kind kennen lernen*)

e Das Phänomen „German Mittelstand" lässt sich mit Zahlen und Fakten allein nicht **erfassen**. (*verstehen*)

f Gerne **wird** auf eine Reihe bekannter Beispiele **verwiesen**. (*hinweisen*)

g Über 1 300 zählte die Regierung 2012 und **reklamierte** damit eine Spitzenposition in der Welt für Deutschland. (*für sich beanspruchen*)

h Der Anteil der deutschen Mittelständler, die **sich** auf ausländischen Märkten **tummeln**, ist um über 20 Prozent gestiegen. (*agieren*)

i Der Mittelstand **hielt an** seinen Mitarbeitern **fest** und **schaltete** danach aber auch relativ schnell wieder auf Expansion **um**. (*1. zu j-m stehen; 2. umstellen*)

Text B   **Lektion 18**

2 *managen*, *betreiben*, *bewirtschaften*, *verwalten* — Setzen Sie das richtige Wort in die Lücke ein.

managen: jmdn., besonders einen Künstler, einen Berufssportler oder Ähnliches geschäftlich betreuen.
betreiben: Ein Geschäft führen, unterhalten.
bewirtschaften: Eine Fläche/Boden landwirtschaftlich oder eine Gaststätte bewirtschaften, betreiben, versorgen.
verwalten: Im Auftrag oder anstelle des eigentlichen Besitzers betreuen, in seiner Obhut haben, in Ordnung halten; einen Besitz, ein Vermögen, einen Nachlass, ein Haus; etwas verantwortlich leiten, führen.

a Dieses Unternehmen organisiert die Tour de Suisse und _____ mehrere Schweizer Radprofis.

b Immer mehr junge Amerikaner ziehen aufs Land, um grünen Ackerbau zu _____, und beliefern die wachsende Zahl städtischer Biomärkte.

c Die treue Vanessa hält ihrem Mann den Rücken frei, _____ das Tagesgeschäft im Büro und kümmert sich um ihren Haushalt.

d Er hat sich verpflichtet, einen Teil seines Landes umzuwandeln und dazu noch den Teich zu _____.

e Durch den bequemen Online-Zugang können Kunden ihre Kontoführung und sämtliche Transaktionen vom heimischen Rechner aus vornehmen und _____.

f Dieses Weingut wird nicht nur nach ökologischen, sondern auch nach den strengen biodynamischen Regeln _____.

g Nicht aus eigenen Fehlern, sondern von den Erfahrungen jener lernen, die bereits E-Business _____, ist das Motto eines Kongresses.

h Eine Stiftung soll künftig die Immobilie _____.

3 Unterschied zwischen *Unternehmen* und *öffentlichem Betrieb*.

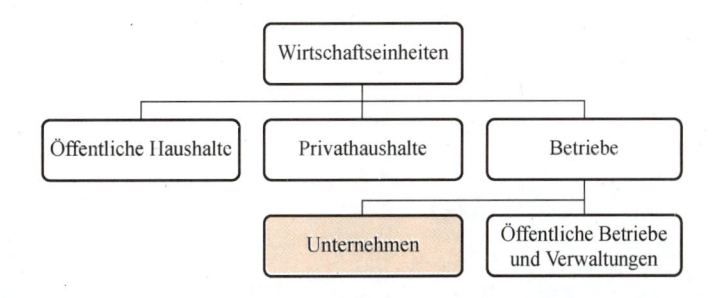

```
                    Wirtschaftseinheiten
                           |
        ┌──────────────────┼──────────────────┐
  Öffentliche Haushalte  Privathaushalte    Betriebe
                                               |
                                    ┌──────────┴──────────┐
                                Unternehmen      Öffentliche Betriebe
                                                  und Verwaltungen
```

Lektion 18   Text B

Ein **Betrieb** ist **eine Produktionsstätte**. **Öffentliche Betriebe** sind von der öffentlichen Hand im öffentlichen Interesse unterhaltene, erwerbswirtschaftlich ausgerichtete Einrichtungen auf wirtschaftlichem Gebiet.

Ein **Unternehmen** ist dagegen **eine spezielle Art des Betriebes** im Wirtschaftssystem. Ziel jedes Unternehmens soll **die Maximierung des Gewinnes** sein.

Ordnen Sie die Wörter der jeweiligen Kategorie zu.

Deutsche Bahn AG, Berliner Öffentlicher Verkehrsbetrieb, Münchener Verkehrsverbund, Deutsche-Post AG, Siemens, Bosch, VW, ARD, ZDF, Museen, Theater, Schulen

Öffentliche Betriebe:

Unternehmen:

Sprechübung:

Fassen Sie den Text anhand der Stichwörter und Redemittel zusammen.

Stichwörter:
Der Erfolg des deutschen Mittelstandes basiert auf folgenden Faktoren:
Unternehmensphilosophie, das Wertesystem, Innovationsfähigkeit, Exportorientierung, Jobmotor.

Redemittel:
- *Zuerst ist ... zu nennen.*
- *Außerdem*
- *Ein weiterer Grund für den Erfolg ist, dass ...*
- *Darüber hinaus*
- *Man darf auch nicht vergessen, dass ...*

Text C Was bedeutet „Globalisierung"?

Einstieg

Was bedeutet Globalisierung?

Leseverständnis

Lesen Sie den Text und beantworten Sie die folgenden Fragen.

a Was ist Globalisierung?

b Was sind die zwei entgegen gesetzten Meinungen zur Globalisierung?

c Welche Länder sind Gewinner der Globalisierung und warum?

d Warum ist der Anteil Schwarzafrikas am Welthandel gering?

e Welche Gruppen in den „Gewinnersländern" sind Verlierer?

f Worauf bezieht sich das Wort im Text?
1) **dies** (Zeile 8):
2) **demgegenüber** (Zeile 16):
3) **dies** (Zeile 26):
4) **dagegen** (Zeile 36):

Was bedeutet „Globalisierung"?

„Globalisierung" ist mittlerweile zu einem Modewort geworden und wird mit unterschiedlichen Vorstellungen, Erwartungen und Ängsten verbunden. Im Kern meint Globalisierung die

Lektion 18   Text C

Intensivierung transnationaler, aber auch interdependenter Beziehungen in unterschiedlichen Bereichen (Ökonomie, Politik, Kultur, Kommunikation, Ökologie u.a.).

Die Globalisierung betrifft und verändert die Lebensbereiche fast aller Menschen. Allerdings sind Nutzen und Kosten dieses Prozesses sehr unterschiedlich verteilt. Spielregeln oder Steuerungsinstrumente für eine soziale Gestaltung der Globalisierung gibt es kaum. Deutlich wird **dies** schon an der Globalisierungsdebatte in Deutschland, die weitgehend als Diskussion über den Standort Deutschland geführt wird. Während innovative Firmen und transnationale Unternehmen den weltweiten Wettbewerb als Produktivitätsschub begrüßen, empfinden andere diesen Prozess vor allem als Gefährdung ihrer Arbeitsplätze, als Demontage sozialer Errungenschaften und als Existenzbedrohung.

Bei näherer Analyse erweist sich allerdings Weltuntergangsstimmung als ebenso unangebracht wie unkritische Euphorie. Zwar ist mit der Globalisierung auch bei uns ein Strukturwandel verbunden, der beispielsweise Arbeitsplätze in bestimmten Industrien zum Verschwinden bringt. Andere Branchen und Sektoren haben **demgegenüber** durchaus Möglichkeiten zur Expansion, können beispielsweise den intraindustriellen Handel forcieren und haben gute Chancen, dass ihr Produktivitätsvorsprung, der trotz relativ hoher Lohnkosten in vielen Bereichen besteht, nicht verloren geht.

Was für Deutschland gilt, gilt in diesem Falle auch weltweit: Es gibt Gewinner und Verlierer der Globalisierung. Grundsätzlich ist festzustellen, dass der weitaus größte Teil dieser Dynamik sich im Bereich der „Industrieländer" abspielt. Weiterhin sind der Welthandel mit Industriegütern, größte Teile der modernen Dienstleistungen, die Auslandsinvestitionen, die Nutzung der modernen Kommunikationsmittel und andere „Segnungen" auf die OECD-Triade (Europa, USA, Japan) konzentriert.

Paradoxerweise bedeutet **dies** nicht, dass die Länder der „Dritten Welt" zu wenig im Welthandel integriert wären. Afrika z.B. erwirtschaftet 29 Prozent seines Bruttoinlandsproduktes durch den Außenhandel, ist also durchaus stark exportorientiert. Allerdings besteht diese Weltmarktintegration überwiegend im Export von agrarischen und mineralischen Rohstoffen, mit denen man wenig verdienen kann. So liegt der Anteil Schwarzafrikas am Welthandel bei gerade mal gut 1 Prozent.

Der Zusammenhang zwischen Globalisierung und Armut in der „Dritten Welt" ist nur mittelbar herzustellen. Die Schwellenländer (mit hoher Attraktivität für Auslandsinvestitionen) gehören zu den Gewinnern des Globalisierungsprozesses, ebenso die höher qualifizierten Arbeitskräfte (z.B. in der indischen Software-Industrie). Diejenigen (armen) „Entwicklungsländer", die lediglich Rohstoffe auf dem Weltmarkt anbieten, sind **dagegen** ebenso auf der Verliererseite wie viele ungelernte Arbeitskräfte.

Auch in den „Gewinnerländern" gibt es Verlierer. Nicht ganze Länder profitieren von Wachstum und Beschäftigung, sondern bestimmte Bevölkerungsgruppen. Auch umgekehrt gilt: Armut betrifft vor allem bestimmte Gruppen: Menschen auf dem Lande, die Frauen und Kinder eher als die Männer, bestimmte ethnische Gruppen oder Minderheiten.

verkürzt nach: http://www.oneworld.at/globaleducationweek/start.asp?b=74

Text C Lektion 18

Wortschatzübung

1 Ergänze Sie die Lücken mit folgenden Wörter.

> betreffen, empfinden, sich erweisen, integrieren, herstellen, verloren gehen, profitieren, verteilen

a Die Kosten der Globalisierung werden ungleichmäßig auf alle Beteiligten _____.
b Was er getan hat, _____ ich als kränkend.
c Was mich _____, bin ich einverstanden.
d Die Nachricht, dass der bekannte Schauspieler seine Frau ermordet hat, hat _____ als falsch _____.
e In seiner Fabrik werden Computerteile _____.
f Die exportstarke deutsche Wirtschaft hat von der Einführung des Euro _____.
g Mein Ausweis ist _____, ich muss einen neuen beantragen.
h Der neue Angestellte hat sich sehr schnell in unsere Gruppe _____.

2 Ergänze Sie den folgenden Lückentext mit Präpositionen.

Deutschland ist eine soziale Marktwirtschaft, das heißt: Der Staat garantiert freies wirtschaftliches Handeln, bemüht sich jedoch _____ einen sozialen Ausgleich. Auch aufgrund dieses Konzeptes ist es ein Land _____ hohem sozialem Frieden. _____ Durchschnitt der Jahre 1990 _____ 2002 wurde in Deutschland je 1000 Arbeitstage _____ nur 12 Tagen gestreikt, was erheblich _____ dem EU-Durchschnitt von 84 Tagen lag. In den führenden Industrienationen wird damit lediglich _____ Japan und der Schweiz weniger gestreikt. Die Sozialpartnerschaft _____ Gewerkschaften und Arbeitgebern ist _____ die institutionalisierte Konfliktregelung im Rahmen des kollektiven Arbeitsrechts festgeschrieben.

Sprechübung

Diskutieren Sie über die Vor- und Nachteile der Globalisierung. Die Stichwörter und Redemittel unten helfen Ihnen dabei.

Stichwörter:

Vorteile	Nachteile
Ankurbelung der Weltwirtschaft	verschärfter Wettbewerb auf dem Arbeitsmarkt
Mobilität von Waren und Personen	Umweltbelastung

Lektion 18 Text D

Globale Zusammenarbeit	wachsende globale Kriminalität
	Angleichung der Kulturen
Förderung des technischen Fortschritts	Dominanz der Industrienationen

> *Redemittel:*
> - *Dafür spricht, dass ...*
> - *Dagegen spricht, dass ...*
> - *Es ist vorteilhaft, dass ...*
> - *Es ist von Nutzen, dass ...*
> - *zum einen ... zum anderen ...*
> - *einerseits ... andererseits ...*
> - *dagegen ... allerdings ...*

Text D Ein Minireferat über interkulturelles Management

Einstieg

Ordnen Sie die folgenden Wörter der jeweiligen Erklärung zu. Das hilft Ihnen beim Hörverständnis des Hörtexts.

Wort	Erklärung
a) taktieren	1) Stellung
b) um einen Gefallen bitten	2) um Hilfe bitten
c) herumreichen	3) auf feierliche Weise j-m etwas geben
d) Tabu	4) Verneigung
e) Rang	5) eine Zeremonie zum Ahnenkult ausführen
f) Trinkspruch	6) etwas nacheinander mehreren Leuten geben
g) den Ritus zur Totenehrung vollziehen	7) geschickt handeln
h) überreichen	8) die Sitte oder die Regel in einer Gesellschaft, über etwas nicht zu sprechen oder etwas Bestimmtes nicht zu tun.
i) Verbeugung	9) etwas mit einem spitzen Gegenstand durchbohren
j) spießen	10) ein kurzer Spruch, mit dem ein Redner auffordert, gemeinsam auf j-n oder etwas zu trinken.

Text D   Lektion 18

Hörverständnis

1 **Hören Sie den Text einmal und beantworten Sie die Fragen.**

a Was bedeutet „Guanxi"?

b Wie kann man beispielsweise die Beziehung fördern?

c Über welche Punkte wird im Referat gesprochen?

d Was muss man bei der Begrüßung beachten?

e Was kann man tun, wenn etwas serviert wird, das man nicht mag?

f Wohin soll man nach dem Essen die Essstäbchen legen?

g Was darf man in China nicht schenken?

h Wie soll man sich beim Überreichen der Visitenkarten verhalten?

i Was ist in China ein Tabu?

2 **Hören Sie den Text nochmals und tragen Sie die im Referat genannten Redemittel ihrer Bedeutung entsprechend ins Schema ein.**

Bedeutungsbereich	Redemittel
Begrüßung	
Nennung des Themas	
Gliederung des Referats	
Strukturierungselementen des Hauptteils	
Zusammenfassung	
Dank an Zuhörer	

Sprechübung

1 Bereiten Sie mit Hilfe der gelernten Redemittel ein Minireferat vor. Das Beispiel Handout hilft Ihnen dabei.

Deutschkolleg – Zentrum für Studienvorbereitung, Tongji-Universität Shanghai
Übung: Deutsch Mittelstufe II WS 2016/17
Dozent/in: Herr Müller
Referent: Wang Dali

Interkulturelles Management

Gliederung

1. Einleitung: „Guanxi" und interkulturelles Management in China
2. Begrüßung
    a. Händedruck
    b. Reihenfolge der Begrüßung
3. Tischsitten
    a. Reaktion bei unbekanntem Essen
    b. Trinken und Trinksprüche
    c. Achtung bei der Handhabung der Essstäbchen
4. Geschenke
    a. passende Gastgeschenke
    b. Tabus
5. Sprache
    a. Notwendigkeit eines Dolmetschers
    b. Smalltalk
6. Pünktlichkeit und Visitenkarten
7. Tabus
8. Zusammenfassung

Verwendete Literatur

1. Boeckelmann, Frank: Die Gelben, die Schwarzen und die Weißen. Frankfurt 1998.
2. Böning, Uwe (Hrsg.): Interkulturelle Business-Kompetenz. Geheime Regeln beachten und unsichtbare Barrieren überwinden. FAZ Verlagsbereich Buch, 1999, 256 Seiten.
3. Deutschkolleg der Tongji-Universität (Herausgeber): „Stichwort Deutsch Intensivkurs für Mittelstufe Band II", Shanghai 2016
4. http://www.onpulson.de/2200/interkulturelles-management-erfolgreich-geschaefte-machen-in-china/ (Stand: 10. September 2015)

Text E   **Lektion 18**

Text E: E-Commerce vs. stationärer Handel - können beide nebeneinander bestehen?

Einstieg

1 Bedeutet der Boom von E-Commerce den Untergang des stationären Handels?

2 Können sich die beiden ergänzen und koexistieren?

> *Redemittel:*
> - *Ich nehme an, dass ...*
> - *Es ist möglich, dass ...*
> - *Die Tendenz geht dahin, dass ...*

Worterklärung:
Real: Supermarktkette
Deichmann: Schuhhändler
Der QR-Code (englisch Quick Response, „schnelle Antwort", als Markenbegriff „QR Code") ist eine Methode, Informationen so aufzuschreiben, dass diese besonders schnell maschinell gefunden und eingelesen werden können.

Leseverständnis

Welche Aussage ist richtig?

	Aussagen	richtig	falsch
a	Der Umsatz des deutschen Versandhandels nimmt zu.		
b	Die Kunden bleiben den Kaufhäusern und Supermärkten nach wie vor treu.		
c	Onlineshops werden den stationären Handel ersetzen.		
d	Die Kunden von Real können ihre online bestellten Waren nur in einem bestimmten Markt abholen.		
e	Die Internetpräsentation von Jacques' Wein-Depot dient eventuell auch zur Umsatzsteigerung.		

Lektion 18   Text E

> *f* In der Anzeige von „Notebooksbilliger.de" steht, dass ihre Waren auch in ihrer Filiale käuflich zu erwerben sind.
>
> *g* Bei Deichmann werden Kundeninformationen über einen QR-Code gewonnen.
>
> *h* Die Vorteile jedes Vertriebskanals sollen ausgeschöpft werden.
>
> *i* Bei E-Commerce hat man den Vorteil, dass man bereits seine Kunden kennt.

E-Commerce vs. stationäre Handel – können beide nebeneinander bestehen?

15,6 Prozent mehr Umsatz verzeichnete der deutsche Versandhandel dieses Jahr im Vergleich zum Vorjahr. Mehr als zwei Drittel davon werden im Internet generiert. E-Commerce boomt. Doch was ist mit dem Ladengeschäft? Ziehen Online-Shops die Umsätze aus dem stationären Handel ab?

Ja, sagt eine Untersuchung des eWeb Research Centers. Grund hierfür sind sicherlich die sich
5 verändernden Einkaufsgewohnheiten der Konsumenten. So gingen die Kunden früher auch noch in die Tante-Emma-Läden, die heute weitgehend Discountern und Einkaufszentren gewichen sind. Das allerdings bedeutet nun nicht zwangsläufig, dass bald die Einkaufspassagen verwaisen werden und nur noch in Onlineshops gekauft wird.

Statt den einen oder anderen Vertriebskanal zu verteufeln, besteht die Herausforderung darin, eine
10 intelligente Verknüpfung zwischen beiden herzustellen. So können Dienste angeboten werden wie z. B. online bestellen und im Ladengeschäft abholen, online-Aktionen, die im Ladengeschäft einen Vorteil bringen oder andersherum. Einige Beispiele:

Die Real-Märkte bieten an, die im Online-Shop bestellte Ware nicht nur nach Hause oder zur Packstation liefern zu lassen, sondern direkt in eine beliebige Real-Markt-Filiale. So können
15 insbesondere Berufstätige von den längeren Öffnungszeiten profitieren und gleichzeitig den Kühlschrank damit auffüllen.

Jacques' Wein-Depot verkauft auf seiner Website nicht nur Wein, sondern präsentiert auch seine Veranstaltungen und Seminare dort. Diese können via Mail oder Kontaktformular gebucht werden. So wird der Kunde in das Weingeschäft zum Verkosten und ggf. auch zum Kaufen gelockt.

20 „Notebooksbilliger.de", ein anfangs reiner Online-Player, eröffnete vor einigen Jahren ein Ladengeschäft. Durch Maßnahmen wie gleiche Preise on- und offline, Anzeige stationärer Verfügbarkeiten im Web oder Abholung/Rückgabe im Shop ist hier eine sinnvolle Verknüpfung gelungen.

Deichmann wird im kommenden Monat in Bremen auf Postern einen QR-Code abbilden, nach dessen Einscannen die Kunden via Smartphone Schuhe shoppen können.

Es ist mehr denn je wichtig, den Kunden auf verschiedenen Wegen anzusprechen und sein individuelles Kaufverhalten zu bedienen. E-Commerce und Filialgeschäft können voneinander profitieren und den Gesamtumsatz steigern, wenn die Vorzüge jedes Kanals in einem Gesamtkonzept ausgespielt werden.

Stationäre Händler sollten sich nicht vom E-Commerce abschrecken lassen, nur weil sie Veränderungen im Ladengeschäft fürchten. Ganz im Gegenteil, sie sollten sich ihre Nische und damit verbundene Marktanteile im World Wide Web sichern. Denn sie haben den entscheidenden Vorteil, dass sie ihre Zielgruppe kennen und bereits über Logistik, Warenwirtschaftssystem etc. verfügen. Im Gegensatz zu gänzlich neuen Marktteilnehmern, die nur auf das Online-Business fokussiert sind.

http://www.bvh.info/presse/pressemitteilungen/details/datum/2013/februar/artikel/interaktiver-handel-2012-

Wortschatzübung

1 **Formulieren Sie die fettgedruckten Satzteile mit den angegebenen Wörtern um.**

a 15,6 Prozent mehr Umsatz **verzeichnete** der deutsche Versandhandel dieses Jahr im Vergleich zum Vorjahr. (*feststellen*)

b Mehr als zwei Drittel davon **werden** im Internet **generiert**. (*erzeugen*)

c **Ziehen** Online-Shops die Umsätze **aus** dem stationären Handel **ab**? (*wegnehmen*)

d So gingen die Kunden früher auch noch in die Tante-Emma-Läden, die heute weitgehend Discountern und Einkaufszentren **gewichen** sind. (*vor j-m kapitulieren*)

e Das allerdings bedeutet nun nicht zwangsläufig, dass bald die Einkaufspassagen **verwaisen** werden. (*menschenleer sein*)

f Statt den einen oder anderen Vertriebskanal zu **verteufeln**, besteht die Herausforderung darin, eine intelligente Verknüpfung zwischen beiden herzustellen. (*dämonisieren*)

g E-Commerce und Filialgeschäft können voneinander profitieren und den Gesamtumsatz steigern, wenn die Vorzüge jedes Kanals in einem Gesamtkonzept **ausgespielt werden**. (*ausnutzen*)

h Die neuen Marktteilnehmer **sind** nur **auf** das Online-Business **fokussiert**. (*auf etw. spezialisiert sein*)

Lektion 18   Text E

Test

Setzen Sie die folgenden Wörter (bzw. Wortteile) in die Lücken im Text:

> an, auf, auf, bei, dagegen, darauf, in, mit, sowie, sowohl, als auch, um, um, unter, von, von, zur, zur

Gegenstand der Wirtschaftswissenschaften ist die Erforschung _____ Gesetzmäßigkeiten _____ der Wirtschaft. _____ Wirtschaft wird der rationale Umgang _____ knappen Gütern (Gut) verstanden. Güter sind _____ reale Güter _____ Dienstleistungen, die _____ Befriedigung menschlichen Bedarfs dienen. Ist der Vorrat an Gütern hinreichend, um den gesamten _____ gerichteten Bedarf stets zu befriedigen, dann handelt es sich _____ freie Güter. Übersteigt _____ der Bedarf den Vorrat _____ Gütern oder Dienstleistungen, dann wird _____ knappen Gütern und Dienstleistungen gesprochen. Dabei kann es sich _____ private oder öffentliche Güter handeln. Nur diese bilden den Gegenstand der Wirtschaftswissenschaften. Ein Anliegen der Wirtschaftswissenschaften ist demnach die Erforschung wirtschaftlicher Erscheinungen und ihrer Zusammenhänge _____ der Verteilung der knappen Güter _____ die einzelnen Individuen und Gemeinschaften _____ der Auswirkungen historischer Verteilungen _____ die Gegenwart. Ein zweites Anliegen der Wirtschaftswissenschaften betrifft die Analyse der Ziele und Mittel _____ Gestaltung wirtschaftlicher Prozesse und Strukturen.

Lektion 19

Konsumgesellschaft

1 Sehen Sie sich die Bilder an und sagen Sie, was der Fotograf mit den Bildern darstellen möchte? (Thema, Beschreibungsinhalt)

2 Sortieren Sie die folgenden Wörter in die entsprechende Spalte ein.

> Anbieter, Verbraucher, Kaufhäuser, Tante-Emma-Läden, Baumärkte, Einkaufsriesen, Konsumenten, Lebensmittelgroßverteiler, Knauser, Einzelhändler, Versandhändler, Handelsketten, Drogeriemarktketten, Schuh-Discounter, Konsumverweigerer, Kaufsüchtige, Fachhändler, Möbelhäuser, Buchhandelsketten

Kunden	Geschäfte

Lektion 19 Text A

Text A — Der Deutsche bleibt ein sparsamer Konsument

Einstieg

1 Welche Erklärung passt zu welchem Nomen bzw. Satz?

- ☐ a No-Name-Produkte   1) Produkte mit einem bestimmten Firmennamen
- ☐ b internationale Spitze   2) Produkte ohne bekannten Markennamen
- ☐ c Markenprodukte   3) ein Schein, für den man Waren bekommt, wie Geldschein
- ☐ d Markengutschein   4) Sparsamkeit ist gut.
- ☐ e Geiz ist geil.   5) die erste Stelle in der Welt / auf Platz 1 der Welt / weltweit führend sein

2 Ordnen Sie die Wörter oder Wortgruppen den folgenden Gruppen zu.

> auf Markennamen verzichten, Preisreduzierungen, Sparsamkeit, bei großen Handelsketten einkaufen, sich von Preisnachlässen locken lassen, Empfehlungen, Marken bevorzugen, Gutscheine anbieten

Einkaufsverhalten:	Verkaufsstrategien:
•	•
•	•
•	•
•	
•	

Leseverständnis

Lesen Sie den Text und beantworten Sie die Fragen.

a Was halten Marketingexperten von der Sparsamkeit? Wie sieht aber die Realität aus?

b Was beeinflusst die Kaufentscheidung der Deutschen? Füllen Sie die Tabelle aus.

	Einflussfaktoren	Wie stark davon beeinflusst?
1)		
2)		

3)		
4)		
5)		
6)		
7)		
8)		
9)		

C Welche Eigenschaft der Deutschen kann man aus dem Text erschließen?

Der Deutsche bleibt ein sparsamer Konsument

Der alte Werbespruch „Geiz ist geil" gelte schon lange nicht mehr, heißt es immer wieder von Marketingexperten. Stimmt das? Eine aktuelle internationale Studie des Gutscheinportals „Deals" sagt: Die Deutschen sind weiterhin Knauser. 64 Prozent der Konsumenten betonen demnach, dass es ihnen wichtig ist, im täglichen Leben Geld zu sparen. Bei der Erhebung unter 10.000
5 Konsumenten wurde auch das Einkaufsverhalten der Deutschen untersucht und mit dem zehn anderer Länder verglichen.

Immerhin jeder dritte Bundesbürger (32 Prozent) kauft bevorzugt Markenprodukte – auch wenn diese teurer sind. Im europäischen Vergleich ist Deutschland damit führend. Ein größerer Anteil der Deutschen jedoch entscheidet sich beim Einkauf für No-Name-Produkte: 49 Prozent der
10 Deutschen geben an, auf Markennamen zu verzichten, um so Geld zu sparen. Das ist mit großem Abstand internationale Spitze – im Gegensatz dazu stimmt jeweils nur ein Drittel der US-Amerikaner und Briten dieser Aussage zu.

Für die vergleichsweise ausgeprägte Sparsamkeit der Deutschen spricht auch, dass sie vorwiegend bei großen Handelsketten einkaufen und wie kaum ein anderes Land die meist teureren, lokalen
15 Einzelhändler vernachlässigen: Jeder Zweite gibt an, seine Besorgungen primär bei den Einkaufsriesen zu erledigen, nur 8 Prozent hingegen beim lokalen Einzelhändler – im Gegensatz zu jedem zweiten US-Amerikaner und jedem dritten Briten.

Der Sparwillen der Deutschen kommt auch beim Online-Shopping zum Ausdruck: Preisreduzierungen, Rabatte und Angebote haben laut Deal-Studie dabei den größten Einfluss auf
20 die Kaufentscheidungen – das sagen 58 Prozent der Befragten. Nur die Briten lassen sich von Preisnachlässen noch mehr locken (63 Prozent); den geringsten Einfluss haben reduzierte Preise auf Konsumentscheidungen in China (36 Prozent).

Lektion 19   Text A

Weitere wichtige Einflussgrößen für deutsche Kunden sind Bewertungen und Meinungen Anderer, die das gesuchte Produkt bereits erworben haben (48 Prozent) – außerdem Geschwindigkeit und Komfort der Lieferung (43 Prozent). Auch die Vertrauenswürdigkeit des Händlers (37 Prozent) und Bewertungen von Journalisten und Experten in Medien (24 Prozent) spielen laut Deal-Studie eine wichtige Rolle.

Einen relativ geringen Einfluss auf die Deutschen hat personalisierte Werbung, deren Empfehlungen auf dem persönlichen Einkaufs- und Surfverhalten im Internet basieren: Nur 8 Prozent geben an, dass diese ihre Kaufentscheidung beeinflusst. Der internationale Schnitt liegt mit 18 Prozent bereits weit darüber. In Indien (35 Prozent), Schweden und China (jeweils 29 Prozent) vertrauen die Kunden den Händlerempfehlungen am meisten.

Jeder zweite Deutsche (48 Prozent) bevorzugt Marken, die Gutscheine anbieten, da diese ihnen bei der Erfüllung ihrer Kaufwünsche helfen. Die Zustimmung zu Markengutscheinen ist international nur in den USA (53 Prozent), Kanada (52 Prozent) und Großbritannien (50 Prozent) größer. Jeder Vierte (26 Prozent) ist überzeugt, dass der Verzicht auf Gutscheine beim Einkaufen Geldverschwendung ist.

www.derhandel.de/news/unternehmen/pages/Konsumentenverhalten-Der-Deutsche-bleibt-ein-sparsamer-Konsument-9985.html

Wortschatzübung

Schreiben Sie die Sätze mit den in Klammern angegebenen Wörter um. Achten Sie dabei auf die Änderung des Satzbaus.

a Der alte Werbespruch „Geiz ist geil" **gilt** schon lange nicht mehr. (*gültig sein*)

b **Marketingexperten** halten den Werbespruch für veraltet. (*Fachleute für Marketing*)

c **Immerhin** jeder dritte Bundesbürger kauft bevorzugt Markenprodukte. (*wenigstens*)

d Ein Drittel der US-Amerikaner und Briten **stimmt** dieser Aussage **zu**. (*etw. als richtig ansehen / etw. für richtig halten*)

e Der Sparwille der Deutschen **kommt** auch beim Online-Shopping **zum Ausdruck**. (*ausgedrückt werden*)

f Nur die Briten **lassen sich** von Preisnachlässen noch mehr **locken**. (*angezogen / verführt werden können*)

g Einen relativ geringen **Einfluss auf** die Deutschen **hat** personalisierte Werbung. (*beeinflusst werden*)

Text A   **Lektion 19**

h   In Indien, Schweden und China **vertrauen** die Kunden den Händlerempfehlungen am meisten. (*von etw. überzeugt sein*)

i   Jeder zweite Deutsche **bevorzugt** Marken, die Gutscheine anbieten. (*etw. vorziehen*)

Sprechübung

1 Wie verhalten sich die chinesischen Konsumenten? Berichten Sie darüber. Vergleichen Sie und begründen Sie das Verhalten der chinesischen Konsumenten auch mit dem der deutschen.

Redemittel:

Erzählung / Bericht	Vergleich
• ... bevorzugen Markenprodukte. • Ein größerer Anteil der ... entscheidet sich beim Einkauf für ... • In ... kaufen die meisten vorwiegend bei großen Handelsketten ein. • ... beeinflussen ... • Den geringsten Einfluss haben ... auf Konsumentscheidungen in ... • Jeder zweite / dritte ... • Etwa die Hälfte der ... • Ungefähr ... Prozent der ...	• Im Vergleich mit ... ist es in ... • Im Gegensatz dazu ... • Wie / Genau so wie in ... • Den größten Einfluss haben ... auf die Kaufentscheidungen in ..., während ... in ...

2 Welche Faktoren beeinflussen Ihre Kaufentscheidung besonders stark? Warum?

Grammatische Wiederholung

1 Formulieren Sie die braun gedruckten Partizipialkonstruktionen in Relativsätze um oder umgekehrt.

a   Der **angeblich für die heutige Zeit nicht mehr geltende** Werbespruch „Geiz ist geil" ist immer noch wichtig für viele Leute.

b   Die Menschen, **die im täglichen Leben sparen**, verhalten sich beim Einkaufen sparsam.

c   Die **von vielen Konsumenten bevorzugten** Markenprodukte sind teurer als No-Name-Produkte.

Lektion 19   Text A

d Kaufentscheidungen, *die von Preisreduzierungen, Rabatten und Angeboten beeinflusst werden*, machen 58 Prozent aus.

e Fast jeder zweite Deutsche bevorzugt *Gutscheine anbietende* Marken.

f Die *in den großen Supermärkten auf Schritt und Tritt manipulierten* Kunden kaufen mehr als sie eigentlich brauchen.

g Die Artikel, *die einen besonders hohen Gewinn einbringen*, werden vor allem auf der rechten Seite ausgelegt.

h Ein *handgeschriebenes* Einkaufsschild statt eines gedruckten weckt die kaum mehr zu stoppende Kauflust der Kundin.

i Naturschützer achten auf *nachhaltig ökologisch produzierte* Produkte.

j Die Kunden, *die durch die Geschäfte im Stadtzentrum streifen*, kaufen oft nutzlose Waren.

Schreibübung

> Zu dem alten Werbespruch „Geiz ist geil" sind die Meinungen geteilt. Die einen bezeichnen die Sparsamkeit als eine gute Tugend und Tradition eines Volkes. Die anderen halten die Sparsamkeit für etwas, was dem Streben der Menschheit nach einem höheren Lebensstandard entgegenwirkt.

Schreiben Sie einen Text, indem Sie die Vor- und Nachteile der Sparsamkeit abwägen und dann Stellung dazu nehmen.

Hinweise zum Schreiben:

1 **Wie kann man anfangen?**

Klären Sie zuerst, welche zwei gegensätzlichen Meinungen vertreten sind. Geben Sie dann die Meinungen mit Ihren eigenen Worten wieder.
Übung: Welche Aussagen sind für die Sparsamkeit? Und welche dagegen?

a Die Sparsamkeit ist nicht günstig für das Streben nach einem höheren Lebensstandard.

b Die Sparsamkeit ist eine gute Tugend und gute Tradition.

c Wenn man spart, hat man einen guten Charakter, man wirft damit die guten Gewohnheiten unserer Vorfahren nicht über Bord.

d Wenn man ständig sparsam lebt, hat man auch keinen Wunsch mehr, etwas Besseres zu entwickeln. Unser Lebensstandard wird dadurch auch nicht erhöht.

2 **Wie können die Vor- und Nachteile der Sparsamkeit abgewogen werden?**

Versuchen Sie, die einzelnen Meinungen möglichst konkret zu begründen.
Übung: Sortieren Sie die Vor- und Nachteile der Sparsamkeit:

a Wenn Betriebe geschlossen werden und weniger Menschen einen Arbeitsplatz haben, werden außerdem weniger Beiträge zur Sozialversicherung bezahlt. Der Staat muss nicht nur Arbeitslosengeld, sondern auch Geld für Sozialleistungen zahlen. Woher hat die Staatskasse soviel Geld? Der Staat könnte auch bankrott gehen. Das will doch niemand in einem Land.

b Die Chinesen haben lange Zeit immer sparsam gelebt. Vor allem sparten Chinesen wegen der Armut, damit sie, vor allem aber die anderen in der Familie später ein besseres Leben führen konnten. D.h. sie haben mehr an die anderen gedacht als an sich selbst. Daher wurde und wird die Sparsamkeit wie Fleiß auch als eine große Tugend angesehen. Auch heute sparen viele Chinesen, denn es ist eine gute Tradition geworden.

c Der Mensch strebt eigentlich immer nach einem besseren Leben. Wenn man nur Geld spart und nicht konsumiert, spricht das gegen das menschliche Streben nach einem besseren Leben und einem höheren Lebensstandard. Die Zivilisation hört auch auf, weiter fortzuschreiten.

d Wenn wir im Wohlstand leben, sollten wir auch an die Menschen denken, die noch Hunger haben und im Winter frieren müssen. Deshalb sollten wir nicht verschwenderisch, sondern sparsam leben.

e Wenn wenig konsumiert wird, wird wenig produziert. Viele Firmen und Betrieben gehen dabei kaputt. Viele Arbeiter verlieren dann ihre Arbeit. Sie können ihre Familie nicht mehr ernähren. Dadurch entsteht auch noch eine Menge von sozialen Problemen.

f Wenn wir sparsam leben, brauchen wir nicht so viel wie heute, und dann wird auch nicht so viel weggeworfen. Es entsteht nicht so viel Müll wie heute. Dann wäre die Umwelt wesentlich besser geschützt.

g Außerdem könnten wir durch Sparsamkeit sogar besser leben, wenn wir nicht so viel konsumieren. Wir bräuchten eigentlich nicht viel um zu leben. Wenn wir weniger im überfüllten Kaufhaus unnötige Sachen kaufen, haben wir mehr Zeit, um uns gut zu erholen und haben auch keinen Stress in der Freizeit mehr.

3 **Wie nimmt man Stellung?**

Äußern Sie nun aufgrund der Abwägung der Vor- und Nachteile der Sparsamkeit mit einer kurzen Begründung Ihre eigene Meinung. Hier sind auch einige Möglichkeiten:

a Trotz der Nachteile des Konsums für die Umwelt bin ich persönlich der Meinung, dass man auch konsumieren sollte, weil mir die Entwicklung der Wirtschaft wichtiger scheint.

b Obwohl der Konsum für die Wirtschaft ziemlich wichtig ist, ist mir die saubere Umwelt wichtiger, daher bin ich für die Sparsamkeit.

c) Man sollte schon sparsam leben, aber gleichzeitig auch immer wieder Geld ausgeben, damit die Industrie, also die Wirtschaft auch davon leben kann, weil für mich nicht nur die Umwelt, sondern auch ein höherer Lebensstandard wichtig sind.

Jetzt schreiben Sie als Übung einen eigenen Text. Die Formulierungen oben können Sie dabei verwenden.

Text B — Wie Kunden manipuliert werden

Einstieg

Verkaufspsychologen haben bestimmte Verhaltensweisen der Kunden herausgefunden. Ordnen Sie den Begriffen die Erklärungen zu.

	Verhalten der Kunden		Erklärungen
a	Wandbezogenheit	1)	Der Kunde blickt weder nach links noch nach rechts.
b	Orientierung nach rechts	2)	Den meisten Käuferinnen erscheinen jene Artikel begehrenswert, die sich auf der rechten Seite befinden.
c	Wunsch nach Bequemlichkeit	3)	Der Kunde geht hauptsächlich an der Wand des Ladens entlang.
d	Schnelles Passieren der Einkaufsgänge	4)	Die Kunden bücken und strecken sich nicht gern.

Hörverständnis

1 Hören Sie den ersten Abschnitt des Textes. Antworten Sie auf die Frage:

Was möchten deutsche Kunden? Was machen aber Supermärkte?

2 Hören Sie jetzt den ganzen Text. Beantworten Sie die Frage, indem Sie das Schema ausfüllen: Welche Verkaufstricks benutzen die Supermärkte?

In Bezug auf	Verkaufstricks der Supermärkte
Wandbezogenheit	
Orientierung nach rechts	
Wunsch nach Bequemlichkeit	

Schnelles Passieren der Einkaufsgänge	
Warterei an der Kasse	

Wortschatzübung

Ergänze Sie die Sätze mit den Wörter oder Wortgruppen in der richtigen Form.

> Gewinn einbringen, begehrenswert, auf etw. hereinfallen, Platzierung, schnell verkaufen, manipulieren, raffiniert, ausnutzen, wandbezogen, Schlange stehen, passieren

a Gerade in den großen Supermärkten wird der Kunde auf Schritt und Tritt _____.

b Die scheinbar zufällige Anordnung der Waren auf Theken und Regalen ist _____ ausgedacht.

c Wer diese Tricks kennt, _____ weniger leicht _____.

d Verkaufspsychologen haben herausgefunden, dass 80 Prozent der Supermarktkäufer _____ sind.

e Die Folge: Waren, die besonders _____ _____ werden müssen, bietet man in den Randzonen an.

f Auch eine gewisse Rechtsorientierung der Kunden _____ _____.

g Den meisten Käuferinnen erscheinen jene Artikel _____, die sich auf der rechten Seite befinden.

h Daher werden Artikel, die einen besonders hohen _____ _____, vor allem auf der rechten Seite ausgelegt.

i Auch die Bequemlichkeit der Käufer spielt bei der _____ der Waren eine wichtige Rolle.

j Schnurgerade Einkaufsgänge _____ die Kunden mit ihrem Einkaufswägelchen oft zu schnell.

k Gerade um die Kasse, wo die Kunden _____ _____, versucht man noch einmal, ihnen das Geld aus der Tasche zu ziehen.

Sprechübung

Sprechen Sie mit Ihrem Partner darüber:

Haben Sie manchmal mehr gekauft als Sie eigentlich wollten?
Was werden Sie später machen, damit Sie im Supermarkt nicht mehr zum Kauf verführt werden?

Lektion 19   Text C

> *Redemittel:*
> - ... ist die Ursache für die Verführung. Ich werde in Zukunft / später ..., wenn ich ...
> - ... verursacht, dass ich mehr gekauft habe, als ... Ich werde in Zukunft / später ..., wenn ich ...
> - ... führt zu ... Ich werde in Zukunft / später ..., wenn ich ...
> - ... ist auf etw. (A) ... zurückzuführen. Ich werde in Zukunft / später ..., wenn ich ...

Text C   Einfacher Leben

Einstieg

Lesen Sie den kurzen Text und beantworten Sie die Fragen.

a Wie heißt der Ratgeber?

b Welche Inhalte umfasst „Einfacher Leben"? (nur stichwortartig)

> Der Ratgeber „Einfacher Leben" bietet über 150 praktische Tipps und Tricks zur Konsumeinschränkung in vielen Alltagssituationen, hinzu kommen mehr als 70 Literaturtipps und rund 40 Weblinktipps. 14 Kapitel, darunter „Sparen in allen Lebenslagen", „Alternativen zum herkömmlichen Shopping", „Spartipps für Eltern" oder „Einfach entspannen", zeigen Beispiele, wie du einfach und dennoch mit viel Freude deinen Konsum einschränken kannst.

Leseverständnis

Lesen Sie den Text und beantworten Sie die Fragen. Antworten Sie möglichst stichwortartig.

a Um was für eine Art Text handelt es sich?

b Für wen wurde der Text geschrieben?

c Was kritisieren manche Konsumenten?

d Warum wollen manche Konsumenten selbst bestimmen, was sie kaufen?

e Warum wollen manche kein Fleisch essen?

f Warum wollen manche Kunden mit Absicht teurere Waren kaufen?

g Was sind weitere Gründe für Konsumverweigerung oder -einschränkung?
-
-
-

h Welchen Eindruck können die Konsumverweigerer oder -einschränker auf die anderen machen?

i Wozu soll der Text dienen?

j Geht es im Buch um ein wissenschaftliches Thema?

Einfacher Leben

– **Vorwort eines praktischen Ratgebers „Einfacher Leben" zur Konsumverweigerung**
Autorin: Andrea Kerlen

Dieser Text richtet sich an all jene, die ihren Konsum einschränken wollen und dennoch ihre Lebensfreude nicht einbüßen möchten.

Warum ein Leben mit Konsumeinschränkung? Für Konsumverweigerung oder -einschränkung gibt es viele Gründe. Hier sind einige davon:

5 1. Für manche ist Konsumverweigerung oder -einschränkung eine aktive Kritik am Kapitalismus und Materialismus sowie an der konsumfixierten Gesellschaft, wie sie beispielsweise im „American way of life" propagiert wird.
2. Und manch eine/r ist die Gehirnwäsche der Werbung leid und will lieber selbst entscheiden, was gut für ihn oder sie ist.
10 3. TierfreundInnen verweigern sich dem Fleischkonsum, da sie nicht wollen, dass in ihrem Namen Tiere getötet werden.
4. Umwelt- und NaturschützerInnen oder Menschen, die auf eine gesunde Ernährung Wert legen, achten auf nachhaltige ökologisch produzierte Produkte. Dafür sind sie bereit, sogar mehr Geld auszugeben.
15 5. In verschiedenen Religionen gilt Askese oder geringer weltlicher Besitz als große Tugend.
6. MülltaucherInnen und -sammlerInnen protestieren gegen Verschwendung und die Wegwerfgesellschaft.
7. Und vielen ist schlicht einfach der Geldbeutel zu klein, um immer noch mehr größtenteils überflüssigen Besitz anzuhäufen.

Lektion 19   Text C

20 Dennoch wirken Konsumverweigerer bis heute oft befremdlich oder gar bedrohlich auf ihre Umgebung. Dabei ist Konsumverweigerung oder -einschränkung nicht gleichzusetzen mit einer weltfremden Askese, und sie kann sogar sehr viel Spaß machen. Dieser Lebensstil wird häufig LOVOS genannt, vom englischen „Lifestyle of voluntary simplicity", also etwa „Lebensstil von freiwilliger Einfachheit". Wenn die Betonung mehr auf Gesundheit und Nachhaltigkeit liegt, nennt
25 man dies „Lifestyle of health and sustainability" (abgekürzt: LOHAS).

Ich möchte mit diesem Ratgeber niemanden zu einer bestimmten Lebensweise „bekehren", sondern lediglich Anregungen oder Denkanstöße geben. Dieser Text ist kein wissenschaftliches Buch, auch wenn ich hier und da Statistiken zitiere. Schon als Studentin mit wenig Geld lernte ich, aus der Not eine Tugend zu machen. Ich hinterfrage bis heute oft, ob ich irgendein Produkt tatsächlich
30 brauche, oder ob ich mir durch Werbung habe einreden lassen, dass ich genau dieses Produkt brauche, um glücklich zu sein. Und am Arbeitsplatz gibt es viele Möglichkeiten, seinen Konsum einzuschränken. Allerdings ist das stark abhängig von Beschäftigungsverhältnis und Position, daher enthält dieses Buch keine speziellen Tipps für Konsumeinschränkungen bei der Arbeit.

Fast alle Tipps habe ich bewertet nach ökologischem Nutzen, Preis/Leistung, ideellem Wert und
35 weiteren Kriterien auf einer Skala von 6 Punkte (sehr gut) bis 0 Punkte (kein Nutzen), so dass man je nach eigener Priorität bei der Konsumverweigerung einen Eindruck vom Nutzen des Tipps erhalten kann. Es ist keine wissenschaftliche Bewertung, sondern eher Schätzwerte.

www.kritisches-netzwerk.de/forum/einfacher-leben-ein-praktischer-ratgeber-zur-konsumverweigerung-andrea-kerlen

Wortschatzübung

1 Ergänze Sie die Rektionen der Verben aus dem Text.

a sich _____ j-n richten
b _____ (A) einbüßen
c _____ (A) einschränken
d _____ (A) propagieren
e _____ (A) leid sein
f sich (A) _____ (D) verweigern
g _____ (A) anhäufen

h _____ etw. (A) wirken
i etw. (A) _____ etw. (D) gleichsetzen
j j-n _____ etw. (D) bekehren
k _____ (A) hinterfragen
l _____ (D) etw. einreden
m _____ (A) bewerten

2 Schreiben Sie die Sätze mit den in Klammern angegebenen Wörtern um. Achten Sie dabei auf die Änderung des Satzbaus.

a Dieser Text **richtet sich an** alle Geldsparer. (*j-n ansprechen*)

b Manche Leute wollen Geld sparen und ihren Konsum **einschränken**. (*etw. (A) verringern / reduzieren / vermindern*)

Text C **Lektion 19**

c Wenn man weniger kauft, **wird** seine Lebensfreude nicht unbedingt **eingebüßt**. (*verloren gehen*)

d Die amerikanische Lebensweise wird **propagiert**. (*für etw. werben*)

e Viele Menschen **sind** die Gehirnwäsche der Werbung **leid**. (*etw. nicht mehr mögen/ ertragen*)

f Tierfreunde **verweigern sich** dem Fleischkonsum. (*sich nicht zu etw. verführen lassen / auf etw. verzichten*)

g Viele Leute wollen überflüssige Sachen nicht **anhäufen**. (*etw. sammeln*)

h Konsumverweigerer **wirken** bis heute oft befremdlich oder gar bedrohlich **auf** ihre Umgebung. (*Eindruck auf etw. (A) machen*)

i Konsumverweigerung oder -einschränkung **ist** nicht **mit** einer weltfremden Askese **gleichzusetzen**. (*etw. (A) als etw. (A) ansehen*)

j Ich möchte mit diesem Ratgeber niemanden **zu** einer bestimmten Lebensweise **bekehren**. (*j-n zu etw. überreden*)

k Ich **hinterfrage** bis heute oft, ob ich irgendein Produkt tatsächlich brauche. (*etw. prüfen*)

l Viele Menschen lassen sich durch Werbung **einreden**, dass sie genau dieses Produkt brauchen, um glücklich zu sein. (*j-n von etw. überzeugen*)

m Fast alle Tipps werden nach verschiedenen Kriterien **bewertet**. (*etw. beurteilen / benoten*)

3 Erklären Sie die zusammengesetzten Wörter wie die Beispiele.
Beispiel:
- Konsumeinschränkung ist Einschränkung des Konsums, d.h. Konsum wird eingeschränkt.
- Umweltschützer ist jemand, der die Umwelt schützt.

a Konsumverweigerung
b Fleischkonsum
c Naturschützer
d Wegwerfgesellschaft
e Schätzwerte

4 Was ist mit der *Gehirnwäsche* gemeint?

Lektion 19   Text C

Sprechübung

Diskutieren Sie in einer Gruppe zu viert. Was halten Sie von der Lebensweise „einfacher leben"? Begründen Sie Ihre Meinung.

Redemittel:

pro	contra
• Ich finde „einfacher leben" gut, weil ... • Ich halte es für ideal, denn ... • Davon halte ich viel, weil ...	• Im Gegensatz zu der Meinung halte ich es für ..., weil ... • Meiner Meinung nach ist ... • Ich meine, ... denn ...

Zur Aufzählung:
- *Erstens ... / Als erstes ...*
- *Zweitens ... / Weiterhin ...*
- *Drittens ... / Hinzu kommt, dass ...*
- *Nicht zuletzt ... / Außerdem ...*
- *Letzten Endes / Schließlich ...*

Grammatik: Gerundium

Form:
Beispiel: die zu verkaufenden Waren
zu verkaufend (zu + Partizip I = Gerundium als Attribut)

Bedeutung:
die **zu verkaufenden** Waren → die Waren, die zu verkaufen sind
                oder → die Waren, die verkauft werden müssen/können

Erweiterung:

Die **in den Geschäften schlecht zu verkaufenden** Waren sind meistens von schlechter Qualität.
→ Die Waren, die in den Geschäften schlecht zu verkaufen sind, / die in den Geschäften schlecht verkauft werden können, sind meistens von schlechter Qualität.
Die in den Geschäften schnell zu verkaufenden Waren werden normalerweise preisgünstig angeboten.
→ Die Waren, die **in den Geschäften schnell zu verkaufen** sind, / die in den Geschäften schnell verkauft werden müssen, werden normalerweise preisgünstig angeboten.

Achtung: **Gerundium ist nur bei transitiven Verben möglich.**

Übung: Formulieren Sie die braungedruckten Gerundiumsatzteile in Relativsätze um oder umgekehrt.

a Die **nicht von einem freundlichen Verkäuferlächeln zu verführenden** Kunden wollen sich selbst entscheiden, was und wie viel sie kaufen.

b Die Lebensmittel wie Obst, Gemüse, Frischfleisch und Milch, **die besonders schnell verkauft werden müssen**, werden in den Randzonen im Supermarkt angeboten.

c Die **leicht von Verkaufstricks zu verführenden** Frauen haben beim Einkaufen oft kein bestimmtes Ziel vor Augen.

d Die Kunden, **die in den großen Supermärkten manipuliert werden können**, kaufen mehr als sie eigentlich brauchen.

e Besonders zu Weihnachtszeit haben viele Frauen mehrere **unbedingt zu erfüllende** Kaufwünsche.

f Die **noch mehr von Preisnachlässen zu lockenden** Briten kaufen auch mehr als die Deutschen.

g Die **schnell zu liefernden** Produkte können die Kaufentscheidung der Kunden auch beeinflussen.

h Die Kunden, **die leicht von der Werbung beeinflusst werden können**, geben mehr Geld aus als die anderen.

i Die **zu verbessernde** Wirtschaftssituation hängt auch zum Teil davon ab, ob die Konsumenten bereit sind, einen gewissen Teil ihres gesparten Geldes auszugeben.

j Man macht oft Werbung für viele Produkte, **die ohne massive Werbung gar nicht verkauft werden können**.

Text D Eine neue Sucht

Einstieg

Es gibt verschiedene Süchte. Sprechen Sie darüber.

a Welche Süchte kennen Sie oder von welchen Süchten haben Sie gehört?
b Welche Merkmale hat eine Sucht?

Lektion 19   Text D

c Welche Probleme haben die süchtigen Menschen?

d Was sind Gründe für die Entstehung einer Sucht?

Hörverständnis

Hören Sie den Text und beantworten Sie die Fragen.

a Über welche neue Sucht wird gesprochen? Wie wird diese betrachtet?

b Was kauft die Arztfrau aus Tübingen oft?

c Was kauft der Verkaufsleiter einer Textilfirma aus Ulm immer wieder?

d Wie verbreitet ist diese „Krankheit"?

e Welche typischen Merkmale hat die Krankheit?
  - Beim Straßenbummel:
  - Während dessen:
  - Einige Zeit danach:
  - Im Umgang mit der sozialen Umgebung:

f Welche Probleme hat ein Süchtiger?
  -
  -

g Was verursacht die Sucht?
  -
  -
  -

h Was fehlt noch, um den Süchtigen zu helfen?
  -
  -
  -

Sprechübung

Ihr bester Studienfreund leidet darunter, dass er jeden Tag mindestens drei Stunden Computerspiele spielt. Seine Studienleistung geht ständig abwärts. Er wollte schon seit einiger Zeit die Spielzeit reduzieren. Aber er schafft das nicht. Sie möchten ihm gern

Text E   Lektion 19

helfen. Geben Sie ihm Ratschläge, wie er es schaffen kann.

1   Suchen Sie mit ihm zusammen nach Gründen für sein Verhalten.

2   Sprechen Sie mit ihm über die Auswirkungen.

   a   Beeinträchtigung des Studiums
   b   ohne Studienabschluss keine Arbeitsstelle finden
   c   Enttäuschung der Eltern, keine Zukunft für sich

3   Machen Sie ihm Vorschläge.

   a   Selbstdisziplin lernen
   b   in einer Zeitphase alles mit Ihnen gemeinsam unternehmen z. B.
       1) Sport treiben
       2) zum Unterricht gehen
       3) Hausaufgaben machen
       4) in die Mensa gehen usw.

Text E   Werbung ist Krieg

Einstieg

Was gehört nicht zusammen?

a   Bomben, Bonbon, Minen, Sprengfallen, Zünder
b   Produkte, Waren, Rolle, Sachen, Dinge
c   Werbung, Propaganda, Umweg, Werbekampagnen
d   Anbieter, Metzger, Monopolisten, Möbelhäuser, Supermarkt, Fachhändler
e   Konsumenten, Kunden, Einkäufer, Verbraucher, Kälber
f   Sirenengesängen, Werbeaufwand, Werbekosten, Werbungsgeld
g   Karren, Wagen, Wettbewerb, Auto, PKW

Leseverständnis

Lesen Sie den Text und beantworten Sie die Fragen.

a   Was wird im Text mit Bomben, Minen und Sprengfallen verglichen?

Lektion 19   **Text E**

b Was ist mit dem Zünder gemeint?

c Werden Konsumenten für dumm gehalten, wenn sie an die Werbung glauben?

d Wodurch werden der Markt, die Vielfalt und der Wettbewerb nach der Meinung des Autors zerstört?

e Welche Geschäfte kämpfen nun um Existenz?

f Warum sollen Konsumenten ihre Augen beim Einkauf aufmachen?

g Was gebrauchen die Schauspieler in der Werbung selbst aber gar nicht?

h Welchen Umweg machen Sportler, die als Schauspieler besser bezahlt werden?

i Unter welchen Bedingungen sind gute und preiswerte Waren gut zu verkaufen?

j Was schlägt der Autor den Lesern vor?

-
-

Werbung ist Krieg

Den Konsumenten fällt die Rolle von Bomben, Minen und Sprengfallen zu, und die Werbung liefert dabei die Zünder, mit denen diese Sprengsätze zur Explosion gebracht werden.

Die Konsumenten, denen man einredet, blöd zu sein, wenn sie nicht den Sirenengesängen der Werbung folgen, sind natürlich auch dann nicht blöd, wenn sie ihnen folgen. Sie sind nur kurzsichtig.

5 Und so zerstören sie in ihrer Kurzsichtigkeit, mit dem guten Gefühl, eine gute, preiswerte Wahl getroffen zu haben, den Markt, die Vielfalt und den Wettbewerb.

Erst sind die Tante-Emma-Läden gestorben, dann die kleinen, kompetenten Fachhändler. Jetzt kracht es bei den großen Baumärkten, Möbelhäusern, Drogeriemarkt- und Buchhandelsketten. Lebensmittelgroßverteiler, Schuh-Discounter, altmodische Kaufhäuser und Versandhändler sind
10 angetreten, um die letzte große Schlacht um den Markt Europa auszutragen – im realen und im virtuellen Laden.

Von den Werbekampagnen der schon übergroßen Anbieter willenlos getrieben, wählen die Kunden – wie die dümmsten Kälber den Metzger – ihren künftigen Monopolisten selber.

Machen Sie endlich die Augen auf! Großer Werbeaufwand ist kein Qualitätsmerkmal!

15 Schauspieler, die in Werbefilmen beglückt die Augen verdrehen, wenn sie sich das beworbene Produkt in die Haare schmieren, werden für diese Rolle engagiert und bezahlt. Die nehmen das nicht selbst!

Sportler, die sich vor den Karren der Werbung spannen lassen, haben womöglich ihr ganzes Leben lang hart trainiert, um auf dem Umweg über die Goldmedaille zum bestbezahlten
20 Werbeschauspieler mutieren zu können.

Gute, nützliche und preiswerte Produkte verkaufen sich von selbst, solange sie nicht mit Hilfe aggressiver Werbung von schlechten, unnützen und überteuerten Produkten verdrängt werden, von Produkten, die sich ohne massive Werbung gar nicht verkaufen ließen.

Versuchen Sie doch einfach einmal, beim nächsten Einkauf nur solche Produkte in den Wagen zu
25 legen, die Ihnen noch nie in der Werbung begegnet sind.

Und dann schreiben Sie einen Erfahrungsbericht über die Produkte, die Sie neu für sich entdeckt haben – beleben Sie die Mund-zu-Mund-Propaganda im Internet.

http://konsumpf.de/?s=Konsum+Erfahrungsbericht&x=10&y=10

Wortschatzübung

Schreiben Sie die Sätze mit den in Klammern angegebenen Wörter um. Achten Sie dabei auf die Änderung des Satzbaus.

a Viele Kunden glauben, dass sie **eine gute, preiswerte Wahl getroffen haben**. (*etwas Gutes und Preiswertes wählen*)

b Die großen Fachhändler **sind angetreten**, um die letzte große **Schlacht um** den Markt Europa **auszutragen**. (1. *sich stellen*; 2. *den Kampf um etw. aufnehmen*)

c Werbeschauspieler **schmieren** sich das Gel nur in Werbefilmen in die Haare. (*streichen*)

d Werbeschauspieler **werden** von Firmen für diese Rolle **engagiert** und gut bezahlt. (*anstellen*)

e Die besten Sportler können **zum** bestbezahlten Werbeschauspieler **mutieren**. (*sich plötzlich zu j-m verändern*)

f Gute, nützliche und preiswerte Produkte **werden** durch aggressive Werbung von schlechten, unnützlich und überteuerten Produkten **verdrängt**. (*etw. ersetzen*)

Lektion 19   Text E

g Die Kunden sollen die Mund-zu-Mund-Propaganda im Internet **beleben**. (*etw. lebendig machen*)

Test

Ergänze Sie die Lücken des Textes.

Zu wenig Konsum schadet der weltweiten Wirtschaft

Kaufen ist wichtig für die Wirtschaft. _____ die Menschen wenig, so werden auch die Umsätze sinken und schon kann es mit der gesamten Wirtschaft auf der ganzen Welt abwärts _____ . Nicht immer ist es sinnvoll, nur anzulegen und das Geld zu _____ . Ein gewisser Teil muss auch ausgegeben werden, denn es ist so, dass die Unternehmer davon natürlich leben _____ . Es braucht eine gesunde Mischung zwischen Sparen und Kaufen. Dieses Konsumdenken ist jedoch in der jetzigen Situation sehr _____ , denn viele Menschen haben Angst um ihren Job und möchten daher so viel Geld wie möglich sparen. Deshalb gibt es derzeit wenig _____ . Hinzu kommt, dass die deutsche Wirtschaft dadurch noch mehr geschwächt wird und es deshalb auch schlechter aussieht für viele Unternehmer. Zu wenig Konsum ist sehr schlecht für die gesamte _____ .

Kaufen die Menschen zu wenig, wirkt sich das _____ so viele Lebensbereiche aus, die man sich zuerst gar nicht _____ möchte. Man sollte daher immer wieder einmal etwas kaufen und sich auch etwas gönnen, um die allgemeine Finanzlage zu _____ und somit auch die eigene Situation zu stabilisieren. Je mehr Geld im Umlauf ist, _____ besser geht es der Wirtschaft und _____ sicherer sind die eigenen Jobs. Daher _____ man sich das immer vor Augen halten, wenn man alles anspart und nichts mehr kauft, weil man Angst _____ seinen Job hat. Dieser Kreislauf muss durchbrochen werden, dass auch die deutsche Wirtschaft wieder weiter _____ oben kommt und man _____ im eigenen Land wieder richtig wohl fühlen kann. Konsum gehört mit zum Leben und deshalb muss man sich auch einmal etwas _____ . Es ist gut für die Seele und auch für den _____ .

Arbeitswelt — Lektion 20

1 Machen Sie mit Ihrem Nachbarn die folgenden Aufgaben zusammen.

- **a** Sehen Sie sich das Bild an und beschreiben Sie es.
- **b** Was könnte Ihrer Meinung nach das Bild bedeuten?
- **c** Was verbinden Sie mit dem Wort „Arbeit"? Kreuzen Sie maximal drei Wörter an und begründen Sie ihre Wahl.

☐ Geld	☐ Aufstieg	☐ Kreativität	☐ Interesse
☐ Herausforderung	☐ Verantwortung	☐ Teamgeist	☐ Selbstverwirklichung
☐ Leistungsdruck	☐ Anstrengung	☐ Routine	☐ Kontrolle
☐ Weiterbildung	☐ Wettbewerb	☐ Langeweile	☐ Spaß

Redemittel zur Aufgabe c:
- Mit Arbeit verbinde ich zuerst ..., weil ...
- Arbeit bedeutet für mich in erster Linie ..., weil ...
- Für mich hängt Arbeit noch mit ... zusammen, denn ...

2 Ergänze Sie die fehlenden Wörter aus dem Wortfeld „Arbeit".

> Streik, Arbeitnehmer, Arbeitsvertrag, Arbeitsamt, Arbeitslosengeld, Schichtarbeit, Vorstellungsgespräch, Nettogehalt, Unternehmen

- **a** Ein anderes Wort für Arbeiter oder Angestellte ist _____.
- **b** Ein anderes Wort für Betrieb oder Firma ist _____.
- **c** Man hat sich zuerst um eine Stelle beworben. Dann wird man von der Firma zu einem _____ eingeladen.
- **d** Jeder Berufstätige muss vor Arbeitsantritt einen _____ unterschreiben.
- **e** Wenn man manchmal morgens, manchmal abends und manchmal nachts arbeitet, dann ist man in _____ tätig.
- **f** Das Gehalt ohne Steuern und Versicherungsbeiträge nennt man _____.
- **g** Wenn sich Arbeitnehmer und Arbeitgeber nicht einigen können, wollen die Arbeitnehmer einen _____ organisieren.
- **h** Mitarbeiter, die ihre Arbeit verlieren, bekommen in Deutschland normalerweise bis zu einem Jahr das _____.
- **i** Das _____ ist die Behörde, die sich um Menschen kümmert, die keine Arbeit haben, eine Arbeit oder einen Ausbildungsplatz suchen.

Lektion 20   Text A

Text A Wie wir morgen arbeiten

Einstieg

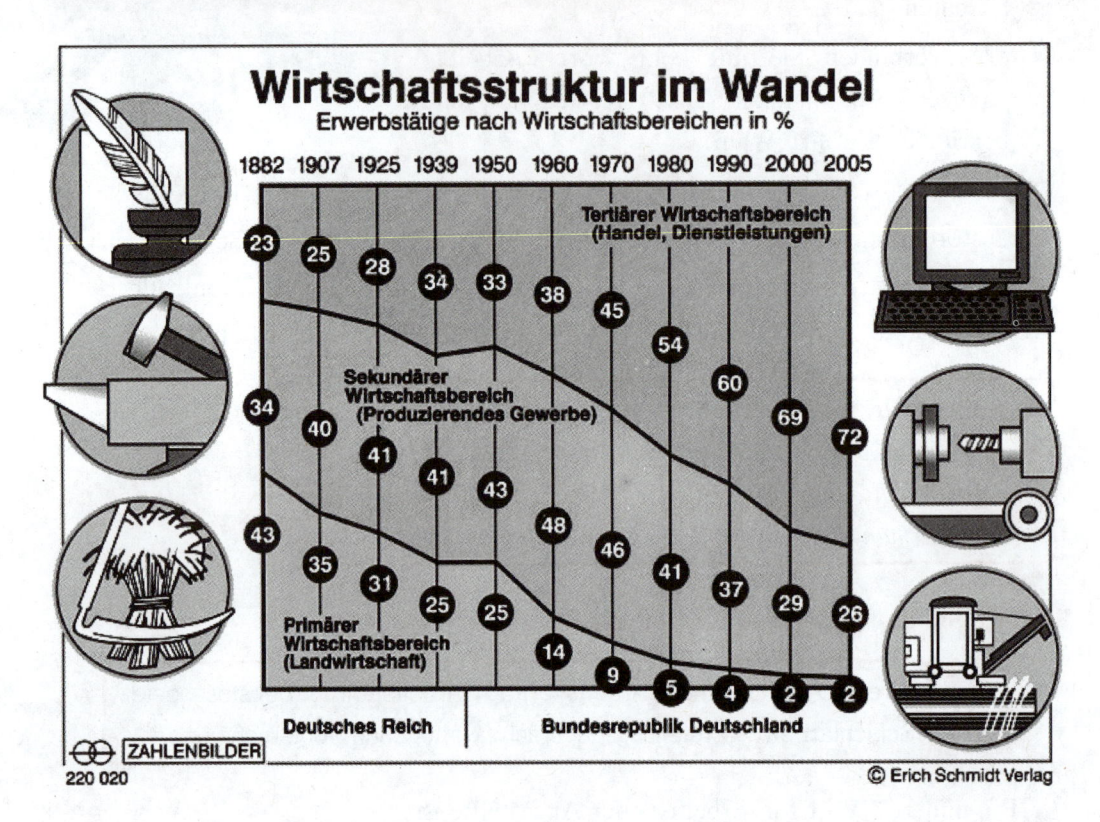

Wirtschaftsstruktur im Wandel
Erwerbstätige nach Wirtschaftsbereichen in %

Jahr	Tertiärer Wirtschaftsbereich (Handel, Dienstleistungen)	Sekundärer Wirtschaftsbereich (Produzierendes Gewerbe)	Primärer Wirtschaftsbereich (Landwirtschaft)
1882	23	34	43
1907	25	40	35
1925	28	41	31
1939	34	41	25
1950	33	43	25
1960	38	48	14
1970	45	46	9
1980	54	41	5
1990	60	37	4
2000	69	29	2
2005	72	26	2

Deutsches Reich | Bundesrepublik Deutschland

ZAHLENBILDER 220 020   © Erich Schmidt Verlag

1 Schauen Sie sich das Diagramm an und beschreiben Sie die Entwicklung der Wirtschaftsstruktur von 1882 bis 2005.

2 Wie hat die moderne Technologie (z. B. Handy, Internet) Ihrer Meinung nach unsere Arbeitsformen verändert? Nennen Sie einige Beispiele dafür.

Leseverständnis

1 Lesen Sie den Text und geben Sie jedem Textteil eine Überschrift.

2 Beantworten Sie folgende Fragen.

a Welche Folgen hat die digitale Revolution für die Arbeitswelt?
- *räumlich*:
- *zeitlich*:

102

b Wie arbeiten die Wissensarbeiter zusammen?

c Welche Typen von Dienstleistungsarbeit werden im Text genannt?

Wie wir morgen arbeiten

Flexibles Arbeiten jenseits des Büros, projektbezogene Aufträge, wachsende Bedeutung von Wissen: Die Arbeitswelt wandelt sich rapide – und stellt die Beschäftigten vor neue Herausforderungen. Denn sie müssen mit größerer Unsicherheit leben und lernen, sich ständig zu vermarkten. Ein Überblick über die wichtigsten Entwicklungen in der Arbeitswelt.

a _____

5 Internet, Handy, extreme Mobilität – die Arbeit hat sich in den vergangenen Jahrzehnten stark gewandelt. Die digitale Revolution fordert die Gesellschaft heraus. „Den" festen Arbeitsplatz wird es bald nicht mehr geben. Schon heute arbeiten viele mobil, schlagen ihr Büro dank Laptop und Blackberry mal hier und mal dort auf. Damit sind für Unternehmen die Mitarbeiter ständig und überall verfügbar. Für die Beschäftigten lösen sich Zeitgrenzen auf. Arbeitstage, die um neun Uhr
10 beginnen und um 17 Uhr enden, werden seltener. Immer mehr Menschen arbeiten selbstbestimmt, legen Arbeitszeit und Freizeit eigenständig fest. Dadurch wird aber auch die klare Trennung von Arbeitszeit und Freizeit aufgeweicht. Die große Herausforderung wird sein, die Balance zu finden und Grenzen selbst zu ziehen.

b _____

Wissensarbeit ist zu einer dominierenden Form der Erwerbsarbeit geworden. Teamorientierte
15 Projektarbeit ist auf dem Vormarsch. Hierarchien werden unwichtig, sind von gestern. Morgen ist „Chef", wer gerade ein Projekt betreut. Der Erfolg von Firmen wird immer mehr davon abhängen, wie die Wissensarbeiter zusammenarbeiten und wie kreativ sie dabei sind. Dabei läuft ohne Kooperation und Vernetzung im Job bald gar nichts mehr. Man trifft sich in Netzwerken wie Facebook oder Google+. Auf dem Weg in die Wissensgesellschaft und Kreativarbeit entstehen auch
20 neue Erwerbsformen. Leiharbeit und befristete Jobs nehmen mitunter deshalb zu.

c _____

Arbeit wird nicht weniger, sie wird nur anders. Das zeigt sich bereits an der Bedeutung der Wirtschaftsbereiche. Noch vor sechzig Jahren arbeitete hierzulande gut ein Viertel aller Beschäftigten in der Land- und Forstwirtschaft und in der Fischerei. Heute sind es gerade noch knapp zwei Prozent. Mehr als zwei Drittel der Beschäftigten ist inzwischen in den Dienstleistungen
25 tätig. Damit hat sich der Anteil seit 1950 mehr als verdoppelt. Die wissensbasierten Dienste boomen, aber auch die sozialen: Familiendienste jeglicher Art, von der Kinderbetreuung bis zur Altenpflege, werden wichtiger.

d _____

In absehbarer Zukunft werden in Deutschland drei Millionen Arbeitskräfte fehlen, vor allem Naturwissenschaftler und Ingenieure, aber auch Handwerker. Schon heute gibt es in bestimmten
30 Branchen und Regionen zu wenig gute Leute, etwa im Maschinenbau, bei Elektro- und Fahrzeugbauingenieuren, bei examinierten Altenpflegern, bei Erziehern oder Ärzten.
Der Wandel der Arbeitswelt bietet neue Möglichkeiten und ermöglicht das Arbeiten jenseits des

Lektion 20   Text A

Büros und der üblichen Bürozeiten. Beruf und Freizeit können leichter verknüpft werden, Job und Familie ebenso. Doch die Entwicklung ist zweischneidig, und für viele Menschen sind
35 Veränderungen schwierig. Sie reagieren mit Angst und Widerstand – und manchmal mit Verdrängung.

Von Sibylle Haas

verändert nach http://www.sueddeutsche.de/karriere/zehn-trends-in-der-berufswelt-wie-wir-morgen-arbeiten-1.1221247

Sprechübung

1 Machen Sie mit Ihrem Partner die folgenden Aufgaben zusammen.

   a Fassen Sie die wichtigsten Entwicklungen in der Arbeitswelt mit jeweils einem Satz zusammen.

   b Was würde der Wandel der Arbeitswelt für Sie bedeuten?

   c Wie schätzen Sie Ihre berufliche Zukunft ein? Begründen Sie.

Wortschatzübung

1 Versuchen Sie, das Wort „zweischneidig" mit eigenen Worten zu erklären. Kennen Sie noch ähnliche Formulierungen?

2 Schreiben Sie die Sätze mit den in Klammern angegebenen Wörter um. Achten Sie dabei auf die Änderung des Satzbaus.

   a Flexibles Arbeiten **jenseits** des Büros (*außerhalb etw.* (G))

   b Die Arbeit hat **sich** in den vergangenen Jahrzehnten **stark gewandelt**. (*sich enorm / gewaltig verändern*)

   c Die digitale Revolution **fordert** die Gesellschaft **heraus**. (*etw. vor eine Herausforderung stellen*)

   d Für die Beschäftigten **lösen sich** Zeitgrenzen **auf**. (*verschwinden / werden aufgehoben*)

   e Teamorientierte Projektarbeit **ist auf dem Vormarsch**. (*zunehmen / boomen*)

   f Beruf und Freizeit können leichter **verknüpft** werden. (*etw. verbinden / etw. unter einen Hut bringen*)

Grammatik: Modalverb zur subjektiven Aussage

Modalverben zur subjektiven Aussage und entsprechende Redemittel zum Ausdruck von Vermutungen:

Modalverb	Beispiel	Adverbien	Vor der Sätze
müssen	Sie muss sich in großer Angst und Unsicherheit befunden haben, als sie von der Firma entlassen wurde.	• sicher • sicherlich • bestimmt • zweifellos	• Ich bin überzeugt/sicher, dass … • Es ist sicher, dass … • Es besteht kein Zweifel, dass …
können nicht	Ohne Kooperation und Vernetzung kann im Job bald gar nichts mehr laufen.	• sicher nicht • bestimmt nicht • keinesfalls	• Ich halte es für ausgeschlossen, dass … • Es ist ausgeschlossen, dass …
müssten	Es müsste in Zukunft immer mehr Angestellte geben, die ihre Arbeit von zu Hause aus erledigen.	• ziemlich sicher	• Ich bin ziemlich sicher, dass … • Es ist ziemlich sicher, dass …
dürften	Für die Beschäftigten, die Arbeitszeit und Freizeit eigenständig festlegen, dürften sich Zeitgrenzen auflösen.	• wahrscheinlich • wohl	• Ich vermute/glaube/nehme an, dass … • Es ist zu vermuten, dass … • Es ist wahrscheinlich, dass …
können (mögen)	In absehbarer Zukunft können/mögen in Deutschland drei Millionen fachliche Arbeitskräfte fehlen.	• vielleicht	• Ich halte es für möglich, dass … • Es ist möglich/denkbar, dass … • Es besteht die Möglichkeit, dass …
könnten	Die Veränderungen auf dem Arbeitsmarkt könnten für viele Menschen schwierig sein.	• möglicherweise	• Ich halte es nicht für ausgeschlossen, dass … • Es ist nicht ausgeschlossen, dass … • Es wäre denkbar, dass …

Modalverben und entsprechende Redemittel zur Wiedergabe von Behauptungen:

Modalverb	Stellungnahme	Beispiel	Adverbien	VorderSätzee
sollen	Der Sprecher gibt eine Behauptung weiter, ohne dazu Stellung zu nehmen (keine Stellungnahme)	Der Chef soll zurzeit auf Dienstreise in Europa sein.	angeblich	• Ich habe gehört, dass … • Man sagt, dass …
wollen	Der Sprecher gibt die Behauptung einer anderen Person weiter, zweifelt aber an ihrer Richtigkeit (kritische Stellungnahme)	Er will sein ganzes Studium innerhalb von drei Jahren abgeschlossen haben.	angeblich	• Er behauptet, dass …

Lektion 20   **Text B**

Übungen

1   **Formen Sie folgende Sätze um, indem Sie die unterstrichenen Modalverben durch andere Ausdrücke ersetzen.**

    a   Extremer Termindruck, ein unsicherer Arbeitsplatz und ein schlechtes Betriebsklima *dürften* die häufigsten Stressfaktoren im Job sein.

    b   Sie *muss* gestern wegen Krankheit zu Hause gewesen sein.

    c   Die Firma *soll* in finanziellen Schwierigkeiten stecken.

    d   Die Jungmanagerin *will* in den vergangenen drei Jahren im Durchschnitt täglich 13 Stunden in der Firma verbracht haben.

    e   Jeder Neunte *soll* in Deutschland unter Burnout leiden.

    f   Wenn der Druck über längere Zeit anhält, *könnte* das zum Burnout führen.

    g   Trotz der Zugverspätung *müsste* sie bald ankommen.

2   **Formen Sie folgende Sätze um und verwenden Sie dabei Modalverben.**

    a   *Ich habe gehört*, dass durch Computer tausende Arbeitsplätze in der Uhrenindustrie des Schwarzwaldes wegrationalisiert worden sind.

    b   Gegen diese Reformen protestieren *wahrscheinlich* viele Arbeitnehmer.

    c   *Es besteht kein Zweifel*, dass andauernde Arbeitslosigkeit zu schweren politischen Krisen führt.

    d   Wegen seiner schlechten Noten bekommt er diese Stelle *sicher nicht*.

    e   *Es ist denkbar*, dass sie vor drei Jahren ihren Job schon gewechselt hat.

    f   *Es ist nicht ausgeschlossen*, dass der Autofahrer bei dem Unfall betrunken war.

    g   Viele Männer *behaupten*, dass sie täglich Überstunden gemacht haben.

    h   *Experten sagen*, dass in Zukunft vier Fünftel aller menschlichen Arbeit aus dem Umgang mit Information bestehen.

Text B — SOHO, eine neue Arbeitsform

Einstieg

Sprechen Sie mit Ihrem Nachbarn über folgende Fragen.

a) Was könnte die Abkürzung „SOHO" bedeuten?

b) Aus welchen Gründen entsteht diese Arbeitsform?

c) Welche Arbeiten sind für diese Arbeitsform besonders geeignet? Warum?
- ☐ Geschäfsführung
- ☐ Vertrieb/Verkauf
- ☐ Personalmanagement
- ☐ Beratung/Telefondienste
- ☐ Forschung/Entwicklung
- ☐ Übersetzung
- ☐ Schreibarbeiten
- ☐ Software-Entwicklung

Hörverständnis

Hören Sie den Text und beantworten Sie die folgenden Fragen.

a) Was wissen Sie über Herrn Klotz?

b) Wie wird das Wort „SOHO" im Hörtext erklärt?

c) In welchem Bereich gibt es diese Arbeitsform am häufigsten? Warum in diesem?

d) Was bedeutet die veränderte Arbeitsform für die Arbeitnehmer?
-
-
-

e) Was sind die typischen Merkmale der neuen Arbeitsform?

f) Wie geht man in Zukunft mit Informationen um? Nennen Sie mindestens drei.

g) Welchen Nachteil bringt die neuartige Arbeitsform mit sich?

Lektion 20   Text B

Sprechübung

Würden Sie sich später auch für diese Arbeitsform entscheiden? Warum (nicht)? Sprechen Sie mit Ihrem Partner darüber.

Wortschatzübung

1 Versuchen Sie, anhand der Beispielsätze die Bedeutungen der folgenden Verben zu erkennen.

Verben	Beispielsätze
arbeiten (Vi.) arbeiten an (D)	Diese Dampfmaschinen sind schon 100 Jahre alt und arbeiten nicht mehr so gut wie früher. Stefan arbeitet an einem Referat über die Erste Industrielle Revolution.
ausarbeiten (Vt.)	Ich brauche ziemlich viel Zeit, um einen Vortrag über die Ursachen der Industriellen Revolution in einer endgültigen Form auszuarbeiten.
sich erarbeiten	Auch wenn ein Bauer sein ganzes Leben lang fleißig ist, kann er sich kein großes Vermögen erarbeiten.
mitarbeiten (Vi.)	Ich finde deinen Vorschlag klasse. Auf jeden Fall werde ich mitarbeiten und meinen persönlichen Beitrag dazu leisten.
überarbeiten (Vt.) sich überarbeiten	Mein Lehrer hat meinen Aufsatz einmal durchgelesen und mich auf einige Fehler hingewiesen. Der Aufsatz muss also noch einmal überarbeitet werden. Viele berufstätige Frauen sind durch den Haushalt und den Beruf doppelt belastet, sie überarbeiten sich ganz eindeutig.
verarbeiten (Vt.)	Der Goldschmied verarbeitet das Gold zu einer Halskette. Ich habe auf dieser Reise so viel gesehen, ich muss jetzt erst diese Eindrücke verarbeiten.

2 Ergänze Sie passende Verben.

a Ein Computer ist ein Gerät, das eine große Menge von Daten elektronisch _____ kann.

b Der Kommissar Müller _____ schon seit drei Monaten an der Aufklärung eines

Mordes.

c Er ist ein guter Schneider und kann Stoffe zu kunstvollen Kleidern _____.

d Du musst dir einen konkreten Plan dafür _____, was du während des Aufenthalts in Deutschland machst.

e Er hat zehn Jahre gebraucht, um sich ein kleines Haus zu _____.

f Das ist ein ganz sinnvolles Projekt. Da werde ich natürlich _____.

g Dieses Protokoll ist noch sehr ungenau, du musst es weiter _____.

h Mein Freund hat gestern bis tief in die Nacht in seinem Büro _____.

i Der Drehbuchautor ist gerade dabei, einen Roman zu einem Film zu _____.

j Es lohnt sich nicht, uns dadurch eine höhere Stellung in der Firma zu _____, dass wir auf das Familienleben verzichten.

k Ich esse nicht gern Käse. Ich glaube, mein Magen kann diese Speisen nicht _____.

l Ich muss den Entwurf noch einmal _____, bevor ich ihn meinem Chef abgebe.

m Der Schriftsteller _____ schon zehn Jahre an einem Kriminalroman.

n Mache doch mal eine Pause, _____ dich doch nicht!

Schreibübung

Schreiben Sie einen zusammenhängenden Text zum Thema „SOHO" und verwenden Sie dabei Informationen der Grafik.

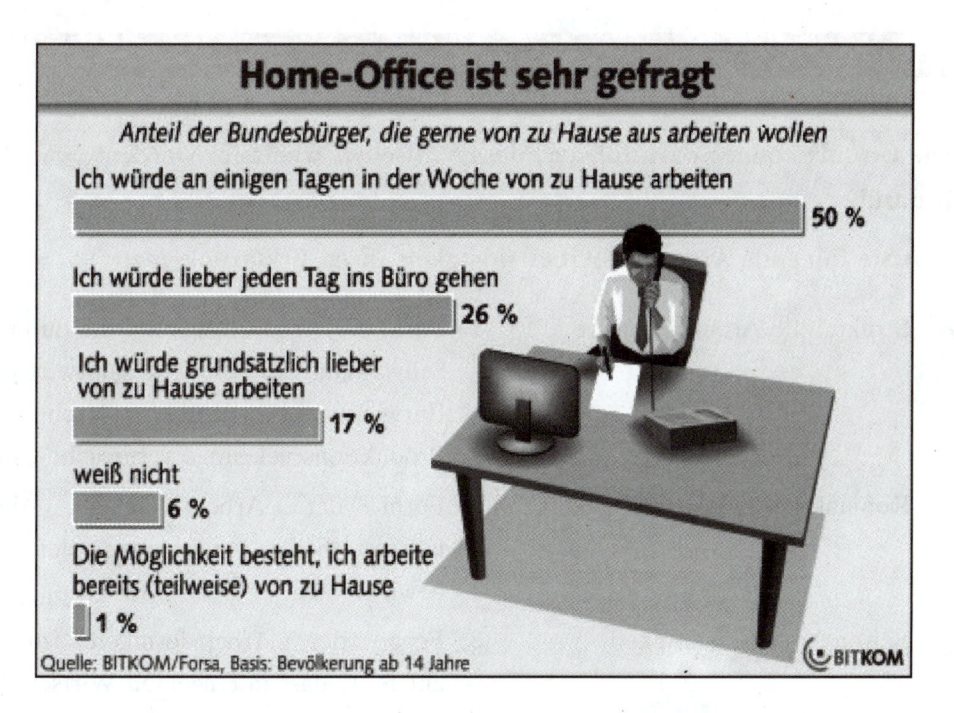

Home-Office ist sehr gefragt
Anteil der Bundesbürger, die gerne von zu Hause aus arbeiten wollen

- Ich würde an einigen Tagen in der Woche von zu Hause arbeiten — 50 %
- Ich würde lieber jeden Tag ins Büro gehen — 26 %
- Ich würde grundsätzlich lieber von zu Hause arbeiten — 17 %
- weiß nicht — 6 %
- Die Möglichkeit besteht, ich arbeite bereits (teilweise) von zu Hause — 1 %

Quelle: BITKOM/Forsa, Basis: Bevölkerung ab 14 Jahre

a Beschreiben Sie die gewünschten Arbeitsbedingungen der Bundesbürger.

b Wägen Sie Vor- und Nachteile von SOHO ab.

> *Redemittel:*
> - *Die Grafik mit dem Titel ... informiert über ...*
> - *Sie stammt von ...*
> - *An erster Stelle steht ... mit ... Prozent.*
> - *Direkt danach kommt ... mit ...%. / Es folgen ... mit ... %.*
> - *... bildet das Schlusslicht.*
> - *Aus der Grafik lässt sich erkennen, dass ...*
> - *... hat sicherlich viele Vorteile.*
>   - *Zuerst ...*
>   - *Hinzu kommt, dass ...*
>   - *Schließlich ...*
> - *Allerdings gibt es nicht nur Argumente, die für ... sprechen.*
>   - *Ein wichtiges Argument dagegen ist ...*
>   - *Außerdem ...*
>   - *Ein letztes Argument gegen ... ist die Tatsache, dass ...*

Text C Arbeitslosigkeit

Einstieg

1 Welche Gründe können dazu führen, dass Menschen arbeitslos werden? Sprechen Sie zu zweit darüber.

2 Ordnen Sie folgende Arten der Arbeitslosigkeit ihren Erklärungen zu.

☐ **a** Strukturelle Arbeitslosigkeit

1) Form der Arbeitslosigkeit, die durch zyklische Schwankungen der gesamtwirtschaftlichen Entwicklung, weniger Nachfragen und Produktionsrückgänge verursacht wird.

☐ **b** Konjunkturelle Arbeitslosigkeit

2) Form der Arbeitslosigkeit, die durch jahreszeitliche Änderungen der Nachfrage bewirkt wird.

☐ **c** Saisonale Arbeitslosigkeit

3) Form der Arbeitslosigkeit, die dadurch entsteht, dass in einzelnen Wirtschaftszweigen durch den Einsatz neuer Techniken und Technologien Arbeitsplätze abgebaut werden.

Text C Lektion 20

3 Können Sie für jede Art jeweils ein Beispiel nennen?

Leseverständnis

1 Lesen Sie den Text und unterstreichen Sie Schlüsselwörter zur Beantwortung der folgenden Fragen.

a Welche Versuche bzw. Vorschläge zur Bekämpfung der Arbeitslosigkeit werden genannt?

b Welche Gründe für die Arbeitslosigkeit nennt der Autor im folgenden Text?

2 Worauf beziehen sich die folgenden Wörter im Text?

a sie (Z. 4)

b das (Z. 12)

c wodurch (Z. 14)

d das alles (Z. 16)

Arbeitslosigkeit

In vielen Ländern herrscht Arbeitslosigkeit. Selbst in reichen Industrieländern wie den USA, Frankreich oder Deutschland sind Millionen arbeitslos.

Versuche, dieses Problem zu lösen, waren bisher erfolglos: Staatliche Beschäftigungsprogramme zum Beispiel brachten fast nichts, so dass **sie** z. T. wieder aufgegeben wurden. Manche Regierungen
5 versuchten statt dessen, die Wirtschaft durch besondere Hilfen für die Unternehmer anzukurbeln und die Inflation niedrig zu halten. Aber nicht einmal die recht gute Wirtschaftslage der 90er Jahre des letzten Jahrhunderts, die etwa in Deutschland festzustellen war, hat das Problem der Arbeitslosigkeit in nennenswerter Weise verringert oder gar beseitigt. Die Wirtschaftsexperten sind deshalb ratlos: Für die kommenden Jahre wird kein wesentlicher Rückgang, sondern eher noch ein
10 weiterer Anstieg der Erwerbslosenzahl erwartet.

Man nennt üblicherweise für dauernde Arbeitslosigkeit folgende Gründe: Die Industrie investiert nicht genug, um neue Arbeitsplätze zu schaffen. Sogar wenn investiert wird, hat **das** oft nicht die Wirkung, dass neue Arbeitsplätze entstehen, sondern die Investitionen dienen der Rationalisierung: Automaten und Computer werden eingesetzt, **wodurch** sogar noch weitere Arbeitsplätze vernichtet
15 werden.

Wenn **das alles** richtig ist, haben Versuche, durch Steuererleichterungen oder Subventionen die

Investitionsbereitschaft der Industrie zu verstärken, wenig Sinn. Auch ist die Hoffnung, eine bessere Wirtschaftslage werde die Arbeitslosigkeit verschwinden lassen, offenbar unbegründet.

20 Die Massenarbeitslosigkeit hat innerhalb eines Landes zur Folge, dass der Binnenmarkt, also die Möglichkeit, Produkte im Inland zu verkaufen, sich ungünstig entwickelt. Die vielen Arbeitslosen haben nicht genug Geld, Konsumgüter zu kaufen. Wenn weniger verkauft wird, wird weniger produziert und weniger Arbeitskräfte werden benötigt. So kann man sagen, dass durch die Arbeitslosigkeit neue Arbeitslosigkeit entsteht. Zudem sind die vielen Arbeitslosen teuer für die Gesellschaft: Die Regierungen der Länder müssen viel Geld für Sozialleistungen wie
25 Arbeitslosengeld und Arbeitslosenhilfe ausgeben – Geld, das für weitere Investitionen fehlt.

Eine Lösung muss auf jeden Fall gefunden werden; denn dauernde Arbeitslosigkeit ist für die betroffenen Menschen unerträglich, und zwar nicht nur aus wirtschaftlichen Gründen. Schließlich führt nach allen Erfahrungen anhaltende Massenarbeitslosigkeit zu schweren politischen Krisen.

nach: Richard Göbel, Materialien zur Prüfungsvorbereitung, Berlin

Wortschatzübung

1 Suchen Sie im Text Synonyme Ausdrücke für „erfolglos".

2 Schreiben Sie die Sätze mit den in Klammern angegebenen Wörter um. Achten Sie dabei auf die Änderung des Satzbaus.

a **Selbst** in reichen Industrieländern wie den USA oder Frankreich sind Millionen arbeitslos. (*sogar*)

b Diese Programme **wurden** z. T. wieder **aufgegeben**. (*auf etw. verzichten*)

c Manche Regierungen versuchten, die Wirtschaft durch besondere Hilfen für die Unternehmer **anzukurbeln**. (*etw. fördern / etw. in Schwung bringen*)

d Aber **nicht einmal** die recht gute Wirtschaftslage der 90er Jahre des letzten Jahrhunderts hat das Problem der Arbeitslosigkeit in nennenswerter Weise verringert oder gar beseitigt. (*auch nicht / sogar ... nicht*)

e Man nennt **üblicherweise** für dauernde Arbeitslosigkeit folgende Gründe. (*im Allgemeinen*)

f Die Massenarbeitslosigkeit **hat zur Folge**, dass der Binnenmarkt sich ungünstig entwickelt. (*etw. bewirken / zu etw. führen*)

3 Nennen Sie möglichst viele Verben, die mit den folgenden Nomen (im Akkusativ) gebraucht werden können.

Arbeitslosigkeit _____
Arbeitslosenzahl _____
Arbeitsplätze _____
Arbeit _____
Betrieb _____
Inflation _____
Wirtschaft _____

Grammatische Wiederholung

Formen Sie die folgenden Sätze um.

a *Man sagt*, dass Arbeiten das halbe Leben ist.

b Körperliche und geistige Erschöpfung *könnten* auf Dauer zur Krankheit führen.

c *Ich nehme an*, dass die Veränderungen der Arbeitswelt das Leben vieler Menschen grundlegend geändert haben.

d Die Entwicklung zur Wissensgesellschaft *dürfte* Unternehmen und Beschäftigte vor mehr Probleme stellen.

e Für Arbeitnehmer besteht die große Herausforderung *möglicherweise* darin, die Grenze zwischen Arbeit und Freizeit selbst zu ziehen.

f *Zweifellos* führt die Globalisierung der Märkte zur schnellen Entwicklung der Weltwirtschaft.

g Er hat *angeblich* sein ganzes Vermögen an eine Hilfsorganisation verschenkt.

Text D Kurt Wolf, ein Arbeitsloser

Einstieg

1 Sprechen Sie mit Ihrem Nachbarn über folgende Fragen.

a Wie würden Sie sich fühlen, wenn Sie eines Tages plötzlich arbeitslos wären?

Lektion 20   Text D

b Welche Menschen verlieren als erste ihren Arbeitsplatz? Warum?

c Wie kann die Arbeitslosigkeit das Leben eines Menschen beeinflussen?

d Was kann der Einzelne tun, damit er möglichst nicht arbeitslos wird bzw. nicht lange arbeitslos bleibt?

2 Ordnen Sie folgende Wörter den Erläuterungen zu.

- **a** der Schlosser
- **b** der Konkurs
- **c** der Konzern
- **d** installieren
- **e** vollautomatisch
- **f** die Kreislaufstörung
- **g** die Rationalisierungs-Maßnahmen

1) die Unfähigkeit einer Firma, Waren oder Schulden zu bezahlen, so dass sie bankrott geht
2) technische Geräte in der Büroverwaltung oder Leitungen und Rohre in einem Gebäude einbauen
3) jemand, der beruflich Produkte aus Metall oder Eisen herstellt oder Maschinen repariert
4) Schritte zur Optimierung des Produktionsablaufs in einem Betrieb, um mit weniger Arbeitskräften und mehr Maschinen Kosten zu sparen
5) eine Krankheit, bei der die Zirkulation des Blutes im Körper gestört wird bzw. versagt
6) in sehr hohem Maße mit einer Automatik ausgestattet, so dass der mechanische Vorgang selbständig abläuft
7) mehrere große Firmen, die sich zu einer größeren Einheit zusammengeschlossen haben und zentral geleitet werden, aber rechtlich selbständig sind

Hörverständnis

Hören Sie den Text und ergänzen Sie das Schema.

Kurt Wolf, ein Arbeitsloser

bis Februar 2009
Beruf:
Arbeitgeber:
Verdienst:

Februar 2009
Überraschung:
Veränderung des Betriebes:
Folgen für den Betrieb:
Folgen für Kurt Wolf:

Text E   **Lektion 20**

Seit seiner Entlassung bis 2011
Lebensunterhalt:
Betrag:
Problem:

2011
Sommer:
Winter:

bis heute
Lebensunterhalt:
Lebensstandard:
Gesundheit:

Wortschatzübung

Wie würde man reagieren, wenn man arbeitslos wird? Kreuzen Sie an.

- ☐ Freude
- ☐ Angst
- ☐ Sorge
- ☐ Trauer
- ☐ Selbstzweifel
- ☐ Verzweiflung

- ☐ Wut
- ☐ Zufriedenheit
- ☐ Frustration
- ☐ Gelassenheit
- ☐ Begeisterung
- ☐ Enttäuschung

Sprechübung

1. Berichten Sie anhand des Schemas über Kurt Wolf.

2. Zu welcher Art der Arbeitslosigkeit gehört der Fall von Kurt Wolf? Begründen Sie Ihre Meinung.

3. Was würden Sie an seiner Stelle machen?

Text E   Auf den zweiten Blick sehr attraktiv

Einstieg

1. Sprechen Sie mit Ihrem Nachbarn über folgende Fragen.

Lektion 20   Text E

a Bei was für einer Einrichtung bzw. einem Unternehmen möchten die Hochschulabsolventen in China am liebsten arbeiten? Warum?
- Behörde/Amt
- staatliche Unternehmen
- ausländische Unternehmen
- private einheimische Unternehmen

b Vergleichen Sie anhand folgender Kriterien die Vorteile, die ein Großunternehmen oder ein mittelständisches Unternehmen eher bieten kann. Kreuzen Sie an und begründen Sie Ihre Wahl.

	Großunternehmen	mittelständisches Unternehmen
1) einen sicheren Arbeitsplatz	☐	☐
2) bessere Arbeitsbedingungen	☐	☐
3) besseres Einkommen	☐	☐
4) bessere Aufstiegschancen	☐	☐
5) weniger Leistungsdruck	☐	☐
6) ein besseres Arbeitsklima	☐	☐
7) abwechslungsreichere Tätigkeiten	☐	☐
8) Kenntnisse und Fähigkeiten besser weiterentwickeln	☐	☐

Leseverständnis

1 Welche Vorteile bietet ein mittelständisches Unternehmen? Was haben die Interviewten dazu gesagt? Unterstreichen Sie die entsprechenden Textstellen.

2 Markieren Sie die richtige Antwort.

a Weswegen hat Martin Kittlick für seinen Berufseinstieg ganz bewusst einen mittelständischen Betrieb gewählt?
- ☐ 1) Wegen seiner Diplomarbeit
- ☐ 2) Wegen des engen Menschenkontakts
- ☐ 3) Wegen vieler Aufstiegschancen

b Warum kann der 29-jährige Christian Holder als Angestellter auch etwas bewegen?
- ☐ 1) Weil es in der Firma flache Hierarchien und kurze Entscheidungswege gibt.
- ☐ 2) Weil sein Vorgesetzter immer erreichbar ist.
- ☐ 3) Weil er in der Welt herumreisen kann.

c Warum ist laut Bernd Engelhardt ein Berufseinstieg im Mittelstand karrierefördernd?
- ☐ 1) Weil einzelne Mitarbeiter schneller ihr Leistungsziel erreichen können.
- ☐ 2) Weil einzelne Mitarbeiter schneller vom Unternehmen gefördert werden.
- ☐ 3) Weil das Verdienst einzelner Mitarbeiter schneller vom Unternehmen erkannt werden.

Auf den zweiten Blick sehr attraktiv

In einem mittelständischen Unternehmen oder in einem Konzern die berufliche Karriere beginnen? Diese Frage stellt sich vielen Studenten gegen Ende des Studiums. Deshalb sollten sich Absolventen rechtzeitig Gedanken über ihre Ziele machen.

Der 31-jährige Diplom-Ingenieur Martin Kittlick hat zum Beispiel für seinen Berufseinstieg ganz bewusst keinen Großkonzern gewählt: „In einem mittelständischen Betrieb gefällt mir die persönliche Note." Seine Diplomarbeit schrieb der Student der Maschinenbauinformatik bei einem Großunternehmen. Seiner Ansicht nach bieten diese einem Berufseinsteiger viele Aufstiegschancen. Oft wird das Arbeiten jedoch auch durch lange Kommunikationswege erschwert, und abteilungsübergreifendes Arbeiten ist selten möglich.

„Ich bin ein kreativer und ideenreicher Typ. Ich möchte in meinem Job die Möglichkeit haben, meinen Chef anzusprechen und ihm Vorschläge zu unterbreiten", so Kittlick. Deshalb bewarb er sich anschließend beim Unternehmen Schiller Automation. Dort fand er genau das, was er suchte. Er erledigte bald anspruchsvolle Tätigkeiten und nahm zum Beispiel Automatisierungstechnik in China in Betrieb. Heute arbeitet Kittlick bei der Firma FAW Industrial Automation GmbH, einem kleinen mittelständischen Unternehmen. Von seiner Arbeit und dem Betriebsklima ist er begeistert: „Ich stehe voll und ganz hinter der Firma. In unserem Team ziehen wir alle an einem Strang, und jeder kann neue Ideen und Ansätze mit einbringen."

Als „absolut attraktiv" beschreibt auch der 29-jährige Christian Holder seinen Arbeitgeber, die Firma Balluff GmbH. „Bei uns gibt es flache Hierarchien und kurze Entscheidungswege. Deshalb kann ich als Angestellter auch wirklich etwas bewegen. Außerdem ist mein Vorgesetzter für mich immer erreichbar. Das war in der Anfangsphase besonders wichtig." Dabei kommt er sogar in der Welt herum: „Bis jetzt bin ich für meine Firma sechsmal in die USA, dreimal nach China und unzählige Male ins europäische Ausland gereist." Holder empfiehlt deshalb Hochschulabsolventen, die international arbeiten wollen, nicht nur die Branchenriesen als mögliche Arbeitgeber anzuvisieren: „Wer in globalen Teams arbeiten will und internationale Erfahrungen sammeln möchte, muss nicht unbedingt bei einem Großunternehmen anfangen. Auch global aufgestellte mittelständische Unternehmen bieten diese Chance."

Gerade Hochschulabsolventen können von der Flexibilität im Mittelstand profitieren. „Bei uns gibt es keine eingefahrenen Strukturen. Deshalb können engagierte Hochschulabsolventen schnell Verantwortung übernehmen und ihre persönlichen Ziele erreichen", betont Robert Jagatic, geschäftsführender Gesellschafter der FAW Industrial Automation GmbH. Grundvoraussetzung für einen erfolgreichen Berufseinstieg seien Flexibilität und Teamgeist, die Hochschulabsolventen unbedingt mitbringen sollten. Ganz wichtig ist bei uns die soziale Kompetenz. Auch eine große Lernbereitschaft und Offenheit in der Kommunikation sind absolut notwendig", so Jagatic.

Auch Bernd Engelhardt, stellvertretender Hauptgeschäftsführer der Industrie- und Handelskammer

(IHK) Region Stuttgart, sieht für Hochschulabsolventen in einem mittelständischen Unternehmen gute Karrierechancen: „Auf den ersten Blick scheint der akademische Nachwuchs in einem Dax-Konzern größere Chancen zu haben. Auf den zweiten Blick ist aber gerade ein Berufseinstieg im Mittelstand sehr attraktiv und karrierefördernd, da die Leistung von einzelnen Mitarbeitern viel schneller wahrgenommen wird."

verkürzt nach: http://www.stuttgarter-zeitung.de/inhalt.hochschulabsolventen-auf-den-zweiten-blick-sehr-attraktiv.3aad0ed6-b239-43b2-8eb3-5eb9655c5bcd.html

Sprechübung

Würden Sie sich später für ein Großunternehmen oder ein mittelständisches Unternehmen entscheiden? Begründen Sie Ihre Wahl und wägen Sie dabei die Vor- und Nachteile ab.

Redemittel:
- *Meiner Meinung ist ... attraktiver für mich.*
- *Eine Arbeit ... hat sicherlich viele Vorteile / Zweifellos hat es viele Vorteile.*
    - *Zuerst ...*
    - *Hinzu kommt, dass ...*
    - *Schließlich ...*
- *Allerdings gibt es nicht nur Argumente, die für ... sprechen. / Gegen ... spricht auch*
    - *Ein wichtiges Argument dagegen ist ... / dass ...*
    - *Außerdem ...*
- *Ich denke, wenn man all diese Argumente betrachtet, überwiegen eindeutig die ... Aus all diesen Gründen / Deshalb würde ich mich für ... entscheiden.*

Wortschatzübung

1 **Suchen Sie im Text synonyme Ausdrücke für „Großunternehmen".**

2 **Welches Wort passt nicht in die Reihe? Unterstreichen Sie.**
   a Arbeitnehmer, Arbeitgeber, Mitarbeiter, Beschäftigte
   b Vorgesetzter, Chef, Geschäfsführer, Kollege
   c Unternehmen, Firma, Team, Betrieb

3 **Schreiben Sie die Sätze mit den in Klammern angegebenen Wörter um. Achten Sie dabei auf die Änderung des Satzbaus.**
   a In einem mittelständischen Betrieb gefällt mir die persönliche Note. (Art und Weise)

   b Oft wird das Arbeiten durch lange Kommunikationswege erschwert. (Schwierigkeiten bei etw. bereiten)

c Ich stehe voll und ganz hinter der Firma. (*etw. völlig unterstützen*)

d In unserem Team ziehen wir alle an einem Strang. (*zusammen / gemeinsam arbeiten*)

e Er erledigte bald anspruchsvolle Tätigkeiten und nahm zum Beispiel Automatisierungstechnik in China in Betrieb. (*einrichten*)

f Deshalb kann ich als Angestellter auch wirklich etwas bewegen. (*Einfluss nehmen*)

g Holder empfiehlt deshalb Hochschulabsolventen, die international arbeiten wollen, nicht nur die Branchenriesen als mögliche Arbeitgeber anzuvisieren. (*in Betracht ziehen*)

h Auf den zweiten Blick ist aber gerade ein Berufseinstieg im Mittelstand sehr attraktiv und karrierefördernd. (*Bei einer genauen Überprüfung*)

i Da die Leistung von einzelnen Mitarbeitern viel schneller wahrgenommen wird. (*erkennen / zur Kenntnis nehmen*)

Test

Vervollständigen Sie den Text.

Arbeitslosigkeit

In den letzten Jahren haben viele Leute ihre Arbeit _____. In vielen Ländern _____ Massenarbeitslosigkeit und die Arbeitslosenzahl _____ noch weiter. Dafür sind folgende Gründe ausschlaggebend:
In der Industrie wird nicht genug investiert. Selbst wenn _____ wird, dienen die Investitionen der Rationalisierung. In vielen Branchen wird immer mehr Computertechnik _____, so dass weniger Arbeitskräfte als früher benötigt werden, d. h. viele Arbeitsplätze sind _____ worden. Viele Arbeiter und Angestellte sind durch Automaten und Roboter _____ worden.
Die Massenarbeitslosigkeit hat innerhalb eines Landes _____ Folge, dass der Binnenmarkt, also die Möglichkeit, Produkte im Inland zu verkaufen, _____ ungünstig entwickelt. Die vielen Arbeitslosen haben _____ genug Geld, Konsumgüter zu kaufen. Wenn weniger verkauft wird, wird weniger _____ und weniger Arbeitskräfte werden benötigt. So kann man sagen, dass durch die Arbeitslosigkeit neue Arbeitslosigkeit _____. Zudem sind die vielen Arbeitslosen teuer für die Gesellschaft: Die Regierungen der Länder müssen viel Geld für Sozialleistungen wie Arbeitslosengeld und Arbeitslosenhilfe _____.

Die Hauptaufgabe in Zukunft wird sein, die Arbeitslosigkeit zu _____. Folgende Maßnahmen werden vorgeschlagen: die Inflation niedrig zu _____ und die Wirtschaft _____ sowie neue Arbeitsplätze zu _____. All diese Vorschläge klingen gut, sind aber praktisch schwer realisierbar. Allerdings muss eine Lösung _____ werden, denn dauernde Arbeitslosigkeit würde schließlich zu schweren politischen Krisen _____.

Europa
Lektion 21

1 Sprechen Sie im Plenum mit Hilfe der Europakarte über die folgenden Fragen.

a Welche Länder liegen in Europa und wie heißen die Hauptstädte der Länder?

b Wie viele Länder gehören zur Europäischen Union (EU)?

c Welche Länder gehören zur EU?

2 Ordnen Sie zu. Welche Erklärung gehört zu welcher Institution?

☐ **a** Europäische Kommission	1) Die Institution ist eines der entscheidenden Organe der Europäischen Union und setzt sich aus den unterschiedlichen Fachministern aus den 28 Mitgliedsstaaten zusammen. Das Gremium ist einer der beiden Gesetzgeber der EU.
☐ **b** Rat der Europäischen Union	2) Die Institution ist ein Staatenverbund von 28 demokratischen europäischen Ländern. Sie will Frieden, Wohlstand und Freiheit für ihre 500 Millionen Bürgerinnen und Bürger in einer gerechteren und sicheren Welt.
☐ **c** Europäisches Parlament	3) Die Institution ist die Vertretung der EU-Bürger. Seine Kompetenzen und Befugnisse gliedern sich in die drei traditionellen Kompetenzbereiche eines nationalen Parlaments: Gesetzgebung, Haushalt und Kontrollbefugnisse.
☐ **d** Europäische Union	4) Die Institution ist die Kontrollinstanz der Europäischen Union. Sie kann Mahnungen aussprechen und Bußgelder gegen Unternehmen verhängen und Klage vor dem Europäischen Gerichtshof einreichen, falls EU-Staaten gegen getroffene Regelungen verstoßen.

Lektion 21 Text A

Text △ Die Europäische Union

Einstieg

1. Wie hieß die Europäische Union am Anfang?
2. Warum wurde sie gegründet?
3. Wie viele Mitgliedsstaaten hatte sie damals? Und welche Länder waren es?
4. Seit wann hat sie den jetzigen Namen EU?

Leseverständnis

1. Lesen Sie den Titel und den fettgedruckten Teil des Textes und sagen Sie, welche Informationen Sie vom Text erwarten.

2. Lesen Sie den ganzen Text und beantworten Sie die folgenden Fragen.

   a. Wie entwickelte sich die EU von 1951 bis heute? Ergänze Sie die folgende Tabelle.

Jahr	Ereignis	Mitgliedsstaaten
1951	Gründung der Montanunion	
1957		
1973		
1981/82		
1993		
1995		
2004		
2007		
2013		

b Zu welchem Zweck wurde 1951 die Montanunion gegründet?

c Was waren die Auswirkungen der Montanunion?

d 1993 wurde die EWG in EU umbenannt. Welche Unterschiede gibt es zwischen EU und EWG?

e In welchen Bereichen arbeiten die EU-Mitgliedsländer zusammen?

f Warum sind manche europäische Länder nicht Mitglied der EU?

g Was haben die EU-Mitgliedsstaaten gemeinsam?

h Was symbolisiert die Zahl der Sterne auf der Europaflagge?

i Woher kommen die Melodie und der Text der Europahymne?

j In welchen Ländern wird der Euro nicht genutzt und in welchen Nicht-EU-Ländern gilt er doch?

Die Europäische Union

Die Europäische Union (EU) ist ein Zusammenschluss von 28 europäischen Staaten. In der EU leben insgesamt über eine halbe Milliarde Menschen. Wie und zu welchem Zweck haben sich die Länder der EU zusammengeschlossen? Welche Aufgaben erfüllt die Europäische Union?

Bei der EU ging es ursprünglich einmal nur um die Wirtschaft. 1951 gründeten Belgien, Westdeutschland, Frankreich, Italien, Luxemburg und die Niederlande die Montanunion, 1957 dann Euratom und die Europäische Wirtschaftsgemeinschaft (EWG).

Wichtigstes Ziel war es, dass die Länder untereinander keine Zölle mehr erheben sollten – das sind Gebühren, die anfallen, wenn man Waren in ein anderes Land bringt. Dadurch konnten alle EWG-Mitglieder in den anderen Mitgliedsstaaten ihre Waren günstig verkaufen.

Die Wirtschaft der Mitgliedsländer wuchs immer weiter – und so wollten sich immer mehr Nachbarstaaten anschließen.
- Norderweiterung 1973: Großbritannien, Dänemark und Irland
- Süderweiterung 1981/82: Griechenland, Spanien und Portugal
- Dritte Erweiterung 1995: Finnland, Schweden und Österreich
- Osterweiterung 2004: Polen, Ungarn, Tschechien, Slowakei, Estland, Lettland, Litauen, Slowenien, Malta und Zypern

- 2007: Beitritt von Rumänien und Bulgarien
- 2013: Beitritt von Kroatien

Es entwickelte sich 1993 die heutige Europäische Union, in der es um viel mehr geht als „nur" um Wirtschaft. Alle Mitgliedsstaaten einigen sich auf gemeinsame Gesetze, gemeinsame Bildungsstandards und eine gemeinsame Außen- und Sicherheitspolitik. Alle Länder der Europäischen Union senden dafür Abgeordnete in das Europäische Parlament. Dort werden dann Gesetze beschlossen, die in allen Mitgliedsländern gelten sollen. Dafür wurde eine gemeinsame Europäische Verfassung ausgearbeitet. Die Europäische Union erklärt Frieden und Stabilität in Europa als eines ihrer Ziele und führt darüber hinaus auch Friedensverhandlungen mit anderen Staaten.

Nicht dasselbe wie Europa

Zur Europäischen Union gehören nur 28 der 44 Länder Europas. Rumänien und Bulgarien wurden im Jahr 2007 in die EU aufgenommen, Kroatien 2013. Verhandlungen zum Beitritt der Türkei gibt es schon seit einigen Jahren, auch sie soll später dazukommen.

Einige Staaten in Europa wollen nicht Mitglied der EU sein: Norwegen, die Schweiz, Liechtenstein und Island gehören dazu. Einige Staaten in Ost- und Südosteuropa sind nicht bereit für einen Zusammenschluss. Es gibt zu wenige Gemeinsamkeiten in Wirtschaft, Politik, Rechtswesen und Kultur. Diesen EU-Nachbarn wird aber eine besondere Partnerschaft angeboten. Georgien, Armenien und Aserbaidschan sind bereits eine solche Partnerschaft eingegangen.

Und dann gibt es u. a. noch einige Gebiete, die zur EU gehören, aber gar nicht in Europa liegen: Französisch-Guayana in Südamerika, die Faröer Inseln und Grönland, die Kanarischen Inseln und 19 weitere Inselgruppen.

Was Europa vereint: Flagge, Hymne und der Euro

Europaflagge

Die EU-Flagge besteht aus zwölf Sternen auf blauem Hintergrund. Die Europaflagge steht für die Einheit und Identität Europas. Die Zahl der Sterne, zwölf, ist traditionell das Symbol der Vollkommenheit, Vollständigkeit und Einheit. In ihr verbirgt sich eine alte Zahlensymbolik. Andere sagen, die 12 steht für die 12 Tafeln des ersten geschriebenen römischen Rechts als Ausdruck der europäischen Rechtsgemeinschaft.

Europahymne

Die Melodie von Beethovens *Ode an die Freude* wurde 1972 vom Europarat als europäische Hymne eingeführt. Den Text „Freude schöner Götterfunken" verfasste Friedrich Schiller.

Europäische Währung: der Euro (€)

Am 1. Januar 2002 wurde der Euro als Bargeld (Münzen und Banknoten) eingeführt. Er löste in zwölf der damals fünfzehn EU-Ländern die Landeswährung ab. Dänemark, Schweden und Großbritannien führten die Europäische Währung nicht ein. Neue Beitrittsländer können den Euro erst einführen, wenn sie mehrere Jahre lang eine stabile Wirtschaft nachgewiesen haben. 2015 benutzen inzwischen 19 der 28 Mitgliedsstaaten den Euro.

55 Der Euro gilt heute außerdem als offizielles Zahlungsmittel in einigen Ländern, die nicht zur EU gehören: Monaco, San Marino, Vatikanstadt und Andorra, aber auch im Kosovo und in Montenegro.

Kai Hirschmann
http://www.helles-koepfchen.de/artikel/804.html

Sprechübung

Fassen Sie den Text mündlich zusammen und gehen Sie dabei auf die folgenden Punkte ein!

- die historische Entwicklung der EU von 1951 bis heute
- wichtiges Ziel der EWG
- Unterschiede zwischen EU und EWG
- Aufgaben des Europäischen Parlaments
- Europaflagge, Europahymne und Euro

Grammatik: Adjektiv mit Präposition, mit Dativ oder Akkusativ

1 Unterstreichen Sie in den folgenden Sätzen Adjektive und von ihnen regierte Teile.

a. Die EU war anfangs nur für die Wirtschaftsentwicklung der Teilnehmerstaaten wichtig.
b. 2016 ist die EU schon 65 Jahre alt.
c. Das Europäische Parlament ist in seiner Eingliederung einem nationalen Parlament ähnlich.

2 Ergänze Sie die Tabelle. In welcher Hinsicht beschreiben die Adjektive Personen / Sachen?

- Emotionen
- Wichtigkeit
- Einstellung zu anderen Menschen
- zwischenmenschliche Beziehungen
- Wunsch oder Fähigkeit

Adjektiv	Rektion	Beispielsätze	Beschreibung
a ärgerlich beunruhigt traurig froh glücklich erstaunt wütend	über + A.	• Die Fahrgäste sind ärgerlich über die Verspätung des Zuges. • Er ist beunruhigt über seine Krankheit. • Johanna ist sehr traurig über das schlechte Prüfungsergebnis. • Sie ist froh über ihren Erfolg. • Er ist glücklich über seine Examensnoten. • Wir waren sehr erstaunt über seine Reaktion. • Ich bin wütend über meine schlechte Note.	

Lektion 21 — Text A

b		
freundlich		• Die Leute sind nicht immer freundlich zu Fremden.
böse		• Er war immer böse zu seinen Kindern.
gut		• Sie ist immer gut zu den Kindern.
nett		• Er ist immer nett zu alten Leuten.

c		
befreundet		• Seit dem Studium bin ich mit Max gut befreundet.
verheiratet		• Sie ist mit einem reichen Mann verheiratet.
verwandt		• Ich bin mit Max verwandt.

d		
bereit		• Der Zug ist zur Abfahrt bereit.
fähig		• Das Kind war zu dieser Tat nicht fähig.
entschlossen		• Nach der Schule ist er zum Studium entschlossen.

e		
wichtig		• Körperliche Aktivität ist wichtig für die Gesundheit.
entscheidend		• Beim Lernen einer Fremdsprache ist die Motivation entscheidend für den Erfolg.
vorausgesetzt		• Das bestandene Abitur ist vorausgesetzt für ein Studium an der Universität.
nützlich		• Die Waschmaschine ist nützlich für den Haushalt.

3 Ergänze Sie die folgenden Sätze. Als Hilfe können Sie auch die Liste auf Seite 302 ff nutzen.

a. Die Mitgliedsstaaten der EU sind _____ Frieden und Stabilität interessiert.

b. Von 1957 an sind sie _____ der gemeinsamen Entwicklung der Atomnutzung beschäftigt.

c. Die EU ist gut _____ die europäische Wirtschaft.

d. Es war _____ sie wichtig, dass die Länder untereinander keine Zölle mehr erheben sollten.

e. Heute hat die EU 28 Mitgliedsstaaten. Alle sind sich _____ die Gründung gemeinsamer Gesetze einig.

f. Die Weiterentwicklung der EU ist u. a. _____ Frieden und Stabilität in Europa abhängig.

g. Die Türkei ist im Moment noch nicht geeignet _____ den Eintritt in die EU.

h. Einige Staaten in Europa wie Norwegen, die Schweiz, Liechtenstein und Island sind nicht bereit _____ Teilnahme an der EU.

Text A   Lektion 21

i Einige Gebiete wie Französisch-Guayana, die zur EU gehören, sind weit entfernt _____ Europa.

j Toleranz und gegenseitige Rücksichtnahme sind entscheidend _____ eine gute Zusammenarbeit.

Wortschatzübung

1 Schreiben Sie die Sätze mit den in Klammern angegebenen Wörtern um. Achten Sie dabei auf die Änderung des Satzbaus.

a Die Wirtschaft der Mitgliedsländer **wuchs** immer weiter und so wollten **sich** immer mehr Nachbarstaaten **anschließen**. (1. *sich verbessern*; 2. *Mitglied werden / dazukommen*)

b 1993 **entwickelte sich** die heutige Europäische Union. (*entstehen / es kommt zu etw.* (D))

c Alle Länder der Europäischen Union **senden** Abgeordnete in das Europäische Parlament. (*j-n schicken / j-n entsenden*)

d Es wurde eine gemeinsame Europäische Verfassung **ausgearbeitet**. (*etwas erarbeiten*)

e Die Europäische Union **führt** auch Friedens**verhandlungen** mit anderen Staaten. (*mit j-m über etw. verhandeln*)

f Rumänien und Bulgarien **wurden** im Jahr 2007 in die EU **aufgenommen**. (*etw.* (D) *beitreten / in etw. eintreten*)

g Einige Staaten in Ost- und Südosteuropa **sind nicht bereit für** einen Zusammenschluss. (*wollen*)

h In der Zahl der Sterne, zwölf, **verbirgt sich** eine alte Zahlensymbolik. (*sich verstecken / stecken*)

i Die Melodie von Beethovens Ode an die Freude wurde 1972 vom Europarat als europäische Hymne **eingeführt**. (*etw. festlegen / etw. zu etw.* (D) *bestimmen*)

j Der Euro **löste** in zwölf der damals fünfzehn EU-Ländern die Landeswährung **ab**. (*etw. ersetzen*)

2 Drücken Sie die folgenden Zeilen mit den angegebenen Wörtern in ganzen Sätzen aus.

a Norderweiterung 1973: Großbritannien, Dänemark und Irland (1. *sich erweitern*; 2. *etw.* (D) *bei/treten*)

127

Lektion 21   Text B

- **b** Süderweiterung 1981/82: Griechenland, Spanien und Portugal(1. *sich erweitern*; 2. *sich mit j-m zusammenschließen*)

- **c** Dritte Erweiterung 1995: Finnland, Schweden und Österreich(1. *sich erweitern*; 2. *j-n/etw. auf/nehmen*)

- **d** Osterweiterung 2004: Polen, Ungarn, Tschechien, Slowakei, Estland, Lettland, Litauen, Slowenien, Malta und Zypern(1. *sich erweitern*; 2. *in etw. ein/treten*)

- **e** 2007: Beitritt von Rumänien und Bulgarien (*in etw. ein/gehen*)

- **f** 2013: Beitritt von Kroatien (*sich j-m/etw. an/schließen*)

Text B Was bedeutet Europa für Sie?

Einstieg

1 Lesen Sie den folgenden Text und beantworten Sie mündlich die Fragen.

> *Mein Name ist Brudler und ich bin Journalist von Beruf. Europa bedeutet für mich v.a. Dialog zwischen den verschiedenen Ländern und damit wenig Kriegsgefahr für uns und unsere Kinder. Weiter so mit Europa.*

- **a** Was ist Brudler von Beruf?

- **b** Wie ist die Meinung von Brudler zu Europa, optimistisch oder pessimistisch?

- **c** Was bedeutet Europa für ihn?

2 Diskutieren Sie, in welcher der folgenden Hinsichten Europa für verschiedene europäische Länder und Europäer wichtig sein kann? Warum?

- ☐ Identität   ☐ Wirtschaft   ☐ Wissenschaft
- ☐ Position in der Welt ☐ Freiheit   ☐ Alltagsleben
- ☐ sichere Zukunft   ☐ die politische Einigung ☐ Stabilität der Währung
- ☐ die Einheit Europas   ☐ Studium   ☐ berufliche Arbeit
- ☐ Mobilität   ☐ Frieden   ☐ Toleranz
- ☐ Umweltschutz   ☐ Reise   ☐ Warenexport
- ☐ Austausch verschiedener Kulturen

Text B Lektion 21

Hörverständnis

Hören Sie den Text zweimal und machen Sie sich dabei zu den folgenden Fragen Notizen.

a) Was verbindet Max Osterhof mit Europa?

b) Worauf hat Uschi Schmitt sich gefreut?

c) Was ist für sie jetzt so praktisch?

d) Worin sieht Kerstin Weber die Vorteile, die die EU mit sich bringt?

e) Welches Beispiel gibt sie dafür, dass Europa noch um einiges besser werden kann?

f) Was für ein Begriff ist Europa für Markus Schillinger?

g) Was ist für ihn bei Europa sehr wichtig?

h) Ist Simone Becker für Europa optimistisch oder pessimistisch? Woran kann man es erkennen?

i) Wie begründet sie ihre Meinung?

j) Warum ist Europa für Jürgen Link noch immer ein undeutliches Konzept?

k) Was ist Europa für ihn?

Sprechübung

Wählen Sie eine der sechs Meinungen und geben Sie sie in der indirekten Rede wieder! Benutzen Sie Konjunktivformen!

Redemittel:
- ... meint, Europa sei ... Dies erklärt er damit, dass ... (Konjunktiv)
- ... meint, Europa bedeute für ihn ... Als Beispiel erwähnt X, dass ... (Konjunktiv)

129

Lektion 21   Text C

Text C — Die EU wirkt auf das Leben ihrer Bürger ein

Einstieg

Lesen Sie die Antwort auf die Frage „Kann mir bitte jemand genau den Unterschied zwischen einem *Gesetz* und einer *Richtlinie* erklären?" und beantworten Sie dann die folgenden Fragen.

a Wie wird der juristische Text genannt, mit dem die Europäische Union ihre Mitgliedsstaaten regelt?

b Wie heißt der juristische Text, mit dem ein Staat das Verhalten seiner Bürger regelt?

c Welche Auswirkung hat eine EU-Richtlinie auf die EU-Staaten?

> EU-Ratsrichtlinien sind gemäß EU-Vertrag innerhalb einer gewissen Frist von den Mitgliedsstaaten 1:1 in nationales Recht umzusetzen. Die Richtlinie selbst entfaltet also keine normative Kraft für den einzelnen Bürger, das tut erst das nationale Gesetz, das aufgrund der Richtlinie erlassen werden muss.
>
> Dieser kompliziert anmutende Prozess rührt daher, dass die EU als supranationale Organisation keine Souveränitätsrechte besitzt und folglich keine Gesetzgebungskompetenz. Diese bleibt ausschließlich bei den nationalen Parlamenten.

Leseverständnis

1 Lesen Sie den Titel und den fettgedruckten Teil des Textes und vermuten Sie, welche Teilthemen der Text behandeln wird.

2 Überfliegen Sie den anderen Teil des Textes und sagen Sie, welche der von Ihnen erwarteten Themen im Text behandelt werden und welches nicht.

3 Lesen Sie jetzt den ganzen Text noch einmal und beantworten Sie die folgenden Fragen.

   a Welche Vorschriften der EU werden im Text genannt und was wird damit geregelt?

      •

      •

      •

b Wie kann man von der EU profitieren?

EU-Mitgliedsstaaten:

-
-
-
-
-
-
-

Deutschland:

-
-

Die EU wirkt auf das Leben ihrer Bürger ein

Viele Menschen denken, die Europäische Union ginge sie nichts an. Das stimmt aber nur, wenn sie nicht atmen und kein Wasser trinken, wenn sie nicht arbeiten, nicht einkaufen und kein Geld haben, wenn sie nicht studieren und nicht verreisen. Sollten sie das aber doch tun, wirkt die Europäische Union auf ihr Leben ein.

5 **Umwelt**

Vieles, was unser Leben bestimmt, wird durch europäische Vorschriften geregelt. Nehmen wir den Bereich unserer natürlichen Umwelt. Hier haben sich die Staaten der Europäischen Union auf wichtige Standards geeinigt und das war auch nötig. Umweltverschmutzung kennt keine Grenzen. So gibt es eine „Feinstaubrichtlinie", die bestimmt, wie viele krebserregende Staubpartikel unsere
10 Atemluft höchstens enthalten darf und es gibt eine „Trinkwasserrichtlinie", die Höchstwerte für Giftstoffe im Trinkwasser festlegt. Eine Richtlinie gibt dabei lediglich die Ziele vor. Wie die Staaten diese Ziele erreichen, verbleibt in ihrer eigenen Regelungskompetenz.

Einkaufen

Dass im Supermarkt nicht nur deutsche Produkte angeboten werden, ist für uns völlig
15 selbstverständlich. Spanischer Wein, französischer Käse und polnische Wurstwaren stehen im Regal neben ähnlichen Produkten aus Deutschland. Was besser ist, entscheiden jede Verbraucherin und jeder Verbraucher durch ihren Einkauf selbst. Die Kunden haben die Wahl. Dabei können sie sich auf zwei Dinge verlassen: Zum einen gelten die Lebensmittelstandards, die sie in Deutschland gewohnt sind, auch für die Produkte aus dem europäischen Ausland. Zum anderen werden die
20 ausländischen Waren zu den Preisen angeboten, die die Hersteller und Verkäufer vorgeben. Es gibt keinen Zoll, der die Waren künstlich verteuert und der für die Käufer eine Art Strafsteuer darstellt, wenn sie sich für ausländische Produkte entscheiden.

Lektion 21   Text C

Export und Binnenmarkt

Nun wird in Deutschland nicht nur vieles eingeführt, sondern auch sehr viel produziert, was in den Export geht. Im Jahr 2012 gab es einen Exportüberschuss in Höhe von 190 Mrd. Euro, das heißt, wir verkaufen ins Ausland mehr Dinge, als wir von dort kaufen. Damit werden bei uns Arbeitsplätze gesichert. Knapp zwei Drittel unserer Exporte gehen in die anderen Länder der Europäischen Union.

Und genauso, wie die Bundesregierung die Einfuhr italienischer Nudeln nicht verhindern könnte, dürfen uns die anderen EU-Staaten keine Steine in den Weg legen, unsere Produkte im Ausland anzubieten. Die Europäische Union ist ein Binnenmarkt mit mehr als 500 Millionen Menschen. Das bedeutet, dass innerhalb der EU alles so frei und selbstverständlich geht, wie man das aus seinem eigenen Land gewohnt ist.

Freizügigkeit in der EU

Aber nicht nur die Waren und Dienstleistungen sind frei, auch die Menschen genießen Freizügigkeit. Wer in einem anderen EU-Land leben und arbeiten will, kann das tun. Deutschland profitiert davon zurzeit in besonderem Maße, weil viele Fachkräfte aus anderen EU-Staaten zu uns kommen und hier zur Wertschöpfung beitragen.

Gemeinsame Währung

Zum Einkaufen benötigt man Geld. Wer in Deutschland sein Portemonnaie öffnet, sieht Europa. Unsere Währung ist seit 1999 der Euro. Dabei handelt es sich um eine Gemeinschaftswährung, die seit 2015 in 19 der 27 EU-Staaten benutzt wird. Bei Geld ist vor allem die Preisstabilität wichtig, über die die Europäische Zentralbank wacht. Im Zentralbankrat sind alle Euro-Staaten gleichberechtigt vertreten, natürlich auch Deutschland – aber eben genauso beispielsweise Frankreich, Belgien, Slowenien oder Malta.

In Europa reisen

Aber auch, wer in ein anderes EU-Land reist, um in den Urlaub zu fahren oder um Freunde zu besuchen, kommt mit den EU-Regelungen in Berührung. Auffallend ist, dass in den allermeisten EU-Staaten keine Grenzkontrolle mehr stattfindet. Das hat mit dem „Schengener Abkommen" zu tun, mit dem die Kontrollen an den Binnengrenzen der EU aufgehoben worden sind. Man kann heute von Nordfinnland bis nach Sizilien fahren, ohne einmal einen Ausweis oder gar Reisepass zeigen zu müssen.

Eckart D. Stratenschulte
Abgekürzt nach: http://www.bpb.de/internationales/europa/europaeische-union/42835/

Schreibübung

Schreiben Sie einen Text zu dem Thema „*Was wäre gewesen, wenn es die EU nicht gegeben hätte?*" und benutzen Sie Konjunktiv II! Sie können dabei Text C zur Hilfe nehmen.

> *Redemittel:*
> - *Wenn es die EU nicht gegeben hätte, hätte ... können, weil ...*
> - *Hätte es die EU nicht gegeben, hätte ... können, weil ...*

Wortschatzübung

Schreiben Sie die Sätze mit den angegebenen Wörtern um. Achten Sie dabei auf die Änderung des Satzbaus.

a Viele Fachkräfte aus anderen EU-Staaten kommen zu uns und **tragen** hier **zur Wertschöpfung bei**. (*seinen Beitrag zu etw.(D) leisten*)

b **Beim** Euro **handelt es sich um** eine Gemeinschaftswährung, die seit 2015 in 19 der 28 EU-Staaten benutzt wird. (*sein*)

c Das hat mit dem Schengener Übereinkommen zu tun, mit dem die Kontrollen an den Binnengrenzen der EU **aufgehoben** worden sind. (*etw. abschaffen*)

d Im Bereich unserer natürlichen Umwelt **haben sich** die Staaten der Europäischen Union **auf** wichtige Standards **geeinigt**. (*sich über etw. einig werden*)

e Umweltverschmutzung **kennt keine Grenzen**. (*etw. nicht begrenzen können*)

f Wie die Staaten diese Ziele erreichen, **verbleibt in ihrer eigenen Regelungskompetenz**. (*etw. selbst bestimmen können*)

g Bei der Wahl zwischen verschiedenen Waren können **sich** die Kunden **auf** zwei Dinge **verlassen**. (*auf j-n/etw. vertrauen*)

h Die anderen EU-Staaten dürfen **uns** keine **Steine in den Weg legen**, unsere Produkte im Ausland anzubieten. (*j-n an etw.(D) hindern*)

i Innerhalb der EU geht alles so frei und selbstverständlich, wie man **das** aus seinem eigenen Land **gewohnt ist**. (*an etw.(D) gewöhnt sein*)

Lektion 21   Text C

Grammatik: Nomen mit Präposition

1 Unterstreichen Sie in den folgenden Sätzen die Nominalphrasen mit Präposition.

a) Die Europäische Union hat einen großen Einfluss auf das Leben der Bürger der EU-Länder.

b) Die Feinstaubrichtlinie ist eine Vorschrift für den Höchstwert der krebserregenden Staubpartikel.

c) Im Rahmen der EU-Richtlinien haben die einzelnen EU-Länder das Recht auf die Wahl der Methoden, wie sie die Ziele erreichen.

2 Ergänze Sie die folgenden Sätze.

a) Die Trinkwasserrichtlinie setzt die Standards _____ die Höchstwerte der Giftstoffe im Trinkwasser.

b) Im deutschen Supermarkt gibt es ein großes Angebot _____ Produkten aus verschiedenen EU-Ländern.

c) Die Verbraucher treffen die Entscheidung _____ oder _____ die Produkte.

d) Die Verbraucher haben eine große Auswahl _____ deutschen und ausländischen Waren.

e) Der Zoll ist eigentlich eine Geldstrafe _____ die Entscheidung der Verbraucher für ausländische Produkte.

f) Die Abhängigkeit _____ Export zwingt Deutschland, möglichst viele Märkte für seine industriellen Produkte im Ausland zu finden.

g) Deutschland hat besonders viel Profit von der Freizügigkeit in der EU erzielt, weil viele Fachkräfte aus anderen EU-Staaten nach Deutschland kommen und hier ihren Beitrag _____ Wertschöpfung leisten.

h) Die Erhöhung der Mehrwertsteuer von 16% _____ 3% _____ 19% ist für viele Familien eine Belastung.

i) Im zerstörten Nachkriegsdeutschland prägten Armut und der Kampf _____ das Überleben den Alltag.

j) Voraussetzung _____ die Zulassung _____ Studium an einer deutschen Hochschule ist die Vorlage eines Sekundarschulabschlusszeugnisses.

k) Für die Frau ist eine Ehe heute keine Garantie mehr _____ eine lebenslange Versorgung.

l) Der Wunsch _____ mehr Selbständigkeit ist deshalb oft ein Grund _____ die Rückkehr in den Beruf.

Text D   Lektion 21

Text D   Europas Reichtum beruht auf seiner Sprachvielfalt

Einstieg

1 Sprechen Sie mit Ihrem Partner über die folgenden zwei Fragen!

a Welche Sprachen spricht man in der Schweiz und welche in Luxemburg?

b Welche Vor- oder Nachteile bringt die Sprachvielfalt Europäern? Warum?

2 Ordnen Sie die Begriffe ihren Erklärungen zu!

a

a) sprachliche Vielfalt   1) Koexistenz verschiedener Kulturen
b) kulturelle Vielfalt   2) eine zur Hilfe genutzte Sprache
c) die Sprachgrenze   3) Koexistenz verschiedener Sprachen
d) die Hilfssprache   4) Sprache für die ganze Welt
e) die Verkehrssprache   5) Grenze zwischen zwei Sprachen
f) die Allerweltssprache   6) Kommunikationssprache

b

g) sich belaufen auf   7) arbeiten für
h) einwenden   8) sich verstecken
i) eintreten für   9) betragen
j) sich verbergen   10) übertreiben
k) dramatisieren   11) Meinung gegen etwas sagen

c

l) die Folklore   12) eine Gruppe der besten Personen
m) die Elite   13) kommunikative Schwierigkeiten
n) Visionen   14) regionale Kulturformen
o) facettenreich   15) einer der wichtigsten Faktoren
p) bezifferbar   16) vielfältig
q) kommunikative Notfälle   17) Vorstellungen
r) ein zentrales Element   18) in Zahlen angegeben werden können

Lektion 21   Text D

Hörverständnis

Hören Sie den Text zweimal und machen Sie sich dabei zu den folgenden Fragen Notizen.

a Wofür arbeitet Professor Dr. Gerhard Stickel?

b Wofür muss man z. B. viel Geld ausgeben, wenn man die europäische Sprachenvielfalt aufrechterhalten und weiterentwickeln will?

c Worin besteht der eigentliche Reichtum Europas? Und wo sind die wissenschaftlichen und kulturellen Leistungen und Traditionen der Europäer bewahrt?

d Welche Rolle soll Englisch Gerhard Stickel nach spielen?

e Wie stellt er sich Europas Identität vor?

f Welche Gefahr bestünde, wenn in der EU nur Englisch als Verkehrssprache gebraucht würde?

g Was befürwortet Gerhard Stickel bei der Verwendung der Sprache in der EU?

h Welche Rolle wird Gerhard Stickel nach Englisch in Zukunft spielen?

i Welches sprachliche Ziel wurde 2002 in Barcelona für alle Europäer gesetzt?

j Wie viel Prozent der EU-Bürger können Englisch insgesamt? Und wie viel Prozent Deutsch?
Englisch:
Deutsch:

k Wieviel Prozent der EU-Bürger sprechen Englisch als Fremdsprache? Und wie viel Prozent Deutsch?
Englisch als Fremdsprache:
Deutsch als Fremdsprache:

Sprechübung

1 Diskutieren Sie mit Ihrem Sprechpartner über die folgende Frage. Sie können dabei Konjunktiv II nutzen.

Welche Konsequenzen könnte es bringen, wenn in Zukunft in China nur Englisch gesprochen würde, sowohl als Amtssprache als auch als alltägliche Umgangssprache? Denken Sie dabei an chinesische Kultur, Wissenschaft, Tradition einerseits und Sprachlernen sowie internationale Kommunikation andererseits.

> *Redemittel:*
> - *Wenn in Zukunft in China nur Englisch gesprochen würde, könnte ..., weil ...*
> - *Würde in Zukunft in China nur Englisch gesprochen, könnte ..., weil ...*

Text E Welche Probleme bringt die EU mit sich?

Einstieg

Klären Sie die folgenden Begriffe. Was könnten sich die EU-Mitgliedsstaaten wünschen und was nicht? Tragen Sie sie in die Tabelle ein.

- Wohlstand
- Gefährdung der Existenz
- finanzielle Unterstützung
- genmanipulierte Nahrung
- Verfolgen gemeinsamer Ziele
- Preisanstieg
- wirtschaftliche Unterstützung
- die Stabilität im Land
- billige Produktion
- hohe Gewinne
- Selbstbestimmung
- Kluft zwischen EU-Staaten
- politisch enge Zusammenarbeit
- Gefährdung des Wohlstandes
- Konkurrenzdruck
- hohe Steuern
- Pleite gehen/ Konkurs
- Vergrößerung des Arm-Reich-Gefälles
- Bewegungsfreiheit
- Aufnahme von Immigranten
- zollfreies Verkaufen seiner Produkte in anderen EU-Staaten

Man wünscht sich ...	Man wünscht sich nicht ...

Lektion 21   Text E

Leseverständnis

1 Lesen Sie den Titel und den fettgedruckten Teil des Textes, unterstreichen Sie die Stichwörter und sagen Sie, welche Informationen Sie vom folgenden Teil des Textes erwarten.

2 Welche Probleme kann die EU mit sich bringen und wie wird dies begründet? Ergänzen Sie die folgende Tabelle.

(potentielle) Probleme	Ursache / Folge / Beispiel

3 Kreuzen Sie die richtige Antwort an.

a Durch einen EU-Beitritt
  ☐ 1) profitieren reichere Länder mehr als ärmere Länder.
  ☐ 2) profitieren ärmere Länder mehr als reichere Länder.
  ☐ 3) können manche Länder wirtschaftliche Hilfe bekommen.

b Reichere EU-Länder haben Angst,
  ☐ 1) dass sie immer mehr Einwandern nicht genug Arbeitsplätze anbieten können.
  ☐ 2) dass sie möglicherweise ärmer werden.
  ☐ 3) dass sie andere Länder unterstützen müssen.

c Viele kleine Selbstständige
  ☐ 1) fürchten durch einen EU-Beitritt um ihr Dasein.

☐ 2) erhoffen sich durch einen EU-Beitritt mehr Wohlstand.

☐ 3) fürchten durch einen EU-Beitritt v. a., dass der Preis ansteigt.

d **Manche Firmen aus reicheren EU-Ländern werden ihre Produktion in die ärmeren verlagern,**

☐ 1) um v. a. neuen Mitgliedsstaaten Osteuropas finanziell zu helfen.

☐ 2) um mehr Profit erzielen zu können.

☐ 3) um der Konkurrenz im eigenen Land zu entgehen.

e **Eine der Konsequenzen durch die EU-Gründung für Asylantragsteller ist,**

☐ 1) dass immer mehr Menschen vor Armut, Hunger und Kriegen fliehen, weil sie jetzt leichter ein Asyl in EU erhalten können.

☐ 2) dass sie nicht in die EU einwandern können, wenn ihr Antrag von einem EU-Staat abgelehnt worden ist.

☐ 3) dass sie versuchen können, in einem anderen EU-Staat Asyl zu beantragen, wenn ihr erster Antrag von einem EU-Staat abgelehnt worden ist.

Welche Probleme bringt die EU mit sich?

Ein EU-Beitritt bringt nicht nur Vorteile. Es gibt auch Nachteile für EU-Mitglieder und Schattenseiten der Europäischen Union. Einige Länder fürchten um ihren Wohlstand und ihre Selbstbestimmung. Viele Bauern, Einzelhändler und kleinere Firmen bangen durch den höheren Konkurrenzdruck um ihre Existenz. Die Kluft zwischen EU-Staaten und armen Ländern wird verstärkt, die Flüchtlinge werden vom
5 **„reichen Europa" mehr und mehr abgeschottet.**

Besorgnisse der Mitgliedsländer

Eine EU-Mitgliedschaft bedeutet für ein Land weniger Selbstbestimmung. So zählt z. B. bei genmanipulierter Nahrung nicht der Volkswille, sondern es wird sich an EU-Richtlinien orientieren.

Durch einen EU-Beitritt können die Staaten auf der einen Seite künftig politisch enger zusammen
10 arbeiten und gemeinsame Ziele verfolgen. Ärmere Länder erhalten finanzielle Unterstützung – und reichere Länder profitieren zum Beispiel, weil sie ihre Produkte zollfrei in andere EU-Staaten transportieren und dort verkaufen können.

Auf der anderen Seite bangen aber reichere Länder der EU, dass ihr Wohlstand durch andere Mitgliedsländer, in denen die Armut größer ist, gefährdet werden könnte. Denn in der
15 Europäischen Union werden diese von wohlhabenderen Staaten unterstützt. Viele der Bürger befürchten auch, dass immer mehr Menschen aus den neuen EU-Staaten einwandern und auf Kosten des Staates Sozialleistungen in Anspruch nehmen oder bei der Suche nach einem Arbeitsplatz zur Konkurrenz werden.

Wirtschaft verstärkt Kluft zwischen Arm und Reich

20 Viele Bauern und Kleinhändler bangen durch eine EU-Mitgliedschaft um ihre Existenz. Sie können

Lektion 21   Text E

der Konkurrenz oft nicht standhalten. Ärmere Länder, die der EU beitreten, erhoffen sich zwar mehr Wohlstand, sie fürchten jedoch auch einen Preisanstieg, hohe Steuern und Nachteile für ihre eigene Landwirtschaft. Durch den Prozess der fortschreitenden Globalisierung gewinnen große Konzerne an Einfluss, während kleine Unternehmen, Einzelhändler und Landwirte unter immer größerem Konkurrenzdruck stehen. Zahlreiche Kleinbauern haben Angst um ihre Existenz.

In bestimmten Wirtschaftszweigen dagegen lassen viele Firmen aus den alten EU-Ländern ihre Produkte künftig in ärmeren Mitgliedsstaaten produzieren. Der Grund dafür ist, dass die Herstellung dort preisgünstiger ist. Da der Lebensstandard in diesen Ländern – das betrifft vor allem neue Mitgliedsstaaten Osteuropas – niedriger ist, arbeiten die Angestellten für weniger Geld. Die Waren werden dann zollfrei ins eigene Land zurückbefördert und dort verkauft. Damit werden hohe Gewinne eingefahren. Manche Firmen im eigenen Land gehen allerdings Pleite. Menschen in den ärmeren Ländern erhalten auf diese Weise zwar Arbeitsplätze – solche Jobs gegen verhältnismäßig wenig Geld verhelfen dem Land aber nicht zu einer aufstrebenden Wirtschaft und mehr Wohlstand. Das Arm-Reich-Gefälle vergrößert sich.

Keine Chance für Flüchtlinge
Protest von Einwanderern: „Bewegungsfreiheit für alle" steht auf dem Plakat. Viele Menschen fliehen vor Armut, Hunger und Kriegen, ihnen wird aber kein Asyl gewährt. Andere werden nach einiger Zeit wieder abgeschoben. Die Gemeinschaft der Europäischen Union grenzt sich von anderen Staaten – wie den armen Ländern Afrikas – immer weiter ab. Während die Kontrollen zwischen den Mitgliedsländern fallen, werden die Grenzen zu den Nicht-EU-Ländern umso stärker abgesichert. Das hat schlimme Folgen für viele Flüchtlinge in Not. Früher konnten sie in verschiedenen EU-Staaten einen Asylantrag stellen. Jetzt ist es ihnen nur noch möglich, in einem Land Asyl zu beantragen. Im Falle einer Ablehnung müssen sie die Europäische Union verlassen.

Die EU-Länder argumentieren, dass sie nicht noch mehr Immigranten aufnehmen können, da sonst ihr eigener Wohlstand sowie die Stabilität im Land gefährdet seien. Viele Not leidende Menschen fliehen aber vor Arbeitslosigkeit, politischer Verfolgung, Diktaturen, Armut, Hunger und Kriegen aus ihrem Land. Die EU-Länder schotten sich nach außen jedoch weiter ab und machen ihre Grenzen dicht. Deshalb versuchen viele verzweifelte Flüchtlinge, unerlaubt in ein Land einzuwandern.

Britta Pawlak
Abgekürzt nach: http://www.helles-koepfchen.de%2fartikel%2f2406.html

Sprechübung

Sprechen Sie mit Ihrem Partner über die Probleme, die die EU-Erweiterung mitbringen könnte, indem Sie die von Ihnen ergänzte Tabelle nutzen.

Redemittel:
- *Wenn die EU weiter erweitert würde, könnte ..., weil ...*
- *Würde die EU weiter erweitert, könnte ..., weil ...*

Wortschatzübung

1 Schreiben Sie die Sätze mit den in Klammern angegebenen Wörtern um. Achten Sie dabei auf die Änderung des Satzbaus.

a So **zählt** z. B. bei genmanipulierter Nahrung nicht der Volkswille, sondern es wird **sich an** EU-Richtlinien **orientieren**. (1. *gelten / gültig sein*; 2. *sich nach etw.*$_D$ *richten*)

b Durch einen EU-Beitritt können die Staaten auf der einen Seite künftig politisch enger zusammen arbeiten und gemeinsame Ziele **verfolgen**. (*etw. anstreben / zu verwirklichen versuchen*)

c Sie können der Konkurrenz oft nicht **standhalten**. (*etw. aushalten*)

d Ärmere Länder, die der EU **beitreten**, **erhoffen sich** mehr Wohlstand. (1. *eintreten*; 2. *sich etw. wünschen*)

e Durch den Prozess der fortschreitenden Globalisierung **gewinnen** große Konzerne **an** Einfluss. (*zunehmen*)

f Die Waren werden dann zollfrei ins eigene Land **zurückbefördert** und dort verkauft. (*etw. zurücktransportieren*)

g Menschen in den ärmeren Ländern erhalten auf diese Weise zwar Arbeitsplätze – solche Jobs gegen verhältnismäßig wenig Geld **verhelfen** dem Land aber nicht **zu** einer aufstrebenden Wirtschaft und mehr Wohlstand. (*helfen zu bekommen*)

h Viele Menschen fliehen vor Armut, Hunger und Kriegen, ihnen wird aber kein Asyl **gewährt**. (*etw. geben / bewilligen*)

i Andere werden nach einiger Zeit wieder **abgeschoben**. (*j-n ausweisen*)

j Die Gemeinschaft der Europäischen Union **grenzt sich von** anderen Staaten – wie den armen Ländern Afrikas – immer weiter **ab**. (*sich distanzieren*)

k Während die Kontrollen zwischen den Mitgliedsländern **fallen**, werden die Grenzen zu den Nicht-EU-Ländern umso stärker **abgesichert**. (1. *etw. aufheben*; 2. *etw. schützen*)

l Die EU-Länder **schotten sich** nach außen jedoch weiter **ab** und **machen** ihre Grenzen **dicht**. (1. *sich distanzieren*; 2. *etw. streng kontrollieren / etw. undurchlässig machen*)

Lektion 21   Text E

2 Suchen Sie im Text alle Synonyme vom Verb „*um etw. fürchten*" heraus und tragen Sie ihre Rektion in die folgende Tabelle ein.

fürchten	um etwas / dass ... fürchten

Test

Ergänzen Sie die Präpositionen, wenn nötig, auch Endungen.

a Für Max ist Europa Hoffnung _____ Freiheit, funktionierend_____ Wirtschaft und gut_____ Leben.

b Deutschland hat nach der Meinung von Max viele Gemeinsamkeiten _____ ander_____ EU-Länder_____ , aber eine gemeinsame europäische Identität gibt es nicht.

c Uschis Freude _____ den Euro ist verständlich, weil sie als Schauspielerin oft unterwegs ist.

d Ihre Hoffnung _____ ein gemeinsam _____ Europa ist meiner Meinung nach schwer zu realisieren.

e Die Freundin von Kerstin hat Interesse _____ ein_____ Studium in Belgien, kann sich aber nicht ohne weiteres darum bewerben.

f Nach Markus Schillinger sind ein gemeinsames Bewusstsein und gemeinsame Ansichten der Europäer Voraussetzung _____ ein_____ gemeinsam_____ Europa.

g Jürgen Links Zweifel _____ ein_____ gemeinsam_____ Europa basiert darauf, dass Europa noch immer ein undeutliches Konzept ist.

h Seit der Gründung der Europäischen Union macht man sich nach seiner Meinung keine Gedanken _____ ein_____ einheitlich_____ Europa.

i Die Fußballfans waren froh _____ d_____ Sieg ihrer Mannschaft.

j Das Ehepaar ist glücklich _____ d_____ Geburt ihres Sohnes.

k Ich bin dir dankbar _____ dein_____ Hilfe.

l Während des Studiums bin ich abhängig _____ mein_____ Eltern.

m Ich bin sehr zufrieden _____ mein_____ neu_____ Stelle.

n Nach einem Jahr bin ich _____ d_____ deutsch_____ Essen gewöhnt.

o Ich bin interessiert _____ d_____ Angebot.

p Das Thema ist wichtig _____ d_____ Prüfung.

142

Lektion 22
Entwicklung der Erdbevölkerung

1 Was zeigen die folgenden Bilder?

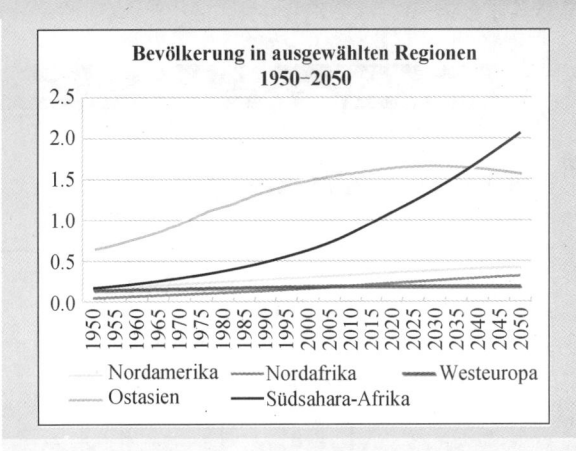

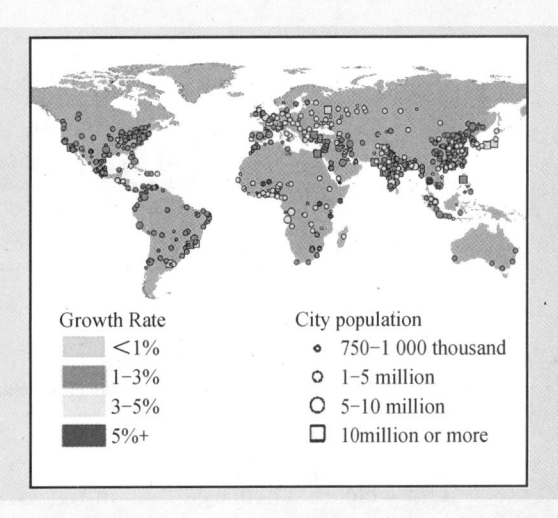

Bevölkerung in ausgewählten Regionen 1950–2050

— Nordamerika — Nordafrika — Westeuropa
— Ostasien — Südsahara-Afrika

Growth Rate
- <1%
- 1–3%
- 3–5%
- 5%+

City population
- 750–1 000 thousand
- 1–5 million
- 5–10 million
- 10million or more

2 Welche Erklärung passt zu welchem Begriff?

- a) Demographie
- b) vertikale Achse/y-Achse
- c) horizontale Achse/x-Achse
- d) Geburtenrate
- e) Lebenserwartung
- f) Bevölkerungsentwicklung
- g) Bevölkerungsprognose
- h) Informationsquelle

1) durchschnittliche Lebensjahre
2) Verhältnis der neugeborenen Kinder zu der gesamten Bevölkerung
3) eine Einrichtung oder eine Person, von der die Informationen stammen
4) eine waagerechte Linie für die Darstellung bestimmter Datenangaben in einer Grafik
5) eine senkrechte Linie für die Darstellung bestimmter Datenangaben in einer Grafik
6) Bevölkerungsstatistik
7) Anwachsen bzw. Schrumpfen einer Bevölkerung in einer bestimmten Phase
8) Schätzung der Bevölkerungsentwicklung ab einer bestimmten Zeit (in Zukunft)

Lektion 22   Text A

Text A Weltbevölkerung bis 2050

Einstieg

1 Sehen Sie sich die Grafik an.

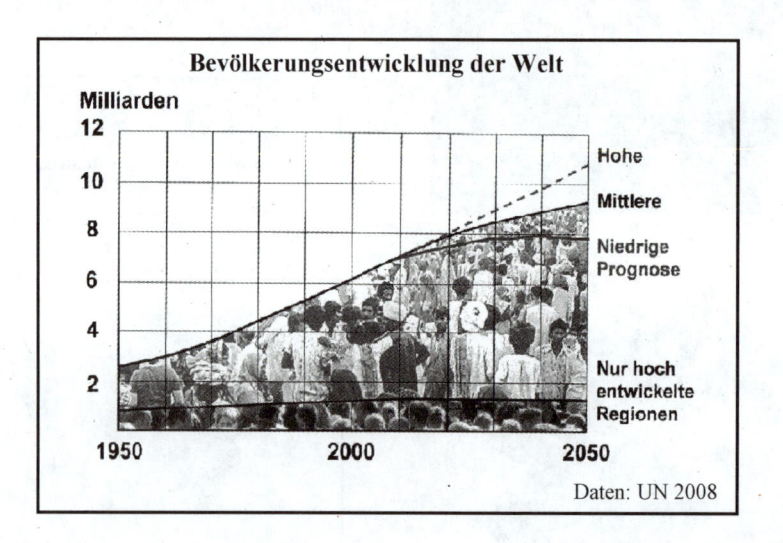

Bevölkerungsentwicklung der Welt

(Grafik: Milliarden auf y-Achse von 0 bis 12; Jahre 1950, 2000, 2050 auf x-Achse; Kurven: Hohe, Mittlere, Niedrige Prognose, Nur hoch entwickelte Regionen. Daten: UN 2008)

2 Beschreiben Sie mit Ihrem Partner zusammen die Grafik. Die folgenden Fragen stellen für Sie eine Hilfe dar.

a) Um welches Thema geht es in der Grafik? / Worüber informiert die Grafik?

b) Woher stammen die Informationen? (Quelle der Informationen)

c) Wie ist die Grafik aufgebaut? Also was ist auf der vertikalen Achse/y-Achse und was auf der horizontalen Achse/x-Achse angegeben?

d) Welche Mengenangabe ist in der Grafik angegeben?

e) Welche Hauptinformation liefert uns die Grafik? (Was gibt die Kurve bis etwa 2008 an und was geben die drei Kurven ab ungefähr 2008 an?)

f) Wie sieht es in der Zukunft bis zum Jahr 2050 aus? (Was in der Zukunft geschieht, ist noch keine Tatsache, sondern nur eine Prognose oder Schätzung.)

Text A   **Lektion 22**

g) Was fällt Ihnen in der Grafik besonders auf? (Ist etwas zu vergleichen oder ist eine Tendenz festzustellen?)

h) Mit welchen Redemitteln können Sie eine Prognose oder mehrere verschiedene Prognosen stellen?

Leseverständnis

1 **Kreuzen Sie die Aussagen an, die mit dem Textinhalt *nicht* übereinstimmen.**

a) Warum ändern die Vereinten Nationen ihre vorher berechnete Erdbevölkerungszahl für das Jahr 2050?
- ☐ 1) Es werden nicht weniger Kinder geboren, wie man vorher vermutet hat.
- ☐ 2) Die vorherige Prognose war nicht korrekt und muss berichtigt werden.
- ☐ 3) Man hat in den Vereinten Nationen verschiedene Meinungen.

b) Welche Probleme wird uns der starke Zuwachs der Bevölkerung auf der Erde bringen?
- ☐ 1) Der Kampf um Rohstoffe und Energie wird schärfer.
- ☐ 2) Es werden immer mehr ältere Menschen auf der Erde leben.
- ☐ 3) Man erwartet immer mehr im Leben.

c) Die Experten sind überzeugt,
- ☐ 1) dass die Bevölkerung in Zukunft nur in den Entwicklungsländern zunimmt.
- ☐ 2) dass 2100 in Afrika fast viermal so viele Menschen leben wie heute.
- ☐ 3) dass sich in einigen afrikanischen Staaten die Bevölkerung bis 2100 mehr als verfünffacht.

d) Die Geburtenrate geht nur zurück,
- ☐ 1) wenn die Frauen besser verhindern können, dass sie schwanger werden.
- ☐ 2) wenn Familienplanung verwirklicht wird.
- ☐ 3) wenn Frauen und Mädchen wirtschaftlich produktiver sind.

e) Was wird prognostiziert?
- ☐ 1) Dass die Erde für die Menschheit immer enger wird.
- ☐ 2) Dass in Europa weniger Menschen leben.
- ☐ 3) Dass Menschen aus Afrika nach Europa wandern.

Lektion 22   Text A

② Um was für eine Prognose geht es im Text in Bezug auf die Grafik am Anfang? Um eine hohe, eine mittlere oder eine niedrige Prognose?

Weltbevölkerung bis 2050
von Jan Dirk Herbermann

Auf der Erde wird es noch enger als bisher befürchtet - vor allem in Afrika soll die Bevölkerung stark wachsen. Nur in Europa werden es immer weniger Menschen sein. Das hat verheerende Folgen.

Bis zum Jahr 2050 soll die Weltbevölkerung auf voraussichtlich 9,6 Milliarden Menschen wachsen. Mit dieser Vorhersage korrigieren die Vereinten Nationen (UN) ihre letzten Hochrechnungen aus dem Jahr 2011 um rund 250 Millionen Menschen nach oben. Einer der Gründe: Die Geburtenraten sinken weniger stark, als noch vor zwei Jahren angenommen. Die Vereinten Nationen stellten am Donnerstag eine neue Bevölkerungsprognose in Genf vor; in Berlin präsentierte die Deutsche Stiftung Weltbevölkerung die UN-Studie. Danach könnten 2100 sogar 10,9 Milliarden Männer, Frauen und Kinder unseren Planeten bevölkern, heute sind es 7,2 Milliarden Personen.

Die Folge der Bevölkerungsexplosion: Der Kampf gegen Hunger und Armut dürfte noch schleppender verlaufen als bisher. Und: Das Wettrennen um Rohstoffe und Energie gewinnt weiter an Schärfe. Mit der Zahl der Menschen steigt nach den Vorhersagen auch das Alter der Menschen. Die Vereinten Nationen kalkulieren, dass die durchschnittliche Lebenserwartung der Menschen weltweit von heute 70 Jahren auf 82 Jahre im Jahr 2100 steigen wird. In den reichen Ländern könnten die Frauen und Männer im Durchschnitt ein Alter von 89 Jahren erreichen - und damit elf Jahre älter werden als heute.

Die Experten sind sich sicher, dass die Bevölkerung in den nächsten Jahrzehnten fast nur in den Entwicklungsländern wächst. So werde sich in Afrika die Bevölkerung von heute 1,1 Milliarden auf voraussichtlich knapp 4,2 Milliarden Menschen im Jahr 2100 vervierfachen. Professor Thomas Büttner, früherer Leiter der UN-Bevölkerungsstudien, betont: „In Ländern wie Malawi, Niger und Uganda werden bis 2100 voraussichtlich fünfmal mehr Menschen leben als heute – vorausgesetzt, dass die Fertilitätsraten in diesen Ländern zurückgehen."

Wenn aber die Bevölkerung weiter so schnell wächst wie heute, werden zum Beispiel in Uganda im Jahr 2100 mehr als 30-mal so viele Menschen leben wie derzeit. Die Geburtenrate geht nach den Berechnungen nur dann zurück, wenn Frauen besser verhüten können als bislang. Doch genau das ist ein Problem. „Freiwillige Familienplanung ist in Entwicklungsländern Mangelware", sagt Renate Bähr, Geschäftsführerin der Stiftung Weltbevölkerung. „Jedes Jahr werden rund 80 Millionen Frauen in Entwicklungsländern ungewollt schwanger – vor allem weil sie nicht verhüten können." Familienplanung sei aber eines der wirksamsten Mittel zur Armutslinderung: Wenn Frauen und Mädchen frei darüber entscheiden könnten, wann und wie viele Kinder sie bekommen, seien sie gesünder. Sie hätten bessere Bildungschancen und sie seien wirtschaftlich produktiver.

In Europa hingegen wird die Bevölkerung laut Prognose schrumpfen: Leben auf dem Alten

Kontinent heute noch 742 Millionen Menschen, werden es am Ende des Jahrhunderts nach den Schätzungen nur noch 639 Millionen Menschen sein.

www.tagesspiegel.de/weltspiegel/un-studie-weltbevoelkerung-waechst-auf-9-6-milliarden-menschen-bis-2050/8345514.html

Wortschatzübung

1 Welches Wort passt nicht in der Gruppe?

   a die Welt, die Erde, das Universum, die Erdkugel, unser Planet

   b Prognose, Vorhersage, Schätzung, Rechnung

2 Sortieren Sie die Verben in die entsprechende Spalte.

sinken, wachsen, (sich) vervierfachen, steigen, zurückgehen, schrumpfen, sich vermehren, anwachsen, zunehmen, abnehmen, (sich) erhöhen, (sich) verringern, (sich) steigern, (sich) reduzieren, (sich) verfünffachen

steigen	sinken

3 Ergänzen Sie die Sätze mit den Verben in der Übung 2.

   a Mit der Entwicklung der Bevölkerung _____ der Platz für die Erdbewohner verhältnismäßig _____.

   b Die Bevölkerung _____ nicht auf jedem Kontinent gleichmäßig.

   c Bis zum Jahr 2050 _____ die Weltbevölkerung voraussichtlich auf 9,6 Milliarden Menschen _____.

Lektion 22   Text A

d Die Berechnungen der Weltbevölkerung bis zum Jahr 2050 haben _____ wegen der Geburtenrate, die nicht so stark sinkt, wie man vorher vermutet hat, _____.

e Mit der Zahl der Menschen _____ nach den Vorhersagen auch das Alter der Menschen.

f In Afrika wird _____ die Bevölkerung von heute 1,1 Milliarden auf voraussichtlich knapp 4,2 Milliarden Menschen im Jahr 2100 _____.

g In Ländern wie Malawi, Niger und Uganda wird _____ die Anzahl der Menschen bis 2100 voraussichtlich sogar mehr als _____.

h Wenn die Geburtenraten nicht allmählich _____, werden bis zum Jahr 2050 noch mehr Menschen auf der Welt leben.

i Die Geburtenrate _____ nach den Berechnungen nur dann _____, wenn Frauen besser verhüten können als bislang.

j In Europa hingegen wird die Bevölkerung laut Prognose _____.

k Heute leben in Europa noch 742 Millionen Menschen. Bis 2100 _____ die Bevölkerung Europas nach den Schätzungen nur noch auf 639 Millionen Menschen.

Sprechübung

1 **Lesen Sie zuerst den Text.**

> China ist auch eines der Länder mit einer verhältnismäßig hohen Bevölkerungsdichte (der Durchschnitt liegt bei 135 Menschen pro Quadratkilometer), da die Einwohner sich nicht gleichmäßig über das Land verteilen, sondern hauptsächlich konzentriert im Osten leben, der Westteil des Landes ist hingegen spärlich bevölkert. Die ostchinesischen Küstengebiete sind dicht besiedelt mit einer Bevölkerungsdichte von über 400 Einwohnern pro Quadratkilometer. In den Mittelregionen leben durchschnittlich mehr als 200 Menschen auf jedem Quadratkilometer. Die Westgebiete sind dünn besiedelt, die Bevölkerungsdichte liegt hier bei weniger als 10 Einwohnern pro Quadratkilometer.

2 **Diskutieren Sie in einer Gruppe zu viert darüber, welches Bevölkerungsproblem Sie in China sehen und wie dieses Problem gelöst werden kann.**

Schreibübung

1 **Klären Sie zuerst, welche Zahlen dargestellt werden.**

a Welche Einheiten sind auf der linken und rechten Achse angegeben?

b Was zeigt die horizontale Achse?

2 Beschreiben Sie jetzt die Grafik. Folgende Komponenten sollen in der Beschreibung enthalten sein:

Thema – Quelle – Aufbau – Zusammenfassung der wichtigen Informationen – Auffälligkeit und Prognose

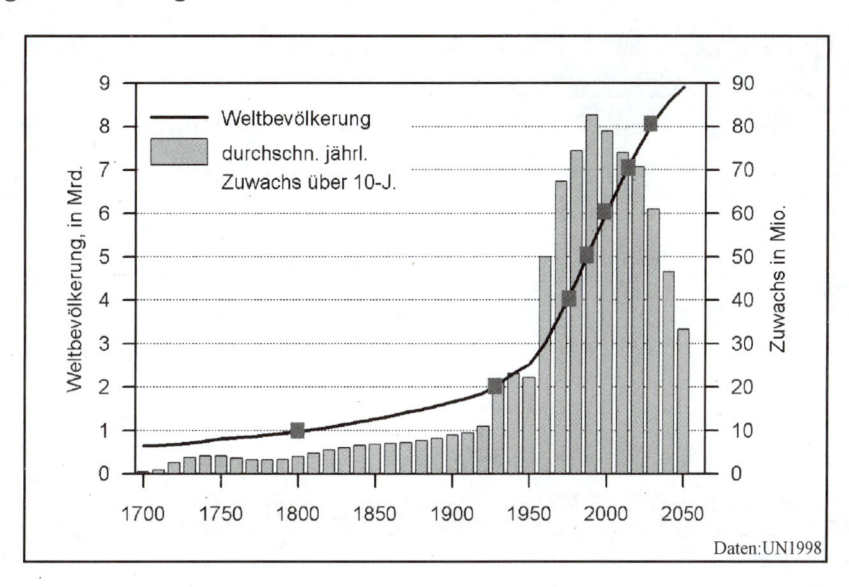

[Grafik: Weltbevölkerung (in Mrd.) und durchschn. jährl. Zuwachs über 10-J. (Zuwachs in Mio.), 1700–2050. Daten: UN 1998]

Text B Interview mit einem Umweltdirektor

Einstieg

1 Ordnen Sie den Wörtern die Synonyme oder Erklärungen zu.

- **a** von etw. abhängig sein
- **b** etw. aufbrauchen
- **c** j-n überfordern
- **d** j-n/etw. vertragen
- **e** etw. von der Erde in Anspruch nehmen
- **f** Ressourcen der Erde
- **g** Geburtenhäufigkeit
- **h** etw. in die richtige Richtung lenken

1) etw. von der Erde benutzen
2) von j-m mehr fordern, als er geben kann
3) etw. völlig/ganz verbrauchen
4) ein Zustand, dass man nicht lesen und schreiben kann
5) sich über etw. Gedanken machen
6) j-n/etw. aushalten, ohne dass es einem schadet
7) auf etw. angewiesen sein
8) Weise, wie man lebt

Lektion 22   Text B

- ☐ *i* Analphabet
- ☐ *j* Analphabetismus
- ☐ *k* über etw. nachdenken
- ☐ *l* Subvention
- ☐ *m* Lebensstil

9) Vorräte von Rohstoffen, Wasser usw. auf der Erde
10) Fertilitätsrate
11) etw. in die richtige Richtung steuern/führen
12) finanzielle Unterstützung
13) jemand, der nicht lesen und schreiben kann

2 Welche Wörter gehören zu den folgenden Wortfamilien?

> Verschwendung, belastbar, verschwenderisch, Belastung, Subvention, verschwendet, Wachstum, subventioniert, gewachsen, Verschwender, belastet

- *a* verschwenden:
- *b* wachsen:
- *c* belasten:
- *d* subventionieren:

Hörverständnis

Hören Sie den Text und beantworten Sie die Fragen.

a Was möchte der Spiegelreporter vom Uno-Umweltdirektor Herrn Klaus Töpfer wissen?

b Worauf kommt es an, wie viele Menschen unser Planet verträgt?

c Was würde passieren, wenn alle Menschen der Welt so verschwenderisch wie Amerikaner leben würden?

d Wie könnten Menschen die Erde nicht so stark belasten?

e Wann würden Frauen ihre Verhaltensweise ändern?

f Was sollen die entwickelten Länder nach Meinung von Herrn Töpfer tun, um den armen Ländern zu helfen?

-
-

Text C   Lektion 22

Sprechübung

Sprechen Sie mit Ihrem Partner:

a) wie das schnelle Weltbevölkerungswachstum gedämmt werden kann?

b) was alles der Analphabetismus zur Folge hat und wie die Welt aussehen könnte, wenn es keine Analphabeten geben würde?

Text C Alterung der Bevölkerung

Einstieg

1) **Sehen Sie sich die Grafik an.**

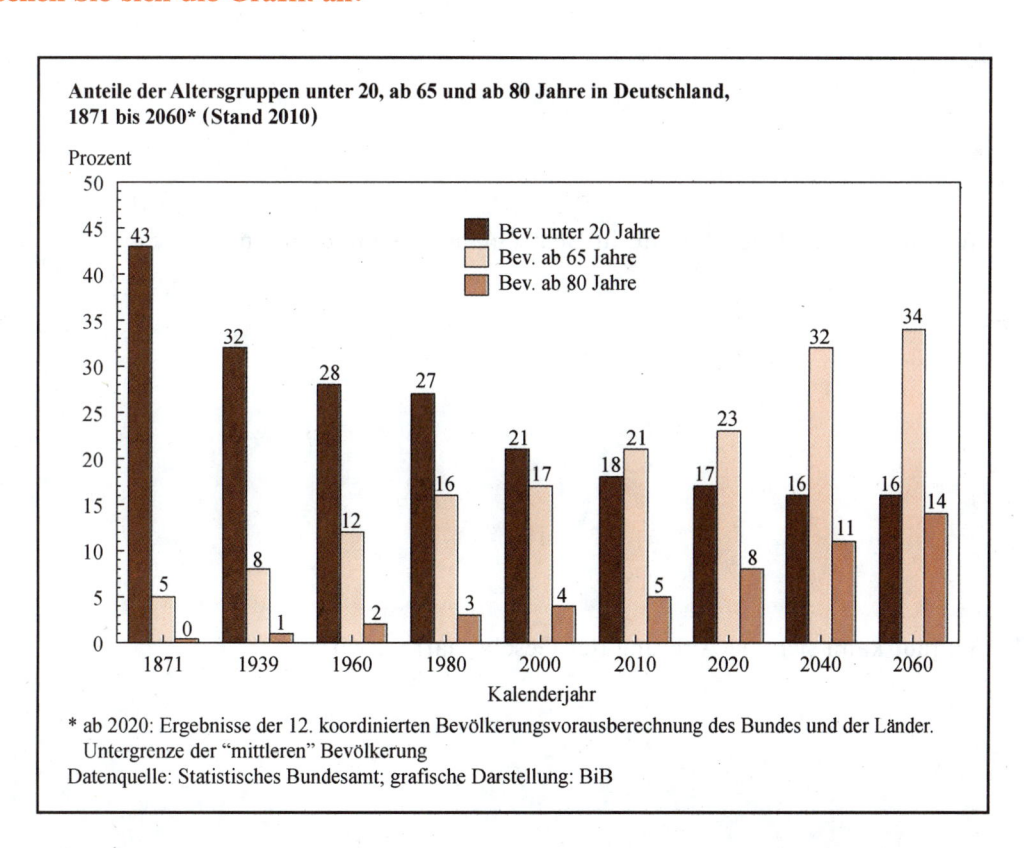

Anteile der Altersgruppen unter 20, ab 65 und ab 80 Jahre in Deutschland, 1871 bis 2060* (Stand 2010)

Prozent

Kalenderjahr	Bev. unter 20 Jahre	Bev. ab 65 Jahre	Bev. ab 80 Jahre
1871	43	5	0
1939	32	8	1
1960	28	12	2
1980	27	16	3
2000	21	17	4
2010	18	21	5
2020	17	23	8
2040	16	32	11
2060	16	34	14

* ab 2020: Ergebnisse der 12. koordinierten Bevölkerungsvorausberechnung des Bundes und der Länder. Untergrenze der "mittleren" Bevölkerung
Datenquelle: Statistisches Bundesamt; grafische Darstellung: BiB

Lektion 22   Text C

2 Diskutieren Sie mit Ihrem Partner.

　a Worüber informiert die Grafik?

　b Welche Tendenz können Sie feststellen?

　c Welche Auswirkungen könnte diese Tendenz haben?

Leseverständnis

1 Lesen Sie den Text und geben Sie jedem Textabschnitt eine Überschrift.

2 Beantworten Sie die Fragen.

　a Was bedeutet kollektives Altern?

　b Warum haben Menschen eine längere Lebenserwartung?

-
-
-
-

　c Warum geht die Geburtenrate in Deutschland seit Jahrzehnten zurück?

-
-
-
-
-

　d Worauf kann sich die Alterung der Gesellschaft auswirken?

-
-
-
-

e Was ist gegen diese Auswirkungen unternommen worden?

-
-

Alterung der Bevölkerung
von Ursula Lehr

a _____

Eine Bevölkerung altert, wenn die Menschen länger leben und gleichzeitig weniger Kinder geboren werden. Dann steigt der relative Anteil der älteren Einwohner an der Gesamtbevölkerung. Dieses kollektive Altern wird ausgedrückt durch den Altenquotienten, das Verhältnis von Rentnern zu Menschen im Erwerbsalter. Der Altenquotient 65 (über 65-Jährige je 100 Personen von 15 bis 64 Jahren) liegt in Deutschland heute bei 34,1, er wird auf 41 im Jahre 2025 und auf etwa 56 bis 60 im Jahre 2050 ansteigen. Die deutsche Gesellschaft wird in den nächsten Jahrzehnten also stark altern, ein Phänomen, das einen Teil des „Demografischen Wandels" darstellt. (Dennoch wenden wir uns gegen den Begriff der „Überalterung"; wir haben nicht zu viele alte Menschen, sondern zu wenige junge. Hier sollte man eher von einer „Unterjüngung" sprechen.)

b _____

Wenn die einzelnen Menschen immer länger leben, wird vom individuellen Altern gesprochen. Dieses individuelle Altern liegt am medizinischen Fortschritt, der unter anderem die einst hohe Säuglings- und Müttersterblichkeit deutlich reduziert hat, an einem Rückgang körperlich belastender Berufe und vor allem an einem gesundheitsbewussteren Lebensstil mit besserer Hygiene und Ernährung, mit Wissen um die Bedeutung von Sport, körperlicher und geistiger Aktivität. Vor 100 Jahren lag die durchschnittliche Lebenserwartung für Männer bei 46,4 und für Frauen bei 52,5 Jahren. Geht man von den derzeitigen Sterblichkeitsverhältnissen aus, kann heute ein neugeborener Junge mit 78, ein neugeborenes Mädchen mit 83 Jahren rechnen. Somit hat sich die Lebenserwartung in diesem Zeitraum nahezu verdoppelt.

c _____

Eine Gesellschaft altert aber erst, wenn nicht nur die einzelnen Mitglieder länger leben, sondern gleichzeitig auch die Geburtenrate je Paar sinkt. Dadurch wird die Kindergeneration kleiner als die Generation der Eltern, der Anteil der Jüngeren an der Gesamtbevölkerung verringert sich. Dieser Geburtenrückgang setzte in Deutschland Ende der 1960er Jahre ein. Während 1950 die Fertilitäts-Rate noch bei 2,2 Kindern pro Frau im gebärfähigen Alter lag, ist sie heute bei nur 1,36 angekommen. Die Gründe dafür sind vielseitig. Dazu gehören unter anderem wirksamere Möglichkeiten der Familienplanung („die Pille") seit den 1970er Jahren sowie der Verlust der Bedeutung des Kindes als Arbeitskraft, als persönliche Alterssicherung, als „Stammhalter" beziehungsweise Namensträger. Als weitere Gründe kommen die sich manchmal bis in das vierte Lebensjahrzehnt hinein ziehende Berufsausbildung sowie ein immer höheres Heiratsalter hinzu. Auch ein gewisser Wertewandel in der Gesellschaft, die Toleranz gegenüber Lebenspartnerschaften ohne Trauschein, dürfte für ein spätes Heiratsalter und damit die Verminderung von Geburten verantwortlich sein. Außerdem ist zu bedenken, dass etwa 15 Prozent der Paare gegen ihren

Lektion 22   Text C

Wunsch kinderlos bleiben.

d _____

Viele Konsequenzen sind heute noch nicht ganz absehbar. In Deutschland werden bereits die Folgen einer alternden Gesellschaft im Hinblick auf die sozialen Sicherungssysteme (Alterssicherung,
35 Krankenversicherung, Pflegeversicherung), die ökonomische Entwicklung, die Arbeitswelt, die Stadt- und Verkehrsentwicklung und das Bildungssystem kritisch diskutiert. Auf die sozialen Sicherungssysteme in Deutschland wirkt sich das neue Verhältnis von Jung zu Alt direkt aus. Das deutsche Rentensystem beispielsweise basiert seit 1957 auf einer Umlagefinanzierung. Das bedeutet: Jede Generation bezahlt mit ihren Beiträgen nicht die eigene Altersversorgung, sondern die der
40 Eltern und Großeltern. Schon jetzt finanzieren etwa zwei Einzahler einen Rentenempfänger. Von 2015 an, wenn die geburtenstarken Jahrgänge in den Ruhestand gehen, wird sich dieses Verhältnis in Richtung 1:1 schieben. Die Politik hat deshalb bereits begonnen, das Renten-Niveau faktisch zu senken: Der so genannte Nachhaltigkeits-Faktor wurde eingeführt, der die jährliche Rentenanpassung dämpft. Zudem soll das Renteneintritts-Alter von jetzt 65 Jahren bis zum Jahr
45 2029 auf 67 Jahre steigen. Wer früher in Rente geht oder gehen muss, erhält dadurch weniger Geld. Wollte man den Altenquotienten auf dem heutigen Niveau halten, müsste rein rechnerisch das Renteneintrittsalter bis 2050 auf nahezu 75 Jahre erhöht werden.

Gekürzt nach: www.berlin-institut.org/online-handbuchdemografie/bevoelkerungsdynamik/auswirkungen/alterung.html

Wortschatzübung

1 Suchen Sie die Wörter, die zur Wortfamilie „altern" gehören, aus dem Text heraus.

altern:

2 Tragen Sie die zusammengesetzten Wörter (Komposita) aus der Wortfamilie „altern" zusammen und erklären Sie diese Komposita.

_____, _____, _____, _____

3 Formulieren Sie die Sätze mit den in den Klammern angegebenen Wörtern um. Passen Sie dabei auf die Änderung des Satzbaus.

a Der Altenquotient 65 **liegt** in Deutschland heute **bei** 34,1. (*betragen*)

b Der Altenquotient 65 wird auf 41 im Jahre 2025 und auf etwa 56 bis 60 im Jahre 2050 **ansteigen**. (*steigen/zunehmen*)

c Dieses individuelle Altern **liegt am** medizinischen Fortschritt. (*etw. wird auf etw.*

Text C **Lektion 22**

zurückgeführt / etw. wird von etw. verursacht)

(d) **Geht** man von den derzeitigen Sterblichkeitsverhältnissen **aus**, kann heute ein neugeborener Junge mit 78, ein neugeborenes Mädchen **mit** 83 Jahren **rechnen**. (1. *etw. voraussetzen*; 2. *etw. für möglich halten*)

(e) Somit **hat sich** die Lebenserwartung in diesem Zeitraum nahezu **verdoppelt**. (*zweimal so hoch sein*)

(f) Dieser Geburtenrückgang **setzte** in Deutschland Ende der 1960er Jahre **ein**. (*beginnen / anfangen*)

(g) Auch die Toleranz gegenüber Lebenspartnerschaften ohne Trauschein dürfte **für** ein spätes Heiratsalter und damit die Verminderung von Geburten **verantwortlich sein**. (*die Ursache für etw. sein*)

(h) **Auf** die sozialen Sicherungssysteme in Deutschland **wirkt sich** das neue Verhältnis von Jung zu Alt direkt **aus**. (*auf etw. wirken / etw. beeinflussen*)

(i) Das deutsche Rentensystem beispielsweise **basiert** seit 1957 **auf** einer Umlagefinanzierung. (*sich auf etw. stützen / auf etw. beruhen*)

(j) Die Politik hat deshalb bereits begonnen, das Renten-Niveau faktisch zu **senken**. (*etw. verringern / reduzieren*)

Grammatik: Textgrammatik

Ein guter Text hat eine Gliederung, besteht also aus inhaltlichen Abschnitten. Sie entstehen dadurch, dass die einzelnen Sätze durch verschiedene Verknüpfungen zusammengehalten werden. Hier sind einige wichtige **Verknüpfungen**:

(a) **unbestimmter Artikel (neu) → bestimmter Artikel (bekannt)**
Beispiel:
Heute wird **ein Land in Afrika** vorgestellt, wo ein Ehepaar im Schnitt vier Kinder hat. **Das Land** hat zurzeit ein großes Bevölkerungsproblem.

(b) **Satzglied oder Satz → lokales pronominales Adverb**
Beispiel:
Während in Afrika eine große Geburtenrate zu verzeichnen ist, besteht **in Deutschland** seit längerem das Geburtendefizit. **Dort** fürchtet man einen Bevölkerungsrückgang.

Lektion 22   Text C

c) **Satzglied oder Satz → temporales pronominales Adverb**
Beispiel:
In Deutschland wurden 2011 gemäß dem vorläufigen Ergebnis des Statistischen Bundesamtes 2,2% weniger Kinder als im Vorjahr geboren. Gleichzeitig liegt die Differenz Sterbefälle zu Geburten bei immerhin 190.000 Menschen.

d) **Nomen → Pronomen/pronominales Adverb**
Beispiel:
Während 1950 die Fertilitäts-Rate noch bei 2,2 Kindern pro Frau im gebärfähigen Alter lag, ist sie heute bei nur 1,36 angekommen.

e) **Nomen → Synonym bzw. Umschreibung**
Beispiel:
„In Ländern wie Malawi, Niger und Uganda werden bis 2100 voraussichtlich fünfmal mehr Menschen leben als heute — vorausgesetzt, dass die Fertilitätsraten in diesen Ländern zurückgehen."

Übung: Setzen Sie eines der Wörter in die Lücke ein und erklären Sie, worauf sich dieses Wort bezieht.

> die, er, das Überbevölkerungsproblem, ihr, sie, Dieser Geburtenrückgang, er, auf dem Alten Kontinent, derzeit, dort

a) Wenn aber die Bevölkerung weiter so schnell wächst wie heute, werden zum Beispiel in Uganda im Jahr 2100 mehr als 30 mal so viele Menschen leben wie _____.

b) Wenn Frauen und Mädchen frei darüber entscheiden könnten, wann und wie viele Kinder sie bekommen, seien _____ gesünder.

c) In Europa hingegen wird die Bevölkerung laut Prognose schrumpfen: Leben _____ heute noch 742 Millionen Menschen, werden es am Ende des Jahrhunderts nach den Schätzungen nur noch 639 Millionen Menschen sein.

d) Die Westgebiete sind dünn besiedelt, die Bevölkerungsdichte liegt _____ bei weniger als 10 Einwohnern pro Quadratkilometer.

e) Das hängt eben ab von der Art und Weise, wie wir mit der Erde umgehen und was wir von _____ in unserem täglichen Leben in Anspruch nehmen.

f) Ein so einfacher Lebensstil ist zwar nicht bequem, aber für die Umwelt bedeutet _____ eine kleinere Belastung.

g) Abgesehen vom niedrigen Lebensstandard haben die Entwicklungsländer allerdings noch ein anderes Problem, nämlich _____.

h) Der Altenquotient 65 liegt in Deutschland heute bei 34,1, _____ wird auf 41 im Jahre 2025 und auf etwa 56 bis 60 im Jahre 2050 ansteigen.

i) Der Anteil der Jüngeren an der Gesamtbevölkerung verringert sich. _____

setze in Deutschland Ende der 1960er Jahre ein.

j   Jede Generation bezahlt mit ihren Beiträgen nicht die eigene Altersversorgung, sondern _____ der Eltern und Großeltern.

Sprechübung

1   Lesen Sie zuerst den Text.

> Drei von zehn Chinesen werden laut einer Prognose der Vereinten Nationen im Jahr 2040 mindestens 60 Jahre oder älter sein. Der Überalterungsprozess hat sich erheblich beschleunigt. Ende 2005 würden 100 Millionen Chinesen mit über 65 Jahren gezählt, die 7,69% der gesamten Bevölkerung ausmachten. Die Zahl der Chinesen mit über 60 Jahren betrug 144 Millionen, was 11,03% der gesamten Bevölkerung bedeutet.

2   Diskutieren Sie in einer kleinen Gruppe über die folgenden Fragen.

a   Warum gibt es in China immer mehr ältere Leute?
b   Welche Probleme könnten dadurch entstehen?
c   Wie könnten die Probleme gelöst werden?

Text D   Ausreichende Nahrung - zunehmender Hunger

Einstieg

1   Bilden Sie aus den Stichwörtern in der Überschrift einen Satz. Sprechen Sie dann mit Ihrem Partner darüber, worum es im Text gehen könnte?

2   Nennen Sie die Antonyme der folgenden Ausdrücke!

a   geistig   _____
b   unterernährt   _____
c   das Einkommen   _____
d   satt   _____
e   hochentwickelt   _____

3   Suchen Sie die Synonyme.

Lektion 22   Text D

☐ **a** elementar   1) produzieren
☐ **b** anfällig für Krankheiten   2) grundsätzlich
☐ **c** darüber hinaus   3) ausreichend
☐ **d** außerordentlich   4) gesundheitlich nicht widerstandsfähig
☐ **e** die Phase   5) ungewöhnlich
☐ **f** erzeugen   6) rapides Anwachsen
☐ **g** genügend   7) die Periode
☐ **h** explosive Wachstumsphase   8) außerdem

Hörverständnis

Hören Sie den Text und beantworten Sie die Fragen.

a Welche Folgen hat es für die Menschen, wenn sie nicht genug Essen bekommen?
Kinder: _____
Erwachsene: _____

b Seit wann nimmt die Bevölkerung auf der Erde besonders schnell zu?

c Gibt es heute genug Nahrungsmittel für alle Menschen auf der Erde?

d Wie viele Menschen haben noch Hunger? Warum?

e Warum sind die Familien in den Entwicklungsländern sehr kinderreich?

f Wo beginnt der Teufelskreis?

g Wie geht der Teufelskreis weiter? Ergänzen Sie.
Mehr Menschen _____ natürlich mehr Nahrung. Um mehr Nahrung zu _____, braucht man wieder _____ _____, die arbeiten. _____ _____ essen dann das meiste wieder auf, so dass noch immer _____ _____ _____ _____ werden können.

h Warum gibt es trotz vieler Hilfen immer noch viele hungernde Menschen?

Sprechübung

Diskutieren Sie mit Ihrem Partner, wie Ihrer Meinung nach alle Menschen satt werden könnten?

Text E   Lektion 22

Text E   Altersstruktur der Bevölkerung Deutschlands

Einstieg

1 Sehen Sie sich die Pyramide in Ägypten und die Bevölkerungspyramide Deutschlands 2010 an.

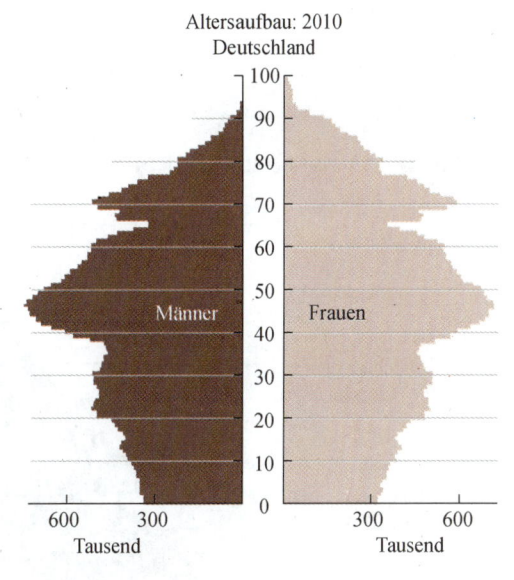

2 Stellen Sie Unterschiede fest.

a) Welche Pyramide hat ein gleichmäßiges Profil und welche ein ungleichmäßiges?

b) Welche Pyramide hat ein kurven- bzw. stufenförmiges Profil?

c) Welche Pyramide hat im Profil Einbuchtungen?

Leseverständnis

Lesen Sie den Text und beantworten Sie die Fragen.

a) Was stellt die Grafik dar?

b) Warum leben in Deutschland mehr alte Frauen als alte Männer?

Lektion 22   Text E

c) Warum wurden Anfang der 30er Jahre des letzten Jahrhunderts weniger Kinder geboren?

d) Wie nennt man die Menschen, die in den 50er und 60er Jahren im 20. Jahrhundert geboren wurden?

e) Aus welchen Gründen kam es wieder zu einem Geburtenboom zwischen 1980 und 1990?

f) Warum gibt es seit den 1990er Jahren ein andauerndes Geburtentief?

Altersstruktur Deutschlands 2013

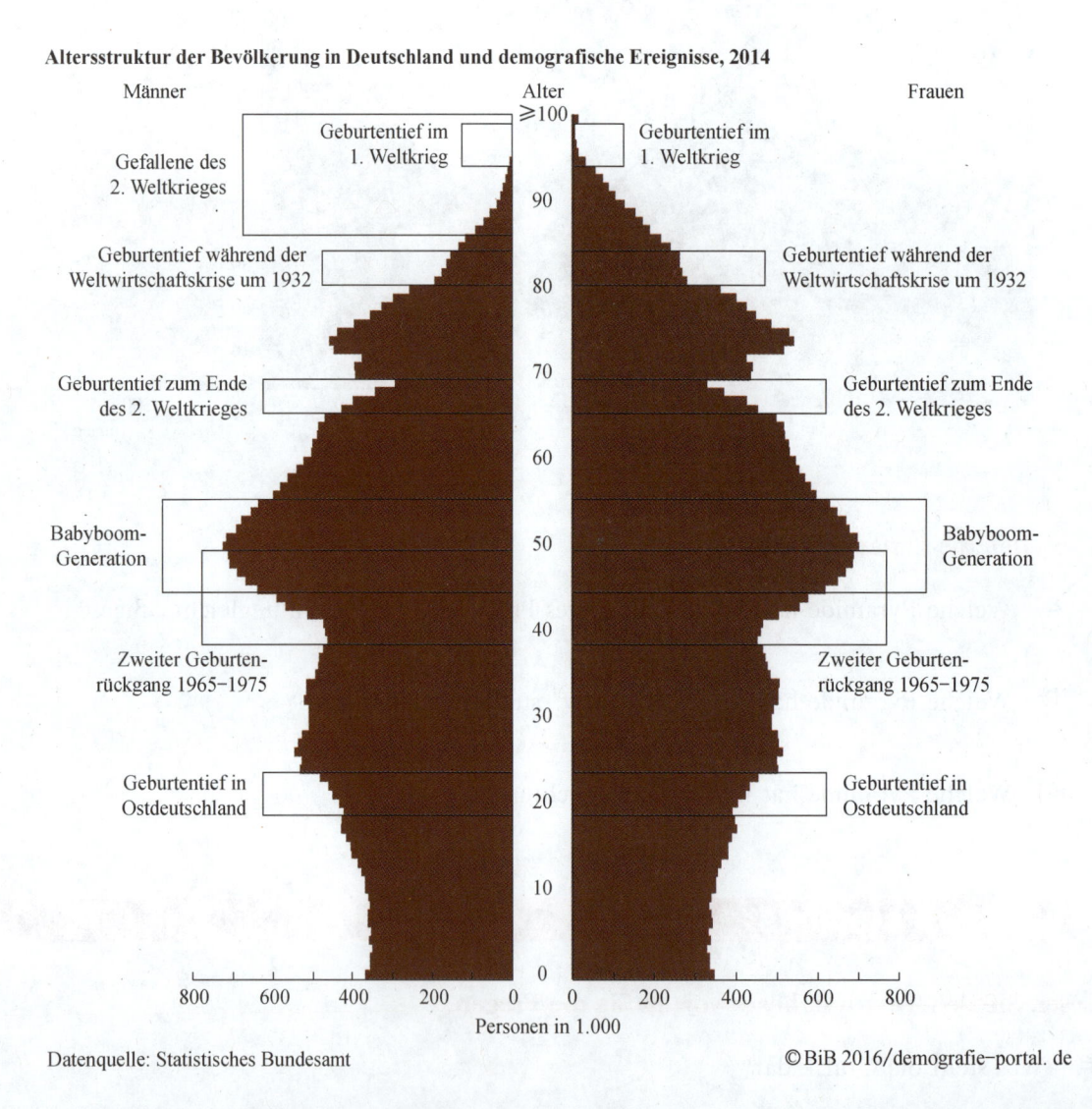

Altersstruktur der Bevölkerung in Deutschland und demografische Ereignisse, 2014

Männer — Alter ≥100 — Frauen

- Gefallene des 2. Weltkrieges
- Geburtentief im 1. Weltkrieg
- Geburtentief während der Weltwirtschaftskrise um 1932
- Geburtentief zum Ende des 2. Weltkrieges
- Babyboom-Generation
- Zweiter Geburtenrückgang 1965–1975
- Geburtentief in Ostdeutschland

Personen in 1.000

Datenquelle: Statistisches Bundesamt   © BiB 2016/demografie-portal.de

Die Altersstruktur der Bevölkerung in Deutschland zeigt diverse Ein- und Ausbuchtungen, die auf verschiedene Ereignisse in der Vergangenheit zurückführbar sind. Damit ist die Altersstruktur das Abbild der Bevölkerungsgeschichte der letzten 100 Jahre.

An der Spitze des Altersaufbaus fällt auf, dass es im hohen Alter deutlich mehr Frauen als Männer gibt. Dies ist auf zwei Ursachen zurückzuführen. Erstens leben Frauen länger als Männer, wodurch im höheren Lebensalter generell Frauenüberschüsse entstehen. Zweitens wird dieser Effekt dadurch verstärkt, dass viele Männer, die 2013 im Alter von über 85 Jahren gewesen wären, im Zweiten Weltkrieg gefallen sind. Das Geburtentief in der Zeit des Ersten Weltkrieges ist nur noch auf der Seite der Frauen im Alter von 94 bis 98 Jahren sichtbar.

Eine weitere Einbuchtung tritt bei den 80- bis 83-Jährigen auf, weil während der Weltwirtschaftskrise um 1932 in Deutschland weniger Kinder geboren wurden. Das sich anschließende Geburtenhoch wird durch den Geburtenrückgang in der Zeit des Zweiten Weltkrieges abgelöst.

In der Zeit nach dem Zweiten Weltkrieg ist die Geburtenzahl noch einmal angestiegen. Die Ende der 1950er Jahre und in den 1960er Jahren in Deutschland geborenen Menschen werden als Babyboomer bezeichnet und waren 2013 um 50 Jahre alt. Im Jahr 1965 setzte dann der zweite Geburtenrückgang ein. In der Folge werden die Jahrgänge ab dem Alter 48 zunächst immer kleiner.

Insbesondere zwei Gründe führen dazu, dass es heute vergleichsweise viele Frauen und Männer im Alter von Mitte 20 bis Mitte 30 gibt. Zum einen haben in den 1980er Jahren die stark besetzten Babyboomer-Jahrgänge ihre Kinder bekommen. Selbst bei einer niedrigeren Fertilität pro Frau kam es daher wieder zu etwas mehr Geburten als zuvor. Zum anderen erholten sich die Geburtenzahlen in der DDR ab Ende der 1970er Jahre aufgrund von familienpolitischen Maßnahmen.

Ab dem 22. Lebensjahr sind die Altersjahre immer schwächer besetzt. Die Einbuchtung bei den 18- bis 22-Jährigen zeigt das Geburtentief in Ostdeutschland in der ersten Hälfte der 1990er Jahre an. Der danach weitergehende Rückgang der Stärke der jüngeren Jahrgänge ist auf die immer kleiner werdenden Müttergenerationen zurückzuführen. Dieser Trend wird sich in den nächsten Jahrzehnten fortsetzen.

www.demografie-portal.de/SharedDocs/Informieren/DE/ZahlenFakten/Bevoelkerung_Altersstruktur_Ereignisse.html

Wortschatzübung

1 Lösen Sie die zusammengesetzten Wörter (Komposita) auf.

- a Altersstruktur
- b Bevölkerungsgeschichte
- c Frauenüberschuss
- d Geburtentief
- e Weltwirtschaftskrise
- f Geburtenrückgang
- g Müttergenerationen

Lektion 22   Text E

2 **Schreiben Sie die Sätze mit den Wörtern um. Achten Sie dabei auf die Änderung des Satzbaus.**

a Viele deutsche Männer **sind** im zweiten Weltkrieg **gefallen.** (*sterben*)

b Eine weitere Einbuchtung **tritt** bei den 80- bis 83-Jährigen **auf**, weil während der Weltwirtschaftskrise um 1932 in Deutschland weniger Kinder geboren wurden. (*vorkommen*)

c Das sich anschließende Geburtenhoch **wird** durch den Geburtenrückgang in der Zeit des Zweiten Weltkrieges **abgelöst**. (*etw. ersetzen*)

d Die Einbuchtung bei den 18- bis 22-Jährigen **zeigt** das Geburtentief in Ostdeutschland in der ersten Hälfte der 1990er Jahre **an**. (*auf etw. hindeuten*)

Grammatische Wiederholung

1 **Formulieren Sie die Nebensätze in eine präpositionale Wortgruppe um.**
Beispiel:
Die Menschen leben heute länger, **weil** die Medizin Fortschritte gemacht hat.
→ **Wegen** der Fortschritte der Medizin leben die Menschen heute länger.
→ **Aufgrund** der Fortschritte der Medizin leben die Menschen heute länger.
→ **Infolge** der Fortschritte der Medizin leben die Menschen heute länger.

a **Weil** körperlich belastende Berufe zurückgehen, sind die Menschen zufriedener als früher.

b **Weil** immer mehr Menschen heute gesundheitsbewusst leben, sind sie gesünder.

c **Weil** Hygiene und Ernährung verbessert wurden, werden Menschen nicht so oft krank.

d **Weil** man weiß, dass die körperliche Aktivität für die Gesundheit wichtig ist, treibt man oft Sport.

Text E   **Lektion 22**

2 **Formulieren Sie die präpositionalen Wortgruppen in einen Nebensatz um.**

Beispiel:

Wegen/Aufgrund/Infolge der Möglichkeit der Familienplanung werden weniger Kinder geboren.

→ **Da** die Familienplanung möglich ist/geworden ist, werden weniger Kinder geboren.

→ **Weil** die Familienplanung möglich ist/geworden ist, werden weniger Kinder geboren.

a **Wegen/Aufgrund/Infolge des Verlusts der Bedeutung des Kindes** wollen immer mehr Menschen keine Kinder haben.

b **Wegen/Aufgrund/Infolge der längeren Berufsausbildung** tritt man immer später ins Berufsleben.

c **Wegen/Aufgrund/Infolge des immer höheren Heiratsalters** bekommt man immer später ein Kind.

d **Wegen/Aufgrund/Infolge eines Wertewandels** verliert die Familie immer mehr an Bedeutung.

e **Wegen/Aufgrund/Infolge der Toleranz gegenüber Lebenspartnerschaften ohne Trauschein** leben immer mehr Menschen ohne Trauschein zusammen.

Test

Ergänzen Sie die Lücken mit den folgenden Wörtern.

> Faktoren, verbraucht, Bevölkerungsentwicklung, Infrastruktur, wächst, zum, Differenz, Migrationssaldo, Bevölkerungsrückgang, Unterschiede, erwartet, beschreibt, Zuwachsrate, stellen, Trinkwasser

Bevölkerungsentwicklung

Die Bevölkerungsentwicklung ist ein Gebiet der Demografie und _____, wie groß die Entwicklungszahl der Menschen auf einer bestimmten Fläche ist. Dabei unterscheidet man erstens die natürliche _____ und zweitens die Entwicklung aus dem Migrationssaldo. Bei der natürlichen Entwicklung wird die _____ zwischen der Geburtenrate und Sterberate berechnet. Beim _____ dagegen wird die Zahl der Einwanderer mit der Zahl der Auswanderer verrechnet. Je nach dem, ob man dabei ein Plus oder ein Minus erhält, spricht man von einem Bevölkerungswachstum oder von einem _____.

Welche _____ beeinflussen die Bevölkerungsentwicklung? Durch die Verbesserung der Ernährung und der medizinischen Versorgung verringert sich die Sterberate. Ebenso führt eine Änderung der Lebensgewohnheiten und Lebensweise _____ Steigen oder Fallen der Wachstumsrate.

Zwischen Entwicklungsländern und Industrieländern gibt es auch hier große _____. Während in vielen Industrieländern wie zum Beispiel Deutschland ein Bevölkerungsrückgang _____ wird, ist in den Entwicklungsländern eine enorme _____ erkennbar, besonders in den Städten dieser Länder. Schon heute kann man feststellen, dass die Weltbevölkerung vorwiegend in den Städten der Entwicklungsländer _____.

Seit einigen Jahrzehnten entstehen in der Welt vor allem in den Entwicklungsländern immer mehr Megastädte mit mehr als zehn Millionen Einwohnern. Megastädte _____ die Länder vor große Herausforderungen. Die _____ und Stadtplanung können oft nicht mit dem schnellen Wachsen der Städte mithalten. Die Millionen von Menschen müssen mit allem Lebensnotwendigen und vor allem sauberen _____ versorgt werden. Gleichzeitig werden Unmengen an Energie und Ressourcen _____. Wir müssen so schnell wie möglich sinnvolle Lösungen finden.

Lektion 23
Gesundheit und Ernährung

(Schaubild: Begriffe rund um GESUNDHEIT – Bewegung, Viel Wasser trinken!, starkes Herz, Stress (durchgestrichen), starke Abwehrkräfte, Entspannung, ausgewogene Ernährung, Energie, Kraft, Elan, Freundschaft, Vitamine & Mineralstoffe)

1 Schauen Sie sich das Schaubild an und ordnen Sie die Begriffe der jeweiligen Kategorie zu.

Ausgewogene Ernährung	Gesundheit	Sport	Ruhe und soziale Kontakte

2 Erläutern Sie den Zusammenhang zwischen ausgewogener Ernährung, Bewegung und der Gesundheit.

> *Redemittel:*
> - Wenn man sich ausgeglichen ernährt, …
> - Gleichzeitig muss man viel Sport treiben, weil…
> - Ein Mensch wird als gesund bezeichnet, wenn…

Lektion 23　　Text A

Text A　Studie zum Ernährungsverhalten: So isst Deutschland

Einstieg

Wie ernähren sich die Chinesen? Essen sie lieber Fleisch oder Gemüse?

> *Redemittel:*
> - *Ich denke, dass..., weil...*
> - *Ich vermute, dass...*
> - *Ich gehe davon aus, dass...*

Leseverständnis

1 Überfliegen Sie den Text und überlegen Sie, auf welches Forschungsergebnis (1.—8.) sich die folgenden Fragen beziehen.

a Was ist ein häufiger Grund für Frauen zu essen?

b Was hindert einen daran, sich gesund zu ernähren?

c Ist ein gutes Essen für einen wichtig?

d Wie oft greift man selber zum Kochlöffel?

e Leidet man unter Lebensmittelunverträglichkeiten und Allergien?

f Kann man auf Fleisch verzichten?

g Ist man mit seiner Figur zufrieden?

h Warum isst man Fastfood?

2 Beurteilen Sie, ob die folgenden Aussagen richtig oder falsch sind.

	Aussage	richtig	falsch
a	Man achtet mehr auf den Geschmack als den Nährwert.		
b	Nur die Hälfte der jungen Leute kann eine gesunde Ernährung realisieren.		
c	Der Fleischkonsum ist unabhängig von Bildungsniveau und Verdienst.		
d	Man kocht nicht, weil es in der Küche zu kalt ist.		
e	Ärmere Menschen essen häufig Fastfood, weil es ihnen appetitlicher erscheint.		
f	Für die zunehmenden Lebensmittelunverträglichkeiten und Allergien ist allein das gestärkte Gesundheitsbewusstsein verantwortlich.		
g	Die Gewichtsabnahme ist wirksamer, wenn man langfristig seine Essgewohnheiten verändert hat.		

Studie zum Ernährungsverhalten:
So isst Deutschland

Für die Studie „Iss was, Deutschland?" hat das Forsa-Institut im Auftrag der TK im Januar dieses Jahres 1000 Erwachsene zu ihrem Essverhalten befragt. Hier sind die Ergebnisse der Studie im Überblick:

1. Für die Hälfte der Deutschen ist gutes Essen wichtig.

Immerhin für die Hälfte der Frauen und Männer, die für die Studie befragt wurden, hat das Essen einen hohen Stellenwert. Sie sind bereit, Zeit und Geld zu investieren. 45 Prozent der Befragten ist es demnach am wichtigsten, dass ein Essen lecker ist. Deutlich weniger, nämlich 35 Prozent, legen Wert auf gesunde Kost. Vor allem Frauen achten darauf, dass Mahlzeiten gesund und kalorienarm sind. Unter den jüngeren beschäftigen sich deutlich weniger mit dem Thema: Nur 23 Prozent der 18- bis 25-Jährigen ist es wichtig, dass sie sich gesund ernähren. Nur jeder Zehnte von ihnen setzt es im Alltag um.

2. Verzicht auf Wurst und Fleisch fällt vielen schwer.

Im Schnitt verzehrt die Hälfte der Bevölkerung täglich Wurst oder Fleisch. Je geringer der Bildungsstand und das Einkommen, desto fleischlastiger ist die Ernährung. Vor allem Männern und jüngeren Bundesbürgern falle der Verzicht schwer, heißt es in der Studie.

3. Frauen essen häufiger aus Frust.

Frauen sind der Studie zufolge die größeren Frustesser. 40 Prozent werfen bei schlechter Laune ihre Vorsätze über Bord und greifen nach Herzenslust zu. Bei den Männern ist dies nur die Hälfte.

Lektion 23   Text A

4. Wenig Zeit erschwert gesunde Ernährung.
An Wissen über eine gesunde Ernährung mangelt es nicht und häufig ist auch der Wille da: Als größte Hürde für eine gesündere Ernährung nennt die Hälfte der Befragten fehlende Zeit und Ruhe.

5. Nur die Hälfte aller Haushalte kocht regelmäßig selbst.
In vielen Familien wird nur noch selten selbst gekocht. Nur noch in der Hälfte der Haushalte gibt es täglich eine selbst zubereitete Mahlzeit. In jeder dritten Familie wird immerhin drei- bis fünf Mal pro Woche ein Essen selbst zubereitet. Beim Rest bleibt die Küche meistens kalt.

6. Kosten spielen eine Rolle.
Für viele Geringverdiener ist eine gesunde Ernährung auch eine Geldfrage. Menschen mit geringem Einkommen geben an, häufig in Fast-Food-Läden zu gehen. Die schlagen jedoch finanziell mehr zu Buche als eine gesunde Ernährung. Auch hier wird deutlich: Gesunde Ernährung hat sehr viel mit Bewusstsein zu tun.

7. Unverträglichkeiten und Allergien nehmen zu.
Lebensmittelunverträglichkeiten und Allergien nehmen zu: Zumindest geben 17 Prozent der Befragten an, dass sie davon betroffen sind. Der Anstieg ist auf veränderte Lebens- und Ernährungsgewohnheiten zurückzuführen, heißt es in der Studie. Ein weiterer Grund dürfte aber auch sein, dass das Bewusstsein für die Problematik gestiegen ist.

8. Jeder zweite Deutsche ist mit seinem Gewicht unzufrieden.
Wie die Umfrage ergeben hat, ist jeder Zweite mit seiner Figur unzufrieden. Jede zweite Frau und jeder vierte Mann hätten daher schon einmal versucht, mit einer kurzfristigen Diät abzunehmen, viele von ihnen auch mehrfach. Deutlich erfolgreicher sei eine dauerhafte Ernährungsumstellung. Sechs von zehn Befragten konnten ihr Gewicht so dauerhaft reduzieren.

http://www.stern.de/gesundheit/ernaehrung/aktuelles/studie-zum-ernaehrungsverhalten-so-isst-deutschland-1975009.html

Wortschatzübung

1 Verzehren oder speisen? Welches Wort passt?

> **verzehren:** etwas essen (und dazu etwas trinken)
> **speisen:** geschriebene Sprache, ≈essen (gut, teuer, exklusiv)

a Es wäre für mich eine besondere Ehre, einmal im Restaurant von Thomas Keller in Kalifornien zu _____, wo dem Gast bis zu 16 Gänge serviert werden.

b Sushi, wie in Japan üblich, in einem Stück zu _____, ist allerdings ein Ding der Unmöglichkeit.

c Es weist auf eine veränderte Esskultur hin: Fast Food statt Selbstgekochtem; allein im

Stehen essen statt mit der Familie an der Tafel _____ ; uniformierter Massengeschmack statt Eigenrezept.

d Er forderte die Menschen auf, nur frisch gekochtes Essen zu _____ und abgekochtes Wasser zu trinken.

② Speise, Nahrung, Ernährung oder Nährstoffe? Welches Wort passt?

> **die Speise**: ein Gericht
> **Ernährung**: Nahrungszufuhr, Nahrung, wirtschaftliche Versorgung
> **Nahrung**: Essbares, Trinkbares, das ein Lebewesen zur Ernährung, zu Aufbau und Erhaltung des Organismus braucht und zu sich nimmt.
> **Nährstoffe**: (meistens Plural), für Aufbau und Erhaltung von Organismen notwendiger Stoff.

a Für die _____ kommt zunächst gesalzene Butter aufs Schwarzbrot, dann folgen Hering, rote Zwiebeln, Radieschen und gehackter Schnittlauch sowie Pfeffer und körniges Meersalz.

b Eier enthalten eine Vielzahl wertvoller _____, bei gleichzeitig geringem Fettgehalt und wenigen Kalorien.

c Für die Schafe war wegen der Dürre nicht genügend _____ auf den Weiden vorhanden.

d Auf eine kohlenhydrathaltige Kost hat sich die _____ erst umgestellt, als der Mensch sesshaft wurde und begann, Getreide anzubauen.

e Dies ist nützlich zur Zellregeneration durch Wachstumshormone in der Nacht und viel sicherer zur Bedarfsdeckung aller _____ über 24 Stunden.

f Eine bestimmte _____, die ihm gereicht wurde, galt als Symbol der Aufnahme in die Familie oder als Abweisung.

g Eine _____, die ausschließlich auf Ananas basiert, führt jedoch zu einer Mangelernährung und schädigt die Gesundheit.

h Eiweiß muss täglich mit der _____ aufgenommen werden.

Grammatik: Redewiedergabe

> Für die Wiedergabe von Feststellungen stehen im Deutschen verschiedene Ausdrucksformen zur Verfügung. Unterschieden werden dabei die direkte Redewiedergabe und die indirekte Redewiedergabe.
>
> 1. Die direkte Redewiedergabe
>   In der Studie heißt es: „Vielen fällt der Verzicht auf Wurst und Fleisch schwer."

Lektion 23   Text A

> **2. Indirekte Redewiedergabe**
>
> In der Studie heißt es, vielen falle der Verzicht auf Wurst und Fleisch schwer. (Schriftsprache, journalistische Objektivität, Wiedergabe einer Fremdaussage statt der eigenen Meinung)
>
> In der Studie heißt es, dass vielen der Verzicht auf Wurst und Fleisch schwer fällt. (Gesprochene Sprache)
>
> **3. Andere Möglichkeiten statt indirekter Rede:**
>
> Er behauptete, nur Fleisch gegessen zu haben. (Infinitivkonstruktion)
>
> Er will nur Fleisch gegessen haben. (Modalverb)
>
> Nach seiner Aussage hat er nur Fleisch gegessen. (Quellenangabe)
>
> Er soll nur Fleisch gegessen haben. (Modalverb)

1 Beurteilen Sie, ob die folgenden Aussagen richtig sind.

a Die direkte Rede zielt auf die Originalität der Äußerung.

b Bei der indirekten Redewiedergabe ist die Verwendung vom Konjunktiv zwingend.

c Die indirekte Rede mit Konjunktiv ist in der Presse üblich.

d Bei der Verwendung von der indirekten Rede mit Konjunktiv möchte man die Distanzierung von der zitierten Aussage ausdrücken.

e Wenn die indirekte Rede durch einen Nebensatz mit dass ausgedrückt wird, dann kann auch der Indikativ stehen.

f Außer direkter und indirekter Rede gibt es im Deutschen keine anderen Ausdrucksmöglichkeiten, die fremden Aussagen wiederzugeben.

g Bei indirekter Rede ist der Konjunktiv immer korrekt.

2 Setzen Sie die folgenden Aussagen in die indirekte Rede.

Die Studie kommt zu dem Ergebnis, dass fast die Hälfte der Deutschen nicht gerne koche.

a Für die Hälfte der Deutschen ist gutes Essen wichtig.

b Verzicht auf Wurst und Fleisch fällt vielen schwer.

c Frauen essen häufiger aus Frust.

d Wenig Zeit erschwert gesunde Ernährung.

e Nur die Hälfte aller Haushalte kocht regelmäßig selbst.

f Kosten spielen bei der Wahl des Essens eine Rolle.

g Unverträglichkeiten und Allergien nehmen zu.

h Jeder zweite Deutsche ist mit seinem Gewicht unzufrieden.

i Jeder zweite Mann behauptete, nie richtig in der Küche gekocht zu haben.

j Einige wollen sogar Schlangenfleisch probiert haben.

k Nach der Aussage der Wissenschaftler betrifft diese Essgewohnheit hauptsächlich die Kinder.

Schreibübung

Formulieren Sie Ernährungstipps mit Hilfe der angegebenen Stichwörter.

Beispiel:

Essen Sie mehr Vollkornbrot, weil es komplexe Kohlenhydrate enthält und sie langsam ins Blut übergehen.

Ein weiterer Vorschlag wäre, dass...

Stichwörter:

Vorschlag	Begründung
Vollkornbrot	komplexe Kohlenhydrate, langsam ins Blut übergehen
fettarme Ernährung mit wenig Fleisch und tierischen Fetten	Cholesterinspiegel senken
Frühstück, ein großes Glas warmes Wasser mit dem Saft einer Zitrone	Verdauung fördern, Abwehrkräfte stärken
Seefisch, Milch, Jodsalz	gegen Jodarmut und Müdigkeit

Lektion 23   Text B

kleinere Mahlzeiten statt 3 größerer Portionen zu den traditionellen Essenszeiten	besser verdauen, keinen Heißhunger, der Körper ständig aktiv
keine scharfen Gewürze, keine fetten Lebensmittel, keinen Kaffee, keinen Alkohol, drei Stunden vor dem Schlaf nichts essen	Sodbrennen vorbeugen
mehr Sojaprodukte	vor Herzinfarkt schützen, Alterungsprozess verlangsamen
Ballaststoffreich ernähren, viel trinken, viel Bewegung	Verstopfung vorbeugen
täglich mindestens 2 Liter Wasser Kaffee, Tee, Wein, Bier oder Limonade nicht mitgezählt	nötig für den Körper

Text B   Übergewicht

Einstieg

1 Wie kann man feststellen, ob jemand übergewichtig ist?

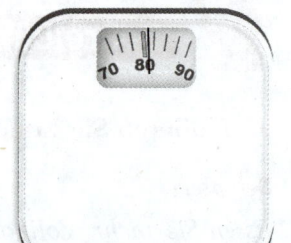

2 Nennen Sie mögliche Folgen von Übergewicht.

Hörverständnis

Hören Sie jetzt einen Text und beantworten Sie folgende Fragen.

a Welche Ernährungsfehler werden gemacht?

b Wie viele Menschen in Deutschland haben heute Idealgewicht?

c Welche Krankheiten können bei Übergewicht auftreten? Nennen Sie drei Beispiele aus dem Text.

d Was kann man gegen Übergewicht tun?

e Nach welcher Formel kann man sein Gewicht mit dem Idealgewicht vergleichen?

f Welche Gefahren hat Untergewicht?

Sprechübung

Nennen Sie ein paar Maßnahmen gegen Übergewicht. Die folgenden Stichwörter und Redemittel helfen Ihnen dabei.

Stichwörter:
viel Bewegung; ausgewogene Ernährung (wie viel, was und wann man isst);
weniger Fett, mehr Obst und Gemüse

Redemittel:
- Gegen Übergewicht kann man folgendes tun:
    - Erstens wäre denkbar, dass ...
    - Ein weiterer Vorschlag wäre, dass ...
    - Außerdem wäre es ratsam, dass ...

Text C Was ist Gesundheit?

Einstieg

Welche Rolle spielen Ernährung, Psyche und Bewegung für die Gesundheit?

Redemittel:
- Zuerst spielt ... eine entscheidende Rolle.
- Außerdem ist ... zu nennen.
- Auch ... darf nicht fehlen, weil ...

Leseverständnis

1 Lesen Sie den Text und geben Sie jedem Abschnitt eine Überschrift.

Lektion 23   Text C

2 Lesen Sie den Text und beantworten Sie die Fragen.

a In welchem Zusammenhang stehen der Fortschritt der Zivilisation und das Auftreten von Krankheiten?

b Welche Verarbeitungsschritte durchlaufen die meisten Nahrungsmittel?

c Welche Nährstoffe sind durch den Verarbeitungsprozess verloren gegangen?

d Was muss man außer der Ernährung noch beachten, um körperlich gesund zu bleiben?

e Sind einige Krankheiten überwiegend physisch oder psychisch bedingt?

f Warum gewinnt Sport heutzutage zunehmend an Bedeutung?

Was ist Gesundheit?

a _____

Gesund sein heißt mehr als nur „nicht krank" sein: Gesund sein bedeutet leistungsfähig, widerstandsfähig und ausgeglichen sein. Gesundheit ist ein stabiles Gleichgewicht, das nicht so leicht gestört werden kann und den Menschen als Ganzheit umfasst.

b _____

Die meisten Menschen leiden heute unter irgendwelchen Zivilisationskrankheiten, und sei es auch
5 nur an Zahnkaries. Unter Zivilisationskrankheiten versteht man Krankheiten, die bei Naturvölkern nicht feststellbar sind, die jedoch umso zahlreicher werden, je höher die Zivilisation fortschreitet. Heute sind über 80 Prozent aller Krankheiten Zivilisationskrankheiten. Dazu gehören Übergewicht, Herz- und Kreislaufkrankheiten, Diabetes, Krebs, Prostatitis, Rheuma, Arthritis, Krampfadern u.a.

c _____

10 Bei all diesen Krankheiten spielt die Ernährung eine viel zentralere Rolle, als man allgemein annimmt. Ein Großteil unserer Nahrungsmittel stammt heutzutage nicht direkt vom Bauernhof, sondern durchläuft zuerst die Nahrungsmittelindustrie, wo sie mehrfach verarbeitet werden. Zum Zweck der Haltbarkeit, der einfachen Zubereitung, des Geschmacks und der Verkaufsförderung werden die natürlichen Produkte geschält, entkeimt, erhitzt, konserviert, pasteurisiert,
15 homogenisiert, gefärbt, mit Bindemittel versehen, gehärtet, gespritzt, gebleicht, die Reihe will kein Ende nehmen. Es ist klar, dass der Gehalt der Nahrung davon nicht profitiert. Es bleiben am Schluss wohl noch Kohlenhydrate und Fette übrig, viele elementar wichtige Spurenelemente gehen jedoch verloren: Enzyme, Mineralstoffe, Vitamine und anderes mehr. Dadurch entstehen mit der Zeit Mangelerscheinungen im Körper, die Gesundheit wird geschwächt und auch wenn eigentliche
20 Krankheiten erst Jahre oder Jahrzehnte später ausbrechen – der Grundstein dafür wird in dem

Augenblick gelegt, in dem wir uns auf diese Weise mangelhaft zu ernähren beginnen.

d _____

Wie groß der Einfluss einer gesunden Ernährung ist, zeigt die Tatsache, dass wir durch Umstellen auf eine natürliche Kost viele dieser Krankheiten nicht nur verhindern, sondern in vielen Fällen sogar heilen können. Die meisten Milliarden, die wir heute für das Gesundheitswesen ausgeben, könnten wir einsparen, wenn wir uns nur richtig, d. h. vollwertig, ernähren würden. Eine naturgemäße Ernährung ist also ein wichtiger Faktor der Gesundheit, jedoch nicht der einzige. Körper und Psyche stehen in einem starken gegenseitigen Zusammenspiel und so muss eine wirkliche Gesundheit nicht nur im Körper, sondern auch in der Psyche verankert sein. Gesund sein heißt auch glücklich sein, harmonisch leben, Freude haben, seine Kreativität und seine Persönlichkeit entfalten können. Für eine solche integrale Gesundheit, die Körper und Seele umfasst, kann Nahrung immer nur ein Faktor – wenn auch ein wichtiger – sein.

e _____

Die psychische Verfassung spielt für die Gesundheit also ebenfalls eine wichtige Rolle. Die meisten Krankheiten sind psychosomatisch, d. h. man kann sie im Körper und in der Psyche feststellen. Die Ursache ist oft nicht eindeutig: Man kann zum Beispiel oft feststellen, dass Leute sich viel ärgern und aufregen und gleichzeitig ein Magengeschwür haben. Ob sie nun leicht aus der Fassung geraten, weil sie ein Magengeschwür haben, oder ob sie deshalb ein Magengeschwür haben, weil sie psychisch so unausgeglichen sind, ist häufig nicht festzustellen. Fest steht nur, dass die Krankheit im Körper und in der Psyche gleichermaßen verwurzelt ist und sich auf beiden Ebenen manifestiert.

f _____

Auch die Bewegung des Körpers hat Einfluss auf die Gesundheit. Je mehr die körperliche Arbeit aus dem Alltag verschwindet, desto wichtiger wird die sportliche Betätigung, um den Körper fit zu halten.

nach K. A. Bayer, ABC gesunder Ernährung

Wortschatzübung

Formulieren Sie die Sätze mit den angegebenen Verben um.

a Gesundheit ist ein stabiles Gleichgewicht, das den Menschen als Ganzheit **umfasst**. (*betrachten*)

b Je höher die Zivilisation **fortschreitet**, umso zahlreicher werden die Zivilisationskrankheiten. (*sich weiter entwickeln*)

c Ein Großteil unserer Nahrungsmittel **durchläuft** zuerst die Nahrungsmittelindustrie, wo sie mehrfach verarbeitet werden. (*absolvieren*)

Lektion 23   Text D

d) So muss eine wirkliche Gesundheit nicht nur im Körper, sondern auch in der Psyche **verankert sein**. (*von etw. abhängig sein*)

e) Sie **geraten** nun **leicht aus der Fassung**. (*sich nicht beherrschen können*)

f) Die Krankheit **manifestiert sich** auf beiden Ebenen. (*sich zeigen*)

Sprechübung

Fassen Sie den Inhalt des Lesetextes zusammen. Die folgenden Stichwörter und Redemittel helfen Ihnen dabei.

Stichwörter:
Gesundheit; Zivilisationskrankheiten; Ernährung; Veränderung der Essgewohnheiten; psychische Verfassung; integrale Gesundheit; physisch oder psychisch bedingte Krankheit; Sport

Redemittel:
- Unter ... versteht man ...
- Es lässt sich beobachten, dass immer mehr Menschen unter ... leiden.
- Der Grund dafür liegt wohl darin, dass ...
- Wenn man sich auf gesunde Ernährung umstellt ...
- Gesundheit bedeutet nicht nur ..., sondern auch ...
- Es ist bis jetzt noch nicht feststellbar, ob ....
- Jedenfalls muss man oft ...

Text D   Deutschland isst sich krank!

Einstieg

Beschreiben Sie mit Hilfe der Tabelle das Schaubild.

a) Welche Nahrungsmittel sehen Sie?

b) Warum befinden sie sich in einem Dreieck?

c) In welchem Zusammenhang steht dieses Ernährungsdreieck mit den untenstehenden Zeichen für Sport?

Text D   Lektion 23

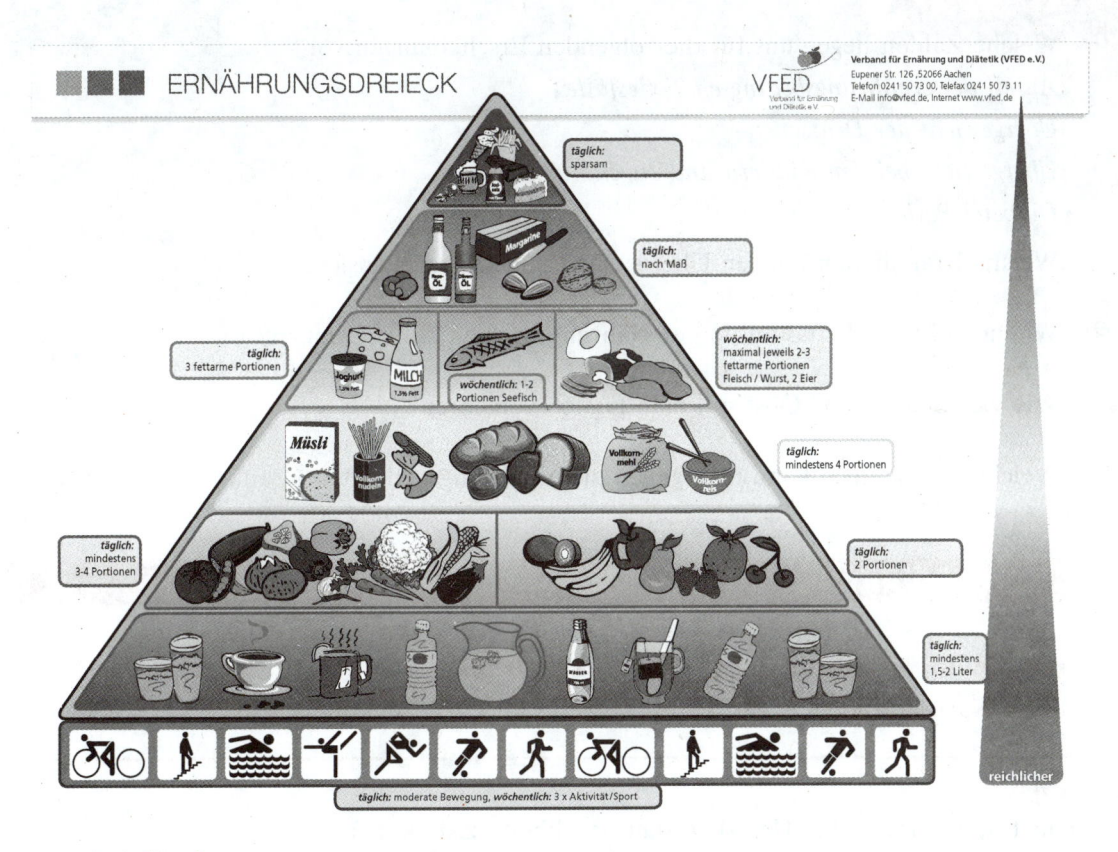

ERNÄHRUNGSDREIECK

Verband für Ernährung und Diätetik (VFED e.V.)
Eupener Str. 126, 52066 Aachen
Telefon 0241 50 73 00, Telefax 0241 50 73 11
E-Mail info@vfed.de, Internet www.vfed.de

täglich: moderate Bewegung, wöchentlich: 3 x Aktivität/Sport

www.juvitalia.de

täglich: sparsam	1)	Eis, Schokolade, Kuchen, Bonbons, Bier, Wein
täglich: nach Maß	2)	Speiseöl, Margarine
wöchentlich: maximal jeweils 2-3 P	3)	Seefisch, Wurst, Fleisch, Eier
täglich: 1 fettarme P	4)	Milchprodukte
täglich: mindestens 4 P	5)	Vollkornbrot, Kartoffeln, Naturreis, Müsli und Vollkornnudeln
täglich: 2 P	6)	frisches Obst
täglich: mindestens 3-4 P	7)	Gemüse, Salate
täglich: 1,5-2 l	8)	Getränke
täglich:		moderate Bewegung
wöchentlich: 3 Mal		Aktivität/Sport

Hörverständnis

Hören Sie den Text und beantworten Sie die folgenden Fragen.

a) Welche Probleme haben die Deutschen mit dem Essen?

b) Wie hoch sind die Kosten, die durch Fehlernährung verursacht werden?

Lektion 23   Text E

c) Welche Zahlen liegen uns für die folgenden Erscheinungen vor?
Anteil der ernährungsbedingten Todesfälle:
Übergewicht der Deutschen:
Übergewicht bei den Kindern und Jugendlichen:
Diabetes-Patienten:

d) Welche Krankheiten können Übergewicht und Diabetes auslösen?

e) Wie hoch ist der Fettanteil in der Nahrung in allen Altersgruppen?

f) Wie viel Gemüse und Obst soll man täglich verzehren?

g) Welche Maßnahmen kann man gegen die ernährungsbedingten Krankheiten ergreifen?

Sprechübung

Nennen Sie die Maßnahmen gegen ernährungsbedingte Krankheiten und wägen Sie dabei Vor- und Nachteile ab.

Stichwörter:
Diabetes; Übergewicht; Herz-Kreislaufkrankheit; Zahnkaries

Redemittel:
- *Es ist denkbar, dass...*
- *Man kann sich vorstellen, dass...*
- *Zwar..., aber...*
- *einerseits, andererseits*

Beispiel:
Es wäre sinnvoll, dass man oft Salat isst, um den Cholesterinspiegel zu senken. Jedoch soll man das nicht übertreiben. Bei einseitiger Ernährung könnte man Mangelerscheinungen bekommen.

Text E   Antibiotika im Brötchen

Einstieg

1) Was gehört zusammen?

☐ a) Nutztier   1) flüssiger Stalldünger, der sich aus Jauche, Kot, eventuell Wasser sowie Resten von Einstreu und Futter zusammensetzt

☐ b) ausscheiden   2) Tier, das vom Menschen wirtschaftlich genutzt wird

☐ c Kot   3) ausgeschiedener Harn
☐ d Urin   4) Stoff, der dem Boden zur Erhöhung seiner Fruchtbarkeit zugeführt wird.
☐ e Gülle   5) Ausscheidung des Darms
☐ f Dünger   6) Kot und Urin durch den Darm oder die Blase nach außen abgeben
☐ g Masttierhaltung   7) (meistens Plural) nach dem amerikanischen Bakteriologen und Pathologen D. E. Salmon (1850 – 1914); Bakterie, die beim Menschen Darminfektionen hervorruft
☐ h Stamm   8) das Füttern von Schlachttieren, die fett werden sollen.
☐ i Salmonellen   9) (in der Mikrobiologie) kleinste Einheit von Mikroorganismen

2 Sehen Sie sich das Bild an! Vermuten Sie, wie Antibiotika in Getreide kommen. Wie wird unsere Gesundheit dadurch gefährdet?

Redemittel:
- Ich denke, dass …
- Ich vermute, dass …
- Ich nehme an, dass …
- Das könnte unsere Gesundheit beeinträchtigen, indem …
- Die Gefahr besteht darin, dass …

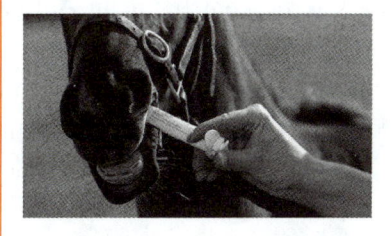

Leseverständnis

Lesen Sie den Text und beantworten Sie die folgenden Fragen.

a Was hat man in Nutzpflanzen entdeckt?

b Warum muss man Nutztieren Antibiotika geben?

c Wie kommen die Antibiotika in das Getreide?
Die Nutztiere:
Die Gülle:
Boden:
Pflanzen:

d Was ist die Gefahr der mit Rückständen von Antibiotika verseuchten Nutzpflanzen?

e Wie reagieren die Bakterien, wenn wir immer mehr Antibiotika nehmen oder sie nicht behutsam einsetzen?

f Warum kann auf die Verwendung von Antibiotika in der Tierhaltung nicht verzichtet werden?

Lektion 23   **Text E**

g) Fassen Sie den Verlauf einer Salmonellen-Erkrankung mit eigenen Worten zusammen.
Die erkrankten Tiere:
Bakterien:
Antibiotika:
Auf dem Teller:
Die erkrankten Menschen:
Folge – Teufelskreis:

Antibiotika im Brötchen

Lebensmittelkontrollen sind notwendig – in allen Bereichen. Bei Gemüse und Obst etwa werden immer wieder zu hohe Pestizidbelastungen entdeckt. Wissenschaftler der Uni Paderborn haben auch in Wurzel- und Grünanteilen von erntereifen Nutzpflanzen Spuren von Antibiotika nachgewiesen. Sogar im Korn von Getreide stießen sie auf Rückstände des Medikaments. Und Weizen ist ein
5 Hauptbestandteil von Brötchen!

Aber wie kommen denn Antibiotika in Getreide hinein? Das hat etwas mit der Masttierhaltung zu tun. In der EU werden jedes Jahr Tausende Tonnen von Antibiotika an Nutztiere verfüttert, um sie gegen Infektionen zu schützen oder von Krankheiten zu heilen. Doch das zugeführte Antibiotikum scheiden die Tiere zu 90 Prozent wieder aus. Der aufgefangene Kot und der Urin der Tiere gelangen
10 wiederum als Gülle zur Düngung auf die Felder.

Die Gülle durchdringt den Boden, die darin enthaltenen Antibiotika ebenfalls. Während der Wachstumsphase nehmen die Pflanzen die Rückstände des Medikaments auf – wenn auch nur in geringen Spuren. Doch selbst diese geringen Spuren bereiten den Wissenschaftlern Sorge. Steckt in unseren Nutzpflanzen eine echte Gefahr?

15 Eine akute Gefährdung haben wir sehr wahrscheinlich nicht, aber vielleicht eine schleichende Gefährdung über die Jahre. Die Gefährdung für den Menschen könnte darin liegen, dass die Antibiotika immer wirkungsloser werden. Im Körper können sie dann gegen krankmachende Bakterien nichts mehr ausrichten. Die schärfste Waffe der Medizin wird stumpf.

Der Grund dafür ist die zunehmende Widerstandsfähigkeit der Bakterien. Sie sind wahre
20 Überlebenskünstler, die sich sehr schnell gegen Wirkstoffe wehren und Resistenzen entwickeln. Und das umso schneller, je achtloser wir mit Antibiotika umgehen – oder je mehr wir davon aufnehmen, beispielsweise unbewusst durch die Nahrung. Wäre es da nicht sinnvoll, ganz auf Antibiotika in der Landwirtschaft zu verzichten?

So einfach ist es nicht. Genau wie Menschen auch, erkranken Tiere. Es gibt eine ganze Reihe von
25 Infektionserregern, die die Tiere befallen. Die Tiere bekommen Husten, sie bekommen Fieber und sie müssen, wenn sie erkranken, behandelt werden. Denn Tiere leiden genauso wie wir, wenn wir erkrankt sind. Genauso wie wir beim Menschen bestimmte Infektionserkrankungen ohne antibiotische Behandlung nicht in den Griff bekommen, haben wir dieselben Probleme bei den Tieren auch. Ganz ohne werden wir nicht zurechtkommen.

30 Eine der häufigsten Erkrankungen: Salmonellen. Und hier droht eine weitere Gefahr. Denn kranke Tiere scheiden jede Menge dieser Bakterien aus, gleichzeitig aber auch das dagegen verabreichte Antibiotikum – eine fatale Kombination. Und die kommt raus aufs Feld. Wissenschaftler einer internationalen Forschergruppe haben untersucht, ob Salmonellen über eine Gülledüngung auch Pflanzen befallen können. Sie kommt zu dem Ergebnis: dass Salmonellen sehr effizient in Pflanzen
35 eindringen, und sich dort vermehren können.

Wenn man Antibiotika gibt, erhöht man dadurch auch die Selektion auf Antibiotika resistente Stämme. Und somit hat man dann Antibiotika resistente Stämme. Die Stämme kommen dann auf den Acker, die infizieren die Pflanzen, und über die Gülle kommt dann auch gleich das Antibiotikum hinterher. Und diese Kombination hat zur Folge, dass man schließlich auf dem Teller
40 einen Antibiotika resistenten Stamm serviert bekommt, von dem man krank wird. Man nimmt jetzt das Antibiotikum, das gewöhnlich dagegen wirkt. Der Stamm ist aber schon resistent. Und damit kommt es dann zu einem ziemlich gefährlichen Effekt. Ein Teufelskreis: resistente Bakterien und wirkungsloses Antibiotikum. Allein an Salmonellen sterben jedes Jahr in Deutschland rund 40 Menschen.

Sabine Guth
Geändert und gekürzt
http://www.swr.de/odysso/antibiotika-im-broetchen/-/id=1046894/did=4346706/nid=1046894/wpxwat/index.html

Wortschatzübung

Schreiben Sie die Sätze mit den angegebenen Wörtern um.

a Doch das *zugeführte* Antibiotikum scheiden die Tiere zu 90 Prozent wieder aus. (*aufnehmen*)

b Der *aufgefangene* Kot und Urin der Tiere gelangt wiederum als Gülle zur Düngung auf die Felder. (*sammeln*)

c Die Gülle *durchdringt* den Boden, die darin enthaltenen Antibiotika ebenfalls. (*sickern in etwas*)

d Eine *akute* Gefährdung haben wir sehr wahrscheinlich nicht, aber vielleicht eine *schleichende* Gefährdung über die Jahre. (1. *dringend*; 2. *sich langsam verschlimmern*)

e Im Körper können sie dann *gegen* krankmachende Bakterien nichts mehr *ausrichten.* (*gegen etw. wirken*)

f Es gibt eine ganze Reihe von Infektionserregern, die die Tiere *befallen.* (*anstecken*)

g Wir können bestimmte Infektionserkrankungen ohne antibiotische Behandlung nicht *in den Griff kriegen.* (*unter Kontrolle bringen*)

Lektion 23   Text E

h) Denn kranke Tiere scheiden jede Menge dieser Bakterien aus, gleichzeitig aber auch das dagegen **verabreichte** Antibiotikum. (*injizieren*)

i) Ganz ohne werden wir nicht **zurechtkommen**. (*mit etw. fertig werden*)

Test

Welches Wort passt?

Was löst Hunger aus, was macht satt?

Mal gehen wir _____ (aus, vor, wegen) Hunger fast in die Knie. Dann wieder fühlen wir uns zum Platzen voll. Wieso eigentlich? _____ (In, Hinter, Unter) beiden Phänomenen stecken ausgeklügelte Mechanismen, die der Organismus fein _____ (aufeinander, auseinander, ineinander) abstimmt.

Verspüren wir Hunger, heißt das, der Körper will Energie. Und zwar möglichst schnell. _____ (Folglich, Denn, Da) verschlingen wir etwas Essbares – bei Heißhunger bevorzugt gute Energielieferanten wie Zucker oder Fett. _____ (Darin, Darauf, Dadurch) dehnt sich der Magen aus und meldet: Das reicht, kein Essen mehr nötig. Ein Sättigungsgefühl stellt sich ein.

Zahlreiche körpereigene Substanzen wirken sich _____ (auf, an, über) Hunger und Sattheit aus. Die Schaltstelle dieses komplexen Regelkreises sitzt _____ (im, auf dem, am) Hirn. Ziel ist, dem Körper so viel Energie zuzuführen, wie er benötigt, und das Körpergewicht weitgehend konstant zu halten.

Das bedeutet nicht, dass die endogene Kontrolle versagt. Wir überlisten sie vielmehr. _____ (Denn, Weil, Deshalb) erstens liefert eine Mahlzeit heutzutage weitaus mehr Kalorien als in früheren Zeiten. Wir essen aber nicht weniger, sondern eher mehr. Zweitens essen wir _____ (nicht nur, nicht mehr, nichts nur), wenn wir Hunger haben. Wir essen _____ (aus, vor, in) Lust, _____ (aus, vor an) Appetit. Hunger tritt ein, wenn der Körper Energie benötigt. Appetit taucht _____ (dagegen, dafür, dabei) unabhängig davon auf. Wir bekommen beispielsweise Appetit _____ (auf, für, über) einen Croissant, wenn wir ihn riechen, ihn sehen. Aber auch, wenn wir jeden Morgen _____ (beim, gegenüber, aus) Bäcker Halt machen. Gewohnheit spielt _____ (bei, in, gegen) Appetit eine große Rolle. Drittens legen wir leichter zu, weil uns die Bewegung fehlt. _____ (Da, Dort, Hier) verbrauchen wir also kaum Energie.

Würden wir Kalorien einsparen, unsere Esslust in den Griff bekommen und mehr Sport treiben, müssten wir folglich abnehmen. _____ (Doch, Trotzdem, Demgegenüber) so einfach gestaltet sich dies meist nicht. Jede Diät bedeutet Verzicht, und das missfällt dem Körper. Er wehrt sich regelrecht _____ (dagegen, dafür, dazu) und wirft Anti-Abnehm-Mechanismen an. Schließlich verschlechterte früher ein Gewichtsverlust die Überlebenschancen. Ich würde raten, nicht komplett _____ (auf, über, an) die heiß geliebte Schokolade oder die Pizza zu verzichten. Das hält man auf Dauer nicht durch. Besser wäre: Flexibler einsparen. Sich mal ein Stück Schokolade gönnen, und _____ (dafür, dadurch, dabei) am nächsten Tag auf die Pralinen zu verzichten.

Psychologie — Lektion 24

1 Kennen Sie die Gefühle, die die folgende Bilder zeigen? Was könnte der Grund für diese Gefühle sein? Sprechen Sie mit Ihrem Partner darüber.

	a	b	c	d
Gefühl				
Grund für das Gefühl				

2 Ordnen Sie die Substantive. Welche haben Ihrer Meinung nach eine positive, welche eine negative Bedeutung? Notieren Sie die Wörter mit Artikel.

> *Furcht*, *Freude*, *Hoffnung*, *Glück*, *Frustration*, *Sympathie*, *Wut*, *Aufregung*, *Angst*, *Hass*, *Vergnügen*, *Misstrauen*, *Ärger*, *Trauer*, *Mitleid*, *Melancholie*, *Eifersucht*, *Besorgnis*, *Enttäuschung*, *Verzweiflung*, *Zufriedenheit*, *Stolz*, *Vertrauen*, *Dankbarkeit*

positive Stimmung	negative Stimmung

Lektion 24   Text A

Text A   Das habe ich gut gemacht!

Einstieg

Sprechen Sie zu zweit über folgende Fragen.

a) Wann sagt man normalerweise zu sich selbst: „Das habe ich gut gemacht!"?

b) Gehören Sie zu den Menschen, die eher sich selbst loben oder kritisieren? Warum?

c) Vermuten Sie, worum es in dem Text gehen kann.

Leseverständnis

Lesen Sie den Text und markieren Sie die richtige Antwort.

a) Warum war der Autor ein wenig erstaunt?
- ☐ 1) Weil das Projekt gescheitert ist.
- ☐ 2) Weil das Projekt gelungen ist.
- ☐ 3) Weil die Kollegin trotz des Misserfolgs sich selbst lobt.

b) Worauf bezieht sich die Frage „Kann es sein, dass es hier komisch riecht?"
- ☐ 1) auf die Selbsthochschätzung der Kollegin
- ☐ 2) auf den Kräutertee der Kollegin
- ☐ 3) auf den unangenehmen Geruch

c) Was meint der Autor mit seinem Grundschulspruch „Eigenlob stinkt."
- ☐ 1) Selbstlob ist schmutzig.
- ☐ 2) Selbstlob ist unbeliebt.
- ☐ 3) Selbstlob ist unerträglich.

d) Welche Meinung vertritt Heinz-Peter Röhr in seinem Buch?
- ☐ 1) Selbstwertschätzung ist eine Kunst.
- ☐ 2) Selbstanerkennung ist wichtiger.
- ☐ 3) Anerkennung von außen ist schwerer zu bekommen.

e) Was sagt Röhr über Anerkennung von außen?
☐ 1) Sie führt zur Drogensucht.
☐ 2) Sie macht einen süchtig.
☐ 3) Sie macht das Leben voller Erwartung.

f) Worauf beruht das Geschäftsmodell von Facebook nicht?
☐ 1) auf dem impliziten Selbstbewusstsein
☐ 2) auf dem expliziten Selbstbewusstsein
☐ 3) auf der Anerkennung von außen

g) Was ist das implizite Selbstbewusstsein?
☐ 1) die Lebenseinstellung
☐ 2) eine tiefe Selbstempfindung
☐ 3) die Fähigkeit zur Selbstwertschätzung

h) Wenn man in der Kindheit Wertschätzung nicht erfahren hat, dann
☐ 1) leidet man lebenslang unter Minderwertigkeitsgefühl.
☐ 2) wird man lebenslang mit sich selbst zufrieden sein.
☐ 3) wird man später in der Arbeit mehr Erfolg haben.

i) Was sagt Röhr über die Eigenlob-Therapie?
☐ 1) Damit soll man eigenes Defizit überwinden.
☐ 2) Dazu muss ein neues Computerprogramm installiert werden.
☐ 3) Dadurch soll man positiv über sich selbst denken.

Das habe ich gut gemacht!

Meine Kollegin am Schreibtisch gegenüber legte den Hörer auf, lehnte sich zurück, und sagte dann: „Das habe ich richtig gut gemacht." Ich war ein wenig erstaunt. Wir arbeiteten zusammen an einem Projekt, bei dem wir nur Ärger hatten und nie ein gutes Wort zu hören bekamen. Gerade war es meiner Kollegin immerhin gelungen, eine unangenehme Aufgabe an eine andere Abteilung abzuwälzen.

„Alles in Ordnung?", fragte ich.
„Ja", sagte sie, „ich hab das super geregelt eben."
„Kann es sein, dass es hier komisch riecht?", fragte ich.
„Das ist mein Kräutertee", sagte die Kollegin.
„Nee", vollendete ich meinen reaktivierten Grundschulspruch, „Eigenlob stinkt."
„Im Gegenteil", sagte meine Kollegin. „Ich lobe mich jetzt nur noch selbst. Wenn's sonst schon keiner tut." Und dann holte sie sich außerplanmäßig einen Schokoriegel am Automaten, um ihren Erfolg zu feiern. Okay, es war nur ein Schokoriegel, aber es war ihre erste Einfach-so-Pause seit ewig. Darum war dies der Moment, in dem ich ahnte: Eigenlob stinkt nicht, sondern es duftet nach

Freiheit und Abenteuer.

Wir sind es nicht gewohnt, uns selbst zu feiern. Wir kritisieren uns lieber und lechzen nach Anerkennung von außen. Der Autor Heinz-Peter Röhr hat 2013 ein hellsichtiges Buch über „*Die Kunst, sich wertzuschätzen*" veröffentlicht. Ein faszinierender Aspekt darin ist, dass Röhr die Anerkennung durch sich selbst viel höher einschätzt als das Lob anderer. „Selbst wenn wir Anerkennung von außen bekommen, wird sie uns nie genügen", sagt Röhr. „Anerkennung von anderen ist wie eine Droge: Man braucht eine immer höhere Dosis, es ist nie der Punkt erreicht, an dem es gut ist. Echte Anerkennung kann nur von innen kommen. Anerkennung, die von außen kommt, macht einen zum Sklaven der Erwartungen und Anforderungen anderer."

Tatsächlich unterscheidet die Psychologie zwischen zwei verschiedenen Arten, wie wir unseren Wert empfinden: Das eine ist das explizite, das andere das implizite Selbstbewusstsein. Anerkennung von außen nützt dem expliziten Selbstbewusstsein, darauf beruht zum Beispiel das Geschäftsmodell von Facebook: Ich zeige euch meine wohlgeratenen Kinder, meinen blühenden Garten, meine selbst gekochten Marmeladen und hoffe, ihr klickt „gefällt mir". Viel wichtiger aber für die Lebenszufriedenheit ist das implizite Selbstbewusstsein: die Fähigkeit, tief zu empfinden, dass wir dies oder jenes wirklich gut gemacht haben.

Röhr sagt, dass unser Selbstwertgefühl dadurch bestimmt wird, ob und wofür wir in unserer Kindheit Wertschätzung erfahren haben oder nicht. Wenn nicht, bleibt ein lebenslanges unbewusstes Grundgefühl, etwa „Ich bin nicht willkommen". Oder „Ich genüge nicht". Oder „Ich bin zu kurz gekommen". Deshalb versuchen wir, unser Selbstwertgefühl auf immer die gleiche untaugliche Art zu reparieren. Wer etwa das lebenslange Gefühl „Ich genüge nicht" hat, stürzt sich in die Arbeit, um durch Erfolg Anerkennung zu bekommen. Die bleibt, wie wir wissen, in den meisten Fällen aus, wodurch das Gefühl, nicht zu genügen, wieder aufgeladen wird und der Leistungsdruck weiter steigt: klassischer Teufelskreis.

Der Ausweg, den Röhr in seinem Buch beschreibt, wirkt wie eine grundsätzliche Eigenlob-Therapie: Man analysiert mithilfe einfacher Fragen zur Kindheit und Persönlichkeit, unter welchem Defizit das eigene Selbstwertgefühl leidet. Wer herausfindet, dass er sich nie willkommen gefühlt hat, installiert gewissermaßen ein neues Programm und lernt, sich selbst willkommen zu heißen. Bei dem Grundgefühl, nicht zu genügen, geht es darum, zu einer positiven Einschätzung der eigenen Person zu gelangen. Aus „Ich bin zu kurz gekommen" wird „In mir ist alles, was ich brauche". Röhr weiß, dass dies eine Lebensaufgabe ist: „Man wird nie ganz fertig damit. Aber es lohnt sich, um mit sich selbst und anderen besser zurechtzukommen."

Till Raether
gekürzt nach http://woman.brigitte.de/leben-lieben/psychologie/das-habe-ich-gut-gemacht-1210886/

Text A   Lektion 24

Sprechübung

„Echte Anerkennung kann nur von innen kommen. Anerkennung, die von außen kommt, macht einen zum Sklaven der Erwartungen und Anforderungen anderer." Was halten Sie von Heinz-Peter Röhrs Aussage? Begründen Sie.

Redemittel:
- Ich halte seine Aussage für... (*interessant/sinnvoll/aufschlussreich/sinnlos/ langweilig/absurd/...*), weil...
- Seiner Aussage kann ich völlig/nur teilweise/nicht zustimmen, denn...

Wortschatzübung

1 Suchen Sie im Text synonyme Ausdrücke für „Eigenlob" heraus.

2 Schreiben Sie die Sätze mit den in Klammern angegebenen Wörtern um. Achten Sie dabei auf die Änderung des Satzbaus.

a Gerade **war** es meiner Kollegin immerhin **gelungen**, eine unangenehme Aufgabe **an** eine andere Abteilung **abzuwälzen**. (1. *etw. schaffen*; 2. *etw. auf j-n schieben*)

b Wir kritisieren uns lieber und **lechzen nach** Anerkennung von außen. (*etw. verlangen/ nach etw. streben*)

c Anerkennung, die von außen kommt, **macht einen zum Sklaven** der Erwartungen und Anforderungen anderer. (*j-n süchtig nach etw. machen/j-n abhängig von etw. machen*)

d Anerkennung von außen **nützt** dem expliziten Selbstbewustsein. (*etw.(D) dienen/etw. fördern*)

e Deshalb versuchen wir, unser Selbstwertgefühl auf immer die gleiche untaugliche Art zu **reparieren**. (*etw. aufbessern*)

f Wer etwa das lebenslange Gefühl „Ich genüge nicht" hat, **stürzt sich in** die Arbeit. (*sich intensiv mit etw. beschäftigen/sich etw.(D) widmen*)

g Die **bleibt**, wie wir wissen, in den meisten Fällen **aus**. (*nicht eintreffen/ausfallen*)

187

Lektion 24   Text A

(h) Wer herausfindet, dass er sich nie willkommen gefühlt hat, installiert gewissermaßen ein neues Programm und lernt, **sich selbst willkommen** zu **heißen**. (*sich selbst wertschätzen*)

(i) Bei dem Grundgefühl, nicht zu genügen, geht es darum, **zu** einer positiven Einschätzung der eigenen Person zu **gelangen**. (*zu etw. kommen / etw. erreichen*)

(j) Aber es lohnt sich, um **mit** sich selbst und anderen besser **zurechtzukommen**. (*mit j-m auskommen*)

Grammatik: Modalpartikel

Modalpartikel	Beispiel	Bedeutung
aber	Das ist aber schwer! (nicht in der 1. Position)	Überraschung
doch	Komm doch einfach mal vorbei! Das habe ich dir doch vorher schon gesagt!	• freundliche Aufforderung • Verärgerung/Kritik
mal	Sag mal, woher kommst du? Hilf mir doch mal!	freundliche Aufforderung
bloß	Komm bloß pünktlich! Mach bloß keinen Fehler!	Warnung/Drohung
ja	Er studiert ja Jura in Frankfurt. Ich bin ja vorhin schon einmal da gewesen. Das ist ja komisch!	• Hinweis auf etwas schon Bekanntes • Überraschung
wohl	Ist er wohl im Büro?	Vermutung
denn	Was ist denn hier los? Was machst du denn hier? Bist du denn verrückt geworden?	• Interesse/Neugier • Überraschung • Kritik
eigentlich	Wie findest du (denn) eigentlich seinen Vortrag? Was macht (denn) eigentlich dein Mann?	Interesse/Neugier
ruhig	Es ist schon fünf. Du kannst ruhig gehen. Sag ruhig, was du willst!	Ermunterung
einfach	Kommen Sie einfach zu mir!	Lösungsvorschlag

Übung: Setzen Sie passende Partikel ein. Berücksichtigen Sie die angegebene Bedeutung.

a Was? Er hat den Termin schon wieder vergessen. Das darf _____ nicht wahr sein! (Verärgerung/Kritik)

b Das ist _____ eine gute Idee! (Überraschung)

c Wie heißt deine neue Freundin _____? (Interesse/Neugier)

d Komm mich _____ besuchen! (freundliche Aufforderung)

e Hans war _____ gestern auch auf der Party. (Hinweis auf etwas schon Bekanntes)

f Was macht er _____ jetzt? (Vermutung)

g Was soll das _____? (Kritik)

h Mach _____ deine Hausaufgaben fertig! (Warnung/Drohung)

i An deiner Stelle würde ich _____ nein sagen. (Lösungsvorschlag)

j Du kannst mich _____ Christine nennen. (Ermunterung)

k Lass ihn _____ nicht alleine zu Hause! (freundliche Aufforderung)

l Worum geht es _____ im Text? (Interesse/Neugier)

m Es ist zu dunkel. Mach _____ bitte das Licht an! (freundliche Aufforderung)

n Ich bin müde. Können wir nicht _____ zu Hause bleiben? (Lösungsvorschlag)

Text B — So beeinflussen Sie Ihr Glück

Einstieg

Sprechen Sie mit Ihrem Partner über folgende Fragen.

a Wie sieht ein glücklicher Mensch aus?

b Was bedeutet Glück für Sie persönlich?

c Ist Glück Ihrer Meinung nach Schicksal oder kann man es beeinflussen?

d Von welchen Faktoren hängt Glück ab? Begründen Sie ihre Meinung.

Hörverständnis

Hören Sie den Text und beantworten Sie die folgenden Fragen.

a Was wissen Sie über Herrn Ruckriedel?

Lektion 24   Text B

b   Welche zwei Ausdrücke hat das subjektive Wohlbefinden?

c   Wie sieht ein glücklicher Mensch aus?

d   Von welchen Faktoren wird unser Glück geprägt?

e   Welche Rolle spielt Geld für das Glück?

f   Welche Glücksaktivitäten hat Herr Ruckriedel genannt? Nennen Sie mindestens drei.
-
-
-

g   Welches Glücksrezept verrät Herr Ruckriedel den Hörern?

h   Warum kann man mit diesem Rezept glücklicher werden?

Sprechübung

Würden Sie auch mal versuchen, ein Glückstagebuch zu führen, in dem Sie die glücklichen Momente in Ihrem Leben aufschreiben? Warum (nicht)?

Wortschatzübung

1   Lesen Sie zuerst die Zitate und ordnen Sie dann die positiven Eigenschaften denen zu.

Optimismus, Mut, Toleranz, Offenheit, Durchsetzungsvermögen, Zielorientierung

a   Auch aus Steinen, die dir in den Weg gelegt werden, kannst du etwas Schönes bauen. (Erich Kästner)   _____

b   Lächeln ist billiger als elektrischer Strom und gibt immer Licht. (Schottisches Sprichwort)   _____

c   Auge um Auge – und die ganze Welt wird blind sein. (Mahatma Gandhi)   _____

d   Wer den Hafen nicht kennt, in den er segeln will,

für den ist kein Wind der richtige. (Seneca)

e Das Leben ist wie eine Schachtel Pralinen, man weiß nie, was man bekommt. (Forrest Gump)

f Den größten Fehler, den man im Leben machen kann, ist, immer Angst zu haben, einen Fehler zu machen. (Dietrich Bonhöffer)

2 Sprechen Sie zu zweit darüber, welches Zitat Ihnen am besten gefällt. Versuchen Sie sie mit eigenen Worten zu interpretieren.

3 Kennen Sie noch weitere positive Eigenschaften, die einen glücklich machen?

Text C Viele Studenten in der Psycho-Krise

Einstieg

1 Sprechen Sie zu zweit über folgende Fragen.

a Welche psychischen Probleme treten häufig bei Studenten auf?

b Was sind die Ursachen dafür?

> *Redemittel:*
> - *Die Ursachen für diese Probleme sind...*
> - *Es könnte auch sein, dass...*
> - *Eine weitere Ursache liegt wohl in...*

2 Ordnen Sie folgende Wörter den Erläuterungen zu.

☐ **a** Depression 1) Das ist die Behandlung psychisch, emotional und psychosomatisch bedingter Krankheiten, Leidenszustände oder Verhaltensstörungen mit Hilfe psychologischer Methoden durch verschiedene Formen verbaler und nonverbaler Kommunikation.

☐ **b** Schlafstörungen 2) Nervosität, Selbstzweifel, Schwitzen, Zittern, Unlustgefühl sind typische Zeichen dafür.

Lektion 24   Text C

- ☐ c Psychotherapie
- ☐ d Stress
- ☐ e Prüfungsangst
- ☐ f Zwang

3) Man liegt die ganze Nacht wach, schläft jedoch in dem Moment, wo der Wecker läutet, tief und fest ein. Oder man liegt abends stundenlang wach und versucht, die Probleme des vergangenen Tages doch noch zu lösen.

4) Eine Person fühlt sich z. B. aus unerklärlichen Gründen dazu veranlasst, immer wieder bestimmte Handlungen durchzuführen oder bestimmte Gedanken zu denken.

5) Einem fehlt jeder Schwung, etwas in Angriff zu nehmen. Nicht einmal seine bisherigen Lieblingsbeschäftigungen machen Freude. Seine Gefühle sind farblos und flach, es ist alles so sinnlos.

6) Ein Zustand, in dem man unter Anspannungen leidet, in dem man seelisch und körperlich unter Druck steht. Der Zustand umfasst die Belastungen, Anstrengungen und Ärgernisse, denen wir täglich in unserer Umwelt begegnen.

Leseverständnis

Lesen Sie den Text und beantworten Sie die folgenden Fragen.

a) Welche psychischen Probleme haben die Studierenden in Deutschland?

b) Welche Ursachen hat der Text dafür genannt?

c) Wovor haben die Erstsemester Angst?

d) Welche psychischen Belastungen hat man in der Abschlussphase des Studiums?

e) Welche psychischen Hilfsangebote bietet die Uni Duisburg-Essen?

Viele Studenten in der Psycho-Krise

Immer mehr Studierende plagen sich im Universitätsalltag mit psychischen Problemen: Prüfungsangst, Depressionen und Einsamkeit. Beratungsstellen bieten Hilfe an.

Ob Panik vor der nächsten Prüfung, Liebeskummer, Versagensängste, Einsamkeit oder das Gefühl, dem Druck nicht mehr standhalten zu können: Immer mehr deutsche Studenten haben einen Haufen
5 Probleme. In Befragungen des Bundesbildungsministeriums gaben 27 Prozent der Studierenden an,

psychische Schwierigkeiten zu haben. Hilfe finden sie bei den Beratungsstellen der Universitäten.

Sehr oft kommen die jungen Frauen und Männer auch, weil sie überfordert sind, den Druck nicht mehr aushalten, in Klausuren keine guten Noten mehr schaffen. „Es gibt Überforderungstendenzen und Versagensängste, oft hören wir vom Problem des Blackouts. Das ist meist nur eine vorübergehende Blockade, aber sie macht Angst", sagt Judith Weisweiler.

Dass mehr Studenten Hilfe brauchten, liege auch an den härteren Studienbedingungen. Durch Einführung von Bachelor- und Masterstudiengängen müssten verstärkt Punkte gesammelt werden, und das in einer kurzen Zeit. Laut einer Studie der Hannoveraner Hochschulinformationssystem GmbH haben schon 16 Prozent aller Erstsemester Angst, ob sie das richtige Fach gewählt haben. 42 Prozent ängstigen sich, den Anforderungen des Studiums generell nicht gewachsen zu sein. 55 Prozent machen sich Sorgen, durch Prüfungen zu fallen.

Ein weiteres Problem: An der Universität genießen die Studenten zwar eine große Freiheit, gleichzeitig müssen sie aber alles selbst erledigen und sind mit der Organisation ihres Studienalltags überfordert. „Der Wechsel von Schule zur Universität ist eine kritische Phase", sagt Elke Muddemann-Pulla, Diplom-Pädagogin mit dem Arbeitsschwerpunkt Psychologische Beratung im Akademischen Beratungszentrum der Universität Duisburg-Essen.

Auch die Abschlussphase des Studiums sei eine große Belastung: „Einerseits der Prüfungsstress, andererseits oft die Unsicherheit, was danach kommt. Wird man einen Job finden? Oder: Was für einen Beruf möchte ich überhaupt ergreifen?" In Duisburg und Essen werden im Jahr 350 Beratungsgespräche geführt, „damit sind wir voll ausgelastet", sagt Muddemann-Pulla.

Viele Probleme können die Beratungsstellen durch Zuhören lösen. „Ich überweise aber, wenn nötig, zu einer Gesprächstherapie bei der Studienberatung oder auch zum Psychologen an die Uni-Klinik", sagt Judith Weiskircher. „In ganz extremen Fällen besuchen wir Studenten zu Hause, wenn sie etwa aus ihrer Wohnung gar nicht mehr rauskommen. Das ist aber die Ausnahme."

An der Uni Duisburg-Essen gibt es für Studenten mit Prüfungsangst regelmäßig Workshops, in denen Studenten gemeinsam mit psychologischen Beratern an ihren Ängsten arbeiten können. „Für diejenigen, die unter der Anonymität des Campus leiden, und dadurch in ihrem Studium nicht recht weiterkommen, haben wir die so genannte Interaktionsgruppe", sagt Elke Muddemann-Pulla. An der Hochschule Niederrhein wenden sich Studierende mit finanziellen, persönlichen oder psychischen Problemen meist zunächst an den AStA. „Wir helfen dann mit Kontaktadressen weiter."

Isabelle de Bortoli
nach http://www.rp-online.de/

Lektion 24   Text C

Sprechübung

Lesen Sie die folgende Aussage. Was halten Sie davon? Begründen Sie Ihre Meinung.

Stress und Prüfungsangst im Studium sind ganz normal. Man muss einfach damit leben.

> *Redemittel*:
> - *Der Meinung bin ich auch.*
> - *Ich denke, diese Einstellung ist richtig/falsch, denn ...*
> - *Der Aussage kann ich völlig/nur teilweise/nicht zustimmen, weil ...*

Wortschatzübung

1 Bilden Sie Komposita.

Prüfung	Versagen	Stress	Angst
Leistung	Problem	Druck	Faktor
Störung	Schlaf	Lernen	Verhalten

Beispiel: Prüfungsstress

2 Welche Nomen bzw. Wortgruppen lassen sich mit welchen Verben kombinieren?

- **a** Sorgen
- **b** die Prüfungsangst
- **c** Beratungsgespräche
- **d** psychische Probleme
- **e** der Leistungsdruck
- **f** die Anforderungen des Studiums
- **g** die Depression
- **h** Liebeskummer

1) führen
2) bewältigen
3) haben
4) etw. (D) (nicht) standhalten
5) lösen
6) (nicht) aushalten
7) überwinden
8) etw. (D) (nicht) gewachsen sein
9) leiden unter etw. (D)

3 Füllen Sie den Text mit Hilfe der Verbindungen in der Übung 2 aus.

Viele Erstsemester _____ Sorgen, dass sie den Anforderungen des Studiums nicht _____ _____. Ungefähr 20% der Studenten in Deutschland plagen sich mit psychischen Problemen wie _____ und Einsamkeit. Weil manche dem Leistungsdruck nicht _____ können, _____ sie unter Depressionen. Damit die Studenten ihre _____ _____ bewältigen können, haben viele Universitäten eine Beratungsstelle eingerichtet. Dort werden _____ mit Studenten

_____ , die psychische Probleme haben. Es gibt dort auch Interaktionsgruppen, d. h. Studenten sprechen mit Mitstudenten über ihre Probleme, um Ängste und Sorgen _____ _____ .

Text D Einige Tipps gegen studentische Depressionen und Überforderung

Einstieg

Sprechen Sie zu zweit über folgende Fragen.

a) Was würden Sie machen, wenn Sie sich vom Studium überfordert fühlen?

b) Würden Sie gerne ihre Probleme mit Kommilitonen oder Freunden austauschen? Warum (nicht)?

c) Haben Sie schon mal als Schüler oder Student an einer Arbeitsgruppe teilgenommen? Welche Erfahrungen haben sie da gemacht?

Hörverständnis

Hören Sie den Text und beantworten Sie die folgenden Fragen.

a) Welche Schwierigkeiten haben die Erstsemester beim Studienbeginn?
  -
  -

b) Was wissen Sie über Peter Wernicke?

c) Warum haben die neuen Studenten viele Probleme?
  -
  -

d) Was sollen Erstsemester am Anfang des Studiums tun?

e) Wie kann man im 1. Semester der Überforderung am besten begegnen?
  - *zuerst*

Lektion 24   Text D

- *dann*

f) Was schlägt Peter Wernicke zur Seminararbeitsgruppe vor? (Nennen Sie mindestens 3 Vorschläge)

-
-
-

g) Wie funktioniert eine dauerhafte Arbeitsgruppe?

Schreibübung

Ihr guter Freund Hans ist mit der Organisation des Studienalltags überfordert und fühlt sich den Anforderungen des Studiums nicht gewachsen. Er leidet unter Stress und Versagensangst. Schreiben Sie eine E-mail an Hans und geben Sie ihm einige Tipps.

Redemittel:
- Um das Problem zu lösen solltest/musst du vor allem...
- An deiner Stelle würde ich zuerst...
- Außerdem würde ich dir noch raten/empfehlen, dass...
- Schließlich ist auch empfehlenswert, wenn/dass...

Mögliche Tipps:
- realistische Ziele setzen (Prioritäten setzen, nicht zu viele Lehrveranstaltungen besuchen, nur die Minimalanforderungen erfüllen,...)
- sich gute Lerngewohnheiten entwickeln (wichtige Aufgaben vormittags erledigen, Mitschriften ordentlich sortieren...)
- einen privaten Ausgleich schaffen (ausreichend schlafen, regelmäßig Sport treiben, Entspannungsübungen machen...)
- lernen, sich wertzuschätzen/eigene Stärken entdecken...
- Kontakt zu anderen knüpfen (an einer Arbeitsgruppe teilnehmen...)

Text E   Lektion 24

Text E Warum so schüchtern?

Einstieg

Sprechen Sie zu zweit über folgende Fragen.

a Sind Sie ein schüchterner Mensch?

b Vor welchen Situationen haben schüchterne Menschen große Angst? Welche Symptome können dabei auftreten?

c Welche Nachteile hat Schüchternheit?

d Wie kann man Ihrer Meinung nach seine Schüchternheit überwinden?

Leseverständnis

Lesen Sie den Text und unterstreichen Sie Schlüsselwörter zur Beantwortung der folgenden Fragen.

a Was fürchten schüchterne Menschen am meisten?

b Wie unterscheidet sich Schüchternheit von Introvertiertheit?

c Welche Vor- und Nachteile bringt das Internet für schüchterne Menschen?

d Von welchen Faktoren wird Schüchternheit geprägt?

e Warum verhalten sich schüchterne Menschen zurückhaltend?

f Welche Vorteile gibt es, wenn man seine Schüchternheit überwindet?

Warum so schüchtern?

Warum lachen diese Kinder an der Bushaltestelle? Bestimmt machen sie Witze über meine Kleidung oder über mein Aussehen. Vielleicht sind es auch mein Gang oder meine Schuhe? Das ist ein kurzer Einblick in den Gedankengang eines schüchternen Menschen, in diesem Fall den einer jungen Frau.

Lektion 24   Text E

Schüchternheit ist eine sehr lästige Eigenschaft, die aus kleinen Alltagsbegegnungen riesige Katastrophen macht, über die man wochenlang nachdenkt. Schüchterne Menschen haben vor allem Angst: vor Prüfungen, vor einer Gruppe von Menschen zu sprechen, angeschaut zu werden, einen Witz zu erzählen, vor Augenkontakt, vor Fremden, im Mittelpunkt zu stehen, usw.

Schwierigkeiten auf Menschen zuzugehen, Kontakte zu knüpfen und Beziehungen einzugehen sind die Hauptprobleme schüchterner Menschen. Ihre zurückhaltende Art führt zu vielerlei Nachteilen sowohl im Privat- als auch im Berufsleben. Dabei ist Schüchternheit keine per se schlechte Eigenschaft. Oft sind schüchterne Menschen netter, freundlicher und hilfsbereiter als ihre extrovertierten Mitmenschen. Außerdem ist dieses Verhalten nicht zu verwechseln mit Introvertiertheit. Ein introvertierter Mensch zieht sich aus dem sozialen Leben zurück, weil er es möchte und nicht weil er dazu „gezwungen" wird. Er möchte nicht auf Partys gehen und ständig neue Menschen kennenlernen. Ein schüchterner Mensch aber will den Kontakt zu anderen, auf Partys gehen und sich amüsieren, aber seine Angst hält ihn davor zurück.

Besonders Leseratten entwickeln sich oft zu schüchternen Personen und bevorzugen auch als Akademiker schriftliche Formen, um sich anderen mitzuteilen, anstatt kurz anzurufen. In dieser Hinsicht ist das Internet Fluch und Segen zugleich für diese Menschen. Statt eines Telefonanrufs schreiben sie jetzt unzählige E-Mails, anstatt neue Menschen auf Partys oder in Vereinen kennen zu lernen, tun sie das jetzt in Internetforen und Chatrooms. Sie machen sich dadurch das Leben viel umständlicher, aber es ist auf diese Weise für sie „sicherer", da sie keine Fehler machen und niemand sie beobachtet. Die Schüchternheit beschränkt sie im Alltag und verstärkt sich durch solches Verhalten selbst.

Schüchternheit hat wahrscheinlich sowohl genetische als auch soziale Ursachen. Die Aussage „das liegt in der Familie" lässt auf einen genetischen Einfluss schließen. Allerdings muss man auch sehen, dass die Erziehung eine große Rolle spielt und man hier eben genauso von der Familie durch soziales Lernen geprägt wird. Man wird als Kind oft zurechtgewiesen, nicht so laut zu sein oder keine Fremden anzusprechen, weil das als unhöflich empfunden wird. Außerdem lernt man durch das Verhalten anderer. Diese soziale Konditionierung führt in vielen Fällen dazu, dass Menschen übervorsichtig und zurückhaltend werden. Sie möchten sich vor Zurückweisung, Ärger und Spott schützen.

Es ist nichts Schlimmes, schüchtern zu sein. Viele tolle, wundervolle Menschen sind schüchtern. Es ist auch möglich, mit Schüchternheit zu leben, sich nicht zu verändern und kein Selbstbewusstsein zu entwickeln, doch ohne Schüchternheit macht das Leben doppelt so viel Spaß. Der alte Mensch, der auf sein Leben zurückblickt, sieht ein erfülltes, selbstbestimmtes Leben voll Freude, Liebe, Freundschaft, Erlebnissen und Abenteuern oder sieht er ein Leben voll Ängsten, Scham und Zurückhaltung? Wer selbstbewusst ist, erlebt mehr. Er nimmt sich die Dinge, die er will. Sei es der Traumpartner, mit dem man sein Leben verbringen will oder die beruflichen Chancen, die sich ergeben. Selbstbewusstsein führt in unserer Gesellschaft zu einem erfüllteren Leben.

Text E   Lektion 24

Wortschatzübung

1 Schreiben Sie die Sätze mit den in Klammern angegebenen Wörtern um. Achten Sie dabei auf die Änderung des Satzbaus.

a Schwierigkeiten **auf** Menschen **zuzugehen**, Kontakte zu knüpfen und Beziehungen **einzugehen** sind die Hauptprobleme schüchterner Menschen. (1. *sich j-m nähern*; 2. *etw. aufnehmen*)

b Außerdem **ist** dieses Verhalten **nicht zu verwechseln mit** Introvertiertheit. (*sich von etw. unterscheiden*)

c Ein schüchterner Mensch aber will den Kontakt zu anderen, auf Partys gehen und sich amüsieren, aber seine Angst **hält** ihn **davor zurück**. (*j-n an etw. (D) hindern*)

d In dieser Hinsicht ist das Internet **Fluch und Segen zugleich** für diese Menschen. (*zweischneidig*)

e Die Aussage „das liegt in der Familie" **lässt auf** einen genetischen Einfluss **schließen**. (*auf etw. zurückführen*)

f Allerdings muss man auch sehen, dass die Erziehung eine große Rolle spielt und man hier eben genauso von der Familie durch soziales Lernen **geprägt** wird. (*j-n/etw. beeinflussen*)

g Man wird als Kind oft **zurechtgewiesen**... (*j-n kritisieren/tadeln*)

h Der alte Mensch, der **auf** sein Leben **zurückblickt**, sieht ein erfülltes, selbstbestimmtes Leben. (*sich an etw. (A) erinnern*)

Test

Vervollständigen Sie den Text.

Die ärztlich-psychologische Beratungsstelle der Universität Göttingen hat eine U_____ gemacht und f_____, dass immer mehr Studierende unter Depressionen _____ und _____ Selbstmord nachdenken. Viele betroffene Studierende haben ein geringes Selbstwertgefühl. Sie haben _____ vor sozialen Kontakten und ziehen _____ deshalb häufig zurück. Besonders _____ Beginn des Studiums sind diese Einsamkeitsgefühle sehr stark. Manche haben auch Probleme, sich von der Schule auf die Universität umzustellen und mit den veränderten Anforderungen _____ zukommen. Manche haben Angst vor Prüfungen und Leistungsdruck. All dies _____ bei manchen zu Depressionen.

Der Psychoberater Herr Ernst Müller in der Beratungsstelle glaubt, dass diese Studenten auch mit einigen einfachen und wirkungsvollen Selbsthilfe-Strategien schon eine Menge zur Besserung und Behandlung einer Depression bzw. einer depressiven Stimmung erreichen. Er macht folgende Ratschläge:

1. Viel Bewegung: Bereits 15 bis 30 Minuten k_____ Bewegung am Tag haben einen sehr positiven _____ auf die Stimmung bei Depressionen. Ausdauersport wie Joggen, Schwimmen, Radfahren bewähren sich sehr als S_____ vor dem Wiederauftreten einer depressiven Episode.
2. Richtige Ernährung: R_____ Mahlzeiten und besonders ein tägliches Frühstück sind wichtig. Man sollte Alkohol und Koffein v_____, da dies zu einer Zunahme von Angst und Depressionen beitragen könnte.
3. Ausreichender Schlaf: 6 bis 8 Stunden Schlaf g_____ für die meisten Menschen als ausreichend.
4. Umgang _____ Stress: Depressionen stellen selber schon eine schwere Belastung dar. Daher ist es wichtig, andere Belastungen möglichst zu minimieren. V_____ Sie ihre Aufgaben zu reduzieren. Wenn Sie eine Pause oder E_____ brauchen, machen Sie dies.
5. Kontaktaktivierung: L_____ Sie wieder mehr Wert auf Geselligkeit und Kontakte zu Freunden und Kommilitonen.

Lektion 25
Forschung und Technik

1 Ordnen Sie zu. Welches Wort passt zu welchem Bild?

☐ Gentechnik ☐ Bionik ☐ Informatik ☐ Robotik

a.

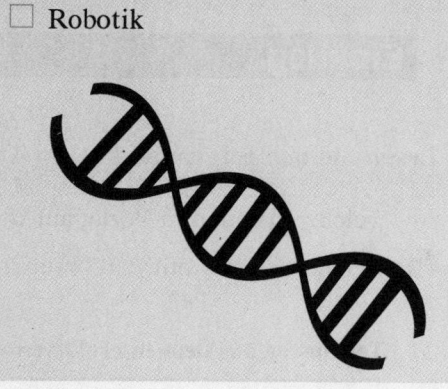

b.

c.

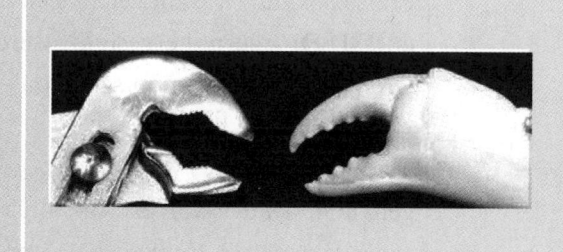

d.

2 Diskutieren Sie mit Ihrem Partner über die folgenden Fragen:

a Welche technischen Geräte gefallen Ihnen besonders?

b Welche technischen Errungenschaften gefallen Ihnen besonders? Warum?

Redemittel:
- *Mir gefällt besonders..., weil*
- *Ich finde... besonders schön/gut, denn...*

3 Nennen Sie ein technisches Gerät, das Sie am meisten benutzen. Erzählen Sie, wann Sie es zu welchem Zweck oder aus welchem Grund einsetzen.

Redemittel:
- *Ich nutze/gebrauche/verwende sehr oft..., wenn.../um... zu.../weil...*

Lektion 25   Text A

Text Technischer Fortschritt – Segen oder Fluch?

Einstieg

1 Lesen Sie den folgenden kurzen Text und sagen Sie,

a welche Visionen in Bezug auf die technische Entwicklung hier genannt werden.

b welche Technik mit den braunen Zeilen gemeint ist.

Textauszug aus dem Interaktiven Magazin *Mein FIGARO.de*

> Die Menschheit hat unglaubliche technische Fortschritte erlangt. Bei manchen Pressemeldungen wähnt man sich fast in einem Zukunftsroman. Seien es Organe, die mit 3D-Druckern hergestellt werden oder das Aufzeichnen von Gedanken – die Grenzen der Innovation scheinen unbegrenzt.
>
> Erfindungen, die Alltag geworden sind, werden häufig für selbstverständlich gehalten. Dabei war es vor 30 Jahren noch reine Utopie, *einen E-Book-Reader mit einer kompletten Bibliothek in der Handtasche* mitzuführen. Auch vermeintlich „alte Hüte" wie Fernsehen oder Telefon sind längst nicht so selbstverständlich, wie sie uns heute erscheinen. *Blitzschnell werden mittlerweile Nachrichten, Videos und Ideen in alle Welt gesandt. Musiker können auf verschiedenen Kontinenten an einem Musikstück arbeiten*, Forscher erhalten *sofortigen Zugang zu relevanten Informationen* und die Möglichkeiten des...

2 Können Sie sich vorstellen, dass technischer Fortschritt auch Nachteile mit sich bringt? Nennen Sie einige Beispiele dazu und begründen Sie sie.

> *Redemittel:*
> • *X z.B. bringt viele Nachteile mit sich. Dagegen spricht ..., / dass..., weil...*
> • *Y z.B. ist schädlich für..., denn...*

Leseverständnis

1 Lesen Sie den Titel und den ersten Abschnitt des Textes und sagen Sie, ob der technische Fortschritt im folgenden Teil v.a. gelobt oder kritisiert wird. Woran haben Sie es erkannt?

Text A **Lektion 25**

2 Lesen Sie nun den weiteren Teil des Textes und geben Sie Abschnitt b, c und d je eine Überschrift.

3 Welche technischen Entwicklungen werden im Text kritisiert, d. h. bei welchen wird der Sinn angezweifelt? Belegen Sie es mit Sätzen aus dem Text!

technische Entwicklungen	Belege

Technischer Fortschritt – Segen oder Fluch?

a _____

Nahezu jeder Beruf wird inzwischen mit Hilfe des Computers bestritten. E-Mails, Mobiltelefon und Laptops sind gang und gäbe – im Beruf wie im Privatleben. Und der technische Fortschritt geht unaufhaltsam weiter. Viele Menschen tun sich jedoch schwer mit Smartphones, Tablet-PCs, Ticketautomaten und anderen digitalen Zumutungen des Alltags. Oft höre ich Sätze wie: „Früher
5 ging's doch auch ohne" oder „Zu meiner Zeit hat man noch einen Brief geschrieben" oder „Die Autos, die damals gebaut wurden, hielten ewig. Die hatten nämlich nicht diesen ganzen technischen Schnickschnack."

b _____

Vor einiger Zeit haben wir hier bei *meinFIGARO* und in einer dazugehörigen Sendung über Erfindungen und Innovationen gesprochen, die unseren Alltag vereinfachen, und bereits gemeinsam
10 festgestellt, dass wir auf vieles heutzutage gar nicht mehr verzichten können. Ich möchte an dieser Stelle einen Gedanken aufgreifen: Einen Staubroboter, der die Wohnung selbst und gründlich saugt, gibt es unterdessen sogar schon günstig zu kaufen. Wann kommt der 3D-Drucker in Serie und wann der Kühlschrank, der selbst erkennt, dass die Butter fast aufgebraucht ist und diese

Lektion 25   Text A

automatisch online ordert? Sollte letzteres irgendwann funktionieren, frage ich mich ernsthaft:
15 Wollen wir das wirklich?

c _____

Wir denken oft in Dimensionen der technischen Möglichkeiten. Vielleicht sollten wir uns auch fragen, wie halte ich als Mensch Maß in der technisierten Welt? Kritiker des rasanten, technischen Fortschritts bemängeln, dass einige den (sozialen) Kontakt zur realen Welt verlieren könnten, indem sie sich in virtuelle Welten und Soziale Netzwerke zurückziehen. Nicht wenige setzen sich
20 selbst sehr unter Druck, weil sie meinen, in der digitalen Welt mithalten zu müssen. Auch Landwirte müssen inzwischen Hightech-Traktoren bedienen können, um Ihr Land zu bestellen.

d _____

Bei anderen löst der technische Fortschritt auch schon mal blindes Vertrauen aus: Bei neuen Automodellen wird immer mehr Elektronik im Fahrzeug verbaut. An Bord befinden sich zahlreiche Komfort- und Sicherheitssysteme. Dies sorgt aber auch für Fehlerquellen und leider auch zusätzliche
25 Werkstattbesuche. Oder denken wir an Navigationssysteme, die nicht immer den besten Weg vorschlagen. Parkassistenten, die doch einen Pfeiler übersehen könnten. Start-Stopp-Systeme, die plötzlich nicht funktionieren. Sind dies dann nur Kinderkrankheiten der modernen Technik? Nicht wenige träumen von einem Auto, welches schon in naher Zukunft ganz alleine fährt. Sind wir wirklich schon bereit, einem Computer in diesem Fall zu vertrauen?

e _____

30 Welche technische Entwicklung nutzen Sie in Ihrem Alltag zu Ihrem Vorteil und auf welche können Sie prima verzichten? Wann wird der technische Fortschritt für Sie zur Lust und wann zur Last? Was glauben Sie, könnte die nächste Technikrevolution auslösen, die unser Leben bestimmt – nach Elektrifizierung, Fernsehen und Internet?

Tobias Kluge
http://meinfigaro.de/sendung/Technischer-Fortschritt-Segen-oder-Fluch

Sprechübung

Diskutieren Sie mit Ihrem Partner über die Fragen, die der Autor im letzten Abschnitt des Textes gestellt hat.

a Welche technische Entwicklung nutzen Sie in ihrem Alltag zu ihrem Vorteil und auf welche können Sie prima verzichten?

b Wann wird der technische Fortschritt für Sie zur Lust und wann zur Last?

Redemittel:
Zu a.
- In meinem Studium/Für meinen Beruf/Zu Hause benutze ich oft..., weil...
- Manche technischen Funktionen (beim Handy) verwende ich nie, z.B. ...

Zu b.
- Ich begrüße eine technische Sache, wenn ...
- Ich lehne eine technische Sache ab, wenn ...

Wortschatzübung

Schreiben Sie die Sätze mit den in Klammern angegebenen Wörtern um. Achten Sie dabei auf die Änderung des Satzbaus!

a Erfindungen, die **Alltag geworden sind**, werden häufig für selbstverständlich gehalten. (*etw. gewohnt sein*)

b Dabei **war** es vor 30 Jahren noch **reine Utopie**, einen E-Book-Reader mit einer kompletten Bibliothek in der Handtasche mitzuführen. (*unmöglich sein / ausgeschlossen sein*)

c Nahezu jeder Beruf wird inzwischen mit Hilfe des Computers **bestritten**. (*etw. ausführen*)

d E-Mails, Mobiltelefon und Laptops **sind gang und gäbe** – im Beruf wie im Privatleben. (*üblich / selbstverständlich sein*)

e Viele Menschen **tun sich** jedoch **schwer mit** Smartphones, Tablet-PCs, Ticketautomaten und anderen digitalen Zumutungen des Alltags. (*Schwierigkeiten mit etw. (D) haben*)

f Vielleicht sollten wir uns auch fragen, wie **halte** ich als Mensch **Maß** in der technisierten Welt? (*etw. nicht übertreiben*)

g An Bord befinden sich zahlreiche Komfort- und Sicherheitssysteme. Dies **sorgt** aber auch **für** Fehlerquellen. (*für etw. verantwortlich sein*)

h Wann **wird** der technische Fortschritt für Sie **zur Lust** und wann **zur Last**? (1. *etw. begrüßen*; 2. *etw. ablehnen*)

Grammatik: Partizipialsätze

1 Lesen Sie die folgenden Satzpaare und vergleichen Sie die fettgedruckten Partizipialsätze mit deren Umschreibungen:

a **In seiner Heimatstadt angekommen**, rief er sofort seine Frau an.
→ **Nachdem er in seiner Heimatstadt angekommen war**, rief er sofort seine Frau an.

b **Sitzend auf dem Sofa**, las sie die Zeitung.
→ **Während sie auf dem Sofa saß**, las sie die Zeitung.

c Der Computer, **1941 von dem Deutschen Konrad Zuse erfunden**, hat sich heute in der

Lektion 25   **Text A**

ganzen Welt verbreitet.
→ Der Computer, **der 1941 von dem Deutschen Konrad Zuse erfunden wurde**, hat sich heute in der ganzen Welt verbreitet.

d Alte Lernstoffe wiederholend, bereitet sich der Student auf die Prüfung vor.
→ **Dadurch, dass der Student alte Lernstoffe wiederholt**, bereitet er sich auf die Prüfung vor.

e Mit alten Menschen verglichen, ist die moderne Kommunikationstechnik bei jungen Leuten viel beliebter.
→ **Wenn man einen Vergleich mit alten Menschen macht**, ist die moderne Kommunikationstechnik bei jungen Leuten viel beliebter.

f Gut auf das Bewerbungsgespräch vorbereitet, hat er die Stelle bei der Firma gewonnen.
→ **Weil er sich auf das Bewerbungsgespräch gut vorbereitet hat**, hat er die Stelle bei der Firma gewonnen.

② Analysieren Sie die Partizipialsätze in Übung 1 und klären Sie dabei die folgenden Punkte:

> *Beispiel:*
> *Was ist das Subjekt der Partizipialsätze?*
> → *Das Subjekt des Hauptsatzes.*

a Welchen strukturellen Unterschied haben Partizipialsätze im Vergleich mit den Nebensätzen?

b Welches Partizip drückt Gleichzeitigkeit aus, welches Vorzeitigkeit?

c In welchem Satz ist der Partizipialsatz ein Attribut?

d Welche Bedeutungen können Partizipialsätze haben?

③ Schreiben Sie die Partizipialsätze um.

a An moderner Kommunikationstechnik zweifelnd, klagen viele alte Menschen: „Früher ging's doch auch ohne".

b Über Erfindungen und Innovationen diskutierend, haben die Teilnehmer festgestellt, dass wir auf vieles heutzutage gar nicht mehr verzichten können.

c Sich in virtuelle Welten und Soziale Netzwerke zurückziehend, verlieren manche Leute den sozialen Kontakt zur realen Welt.

d Mit immer mehr Elektronik ausgestattet, hat das moderne Fahrzeug bei manchen Fahrern auch schon blindes Vertrauen ausgelöst.

e Gerade erst repariert, ist die Waschmaschine schon wieder kaputt.

f Konrad Zuse, am 22. Juni 1910 in Deutsch-Wilmersdorf bei Berlin geboren, ist der Erfinder des Computers.

Text B „Ich fühle mich wie eine Sonnenblume!"

Einstieg

1 Schauen Sie sich das Bild an und versuchen Sie, die folgenden Aufgaben zu lösen!

a Welche Eigenschaft hat die Sonnenblume? Welchen Vorteil bekommt sie davon?

b Warum wird das Solarhaus „Sonnenblume" genannt?

c Beschreiben Sie das Bild des Solarhauses! Dabei können Ihnen die folgenden Fragen helfen.
1) Wo sind die Sonnenkollektoren verteilt?
2) Wo ist der Balkon des Hauses und wie ist er konstruiert?
3) Worauf steht das Haus?
4) Was ist unter der Betonplatte installiert und wie bewegt sie sich wahrscheinlich?
5) Woher bekommt die Schiene Antriebskraft?

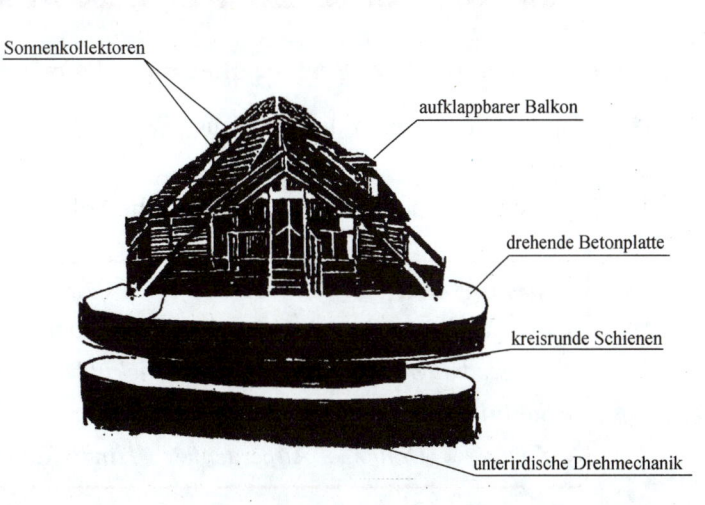

Das Solarhaus „Sonnenblume"

- Sonnenkollektoren
- aufklappbarer Balkon
- drehende Betonplatte
- kreisrunde Schienen
- unterirdische Drehmechanik

Lektion 25 Text B

Hörverständnis

Hören Sie zweimal den Text. Machen Sie sich Notizen zu den folgenden Fragen!

a) Wo arbeitet Frau Müller?

b) Was ist Herr Terhorst von Beruf?

c) Worüber sprechen sie im Interview?

d) Welche drei Vorteile dieses Hauses werden im Text genannt?

e) Was hat Herr Terhorst bei der Beobachtung der Sonnenblumen festgestellt?

f) Wie funktioniert dieses Solarhaus? Ergänzen Sie hörend die folgende Antwort.
Das Haus steht auf einer _____. Darunter sind die kreisrunden _____ verlegt. Ein zwanzig Watt starker _____ im Keller bewegt die Schienen. Und auf den Schienen _____ sich dann auch das Haus, das immer dem Lauf der Sonne folgt und _____ ein paar Zentimeter geräuschlos und kaum spürbar läuft. Abends stellt es sich dann automatisch in die _____ zurück.

g) Warum hat der Architekt das Haus in Pyramidenform gebaut?

h) Wie sind die Sonnenkollektoren auf dem Dach verteilt?

i) Wofür setzt man die eingefangene Sonnenenergie ein?

j) Wie hoch waren die Baukosten für das Solarhaus?

Sprechübung

Sprechen Sie mit Ihrem Partner über die folgenden Fragen.

a) Was gefällt Ihnen an diesem Haus? Warum?

b) Könnten sich Ihrer Meinung nach solche Solarhäuser in China verbreiten? Warum?

> *Redemittel zu a.*
> - *Mir gefällt an diesem Haus die Energiesparsamkeit / Die eigene Energieerzeugung des Hauses hat mich besonders beeindruckt / begeistert.*
> - *Sie bringt viele Vorteile.*
> - *Zuerst... Dann... Außerdem... Hinzu kommt, dass...*

Text C   Lektion 25

Text C Intelligente Roboter

Einstieg

Schauen Sie sich die Bilder an und versuchen Sie, die folgenden Fragen zu beantworten!

a) Wie sehen die Roboter aus?

b) In welchen Bereichen kann man diese Roboter einsetzen?

c) Roboter *Asimo* kann mit dem Menschen kommunizieren. Wodurch kann er die Umwelt wahrnehmen?

d) Können Sie Beispiele dafür geben, dass ein Roboter in vielen Bereichen cleverer ist als der Mensch?

e) Möchten Sie sich gern einen solchen Roboter für Ihren Haushalt anschaffen? Warum (nicht)?

Leseverständnis

Lesen Sie den Text und beantworten Sie die folgenden Fragen!

a) Wie wird der Roboter heute definiert?

b) Welche Vorstellungen hat man von einem humanoiden Roboter der Zukunft?

Lektion 25   Text C

c Was erwartet die Industrie von humanoiden Robotern?

d Was ist mit dem Kuscheltier im Text (Zeile 16) gemeint?

e Womit beschäftigen sich die amerikanischen Wissenschaftler und die Firma Volkswagen auf der Grundlage des autonomen Straßenroboters, der 2007 von ihnen entwickelt wurde?

f Und was ist dabei der Zweck?

g Inwieweit spielen mobile Erkundungsroboter eine wichtige Rolle? Nennen Sie mindestens ein Beispiel.

h In welchen Industriebranchen werden besonders viele Roboter eingesetzt? Und welche Vorteile haben sie im Vergleich zu den Menschen?

i Wie verstehen Sie, dass Roboter mit künstlicher Intelligenz dem Menschen überlegen sein können? Beweisen Sie es mit einem Beispiel aus dem Text.

j Was ist der größte Unterschied des Roboters im Vergleich zu Menschen?

Intelligente Roboter

Der Begriff Roboter hat seinen Ursprung in dem slawischen Wort „robota", was so viel wie „Diener" oder „unterwürfiger Arbeiter" bedeutet. Heute versteht man unter einem Roboter einen stationären oder mobilen Rechner, der mit Hilfe einer hochkomplexen Software Informationen verarbeitet und in Handlungen umsetzt. Seine äußere Gestalt hängt von den Aufgaben ab, die ihm
5 der Mensch zuordnet.

Literatur und Film haben vor allem ein humanoides Erscheinungsbild des Roboters popularisiert. Wenn man heute Maschinen baut, will man jedoch keine Kopie des Menschen erschaffen, sondern ihm einen Assistenten zur Seite stellen. Der humanoide Roboter der Zukunft ist ein multifunktionaler Service-Roboter. Er kann sich in einer Umwelt bewegen, die sich an den
10 Bedürfnissen des Menschen orientiert, und er übernimmt dort Tätigkeiten, die sonst viele einzelne Spezialroboter ausführen müssten.

Roboter wie „Asimo" können Treppen steigen, rennen und sprechen. Sie nehmen über Kameras und Mikrofone ihre Umwelt wahr und reagieren auf sie. Hohe Erwartungen verbindet die Industrie mit dem Einsatz humanoider Roboter in der Kranken- und Altenpflege. Was in Deutschland jedoch noch nicht gern akzeptiert wird, funktioniert in Japan bereits ganz gut: Die Baby-Robbe „Paro" wird mit großem Erfolg als Therapieroboter in Altenheimen eingesetzt, auch wenn das Kuscheltier nur quieken, mit den Augen zwinkern und sich hin und her wiegen kann.

Mit einer ganz anderen Frage beschäftigen sich Wissenschaftler der US-amerikanischen Stanford University und der Firma Volkswagen. Sie erforschen, ob ein Auto völlig selbständig und ohne Fahrer seinen Weg finden kann. Für einen Wettbewerb entwickelten sie 2007 einen autonomen Straßenroboter. Mit Lasersensoren erzeugt er dreidimensionale Abbilder der Umwelt. Diese Bilder gleicht der Rechner mit einem GPS-System und einer digitalen Karte ab, in der Fahrbahnmarkierungen und Stoppschilder eingetragen sind. So kann das Fahrzeug sich bis auf fünf Zentimeter genau in der Stadt lokalisieren. Die Software unterscheidet außerdem zwischen beweglichen und unbeweglichen Hindernissen und orientiert ihr Fahrverhalten an der Straßenverkehrsordnung. So hält das Auto exakt an der Stoppmarkierung und erkennt, ob es anderen Fahrzeugen Vorfahrt gewähren muss. Die Konstrukteure wollen damit jedoch nicht den Autofahrer abschaffen, sondern eine Software entwickeln, die hilft, Unfälle zu vermeiden.

Ebenfalls eine wichtige Rolle spielen mobile Erkundungsroboter, die man in Gebieten einsetzen kann, die für Menschen nicht zugänglich oder zu gefährlich sind. Zum Beispiel in der Raumfahrt: 2004 erkundete der Rover „Spirit" die Oberfläche des Mars und analysierte Gesteinsproben. Aufgrund der riesigen Entfernung von der Erde muss „Spirit" autonom entscheiden können, welche Handlungsweise am sinnvollsten ist. Auch in der Militär- und Sicherheitstechnik werden Roboter eingesetzt, um gefährliches Terrain auszukundschaften. Sie können außerdem Waffen suchen und entschärfen, oder sogar selber Waffen mit sich führen.

Nicht mobil sind in der Regel Industrieroboter, von denen weltweit rund eine Million im Einsatz sind. Jedes Jahr steigt ihre Zahl um fast zehn Prozent. Neben der Elektroindustrie ist die Automobilindustrie der wichtigste Abnehmer. Fast jeder Computer und fast jedes Auto wird von Robotern montiert, zusammengeschweißt und lackiert. Dabei werden die Produktionsstraßen immer effizienter, so dass sich die Konstruktion eines Montagebandes in der Automobilindustrie inzwischen von sieben auf ein Jahr reduziert hat. Und auch die einzelnen Module werden immer vielseitiger und perfekter. Die Industrieroboter kontrollieren die von ihnen gefertigten Teile und sorgen dafür, dass die nächste Generation noch besser und effizienter arbeitet.

Kann die Software, die einen Roboter steuert, diesen mit einer künstlichen Intelligenz ausstatten, die dem Menschen eines Tages überlegen ist? Zumindest in Teilbereichen kann eine Software schon heute bessere Problemlösungen anbieten. Schachprogramme wie „Fritz" oder „Rybka" wurden von ihren Programmierern so gut mit mathematischen Verfahren gefüttert, dass dem Menschen die Puste ausgeht. Das Schachprogramm „Fritz" kann in einer Sekunde acht Millionen Schachzüge durchrechnen und ist als Lern- und Analyseprogramm für Profis und Laien konzipiert. In einem spektakulären Schaukampf besiegte „Fritz" den Schachweltmeister Vladimir Kramnik mit 4 : 2. Maschinen machen eben keine Fehler aus Erschöpfung.

www.3sat.de/3sat.php? und http://www.3sat.de/delta/116908/index.html

Lektion 25   Text C

Sprechübung

Diskutieren Sie in Gruppen über die folgenden Fragen!

a In einem spektakulären Schaukampf besiegte der intelligente Roboter „Fritz" den Schachweltmeister Vladimir Kramnik mit 4 : 2. Heißt das, dass der intelligente Roboter klüger ist als der Mensch?

b Könnte der intelligente Roboter, wie in manchen Filmen dargestellt wird, der Herrscher über den Menschen sein? Begründen Sie Ihre Meinung.

Wortschatzübung

Schreiben Sie die Sätze mit den in Klammern angegebenen Wörtern um. Achten Sie dabei auf die Änderung des Satzbaus!

a **Unter** einem Roboter **versteht** man einen stationären oder mobilen Rechner, der mit Hilfe einer hochkomplexen Software Informationen verarbeitet und in Handlungen umsetzt. (*sein/etw. als etw. definieren/etw. als etw. bezeichnen*)

b Seine äußere Gestalt hängt von den Aufgaben ab, die ihm der Mensch **zuordnet**. (*j-m etw. geben/j-m etw. zuteilen*)

c Literatur und Film haben vor allem ein humanoides Erscheinungsbild des Roboters **popularisiert.** (*etw. populär machen/etw. bekannt machen*)

d Roboter wie „Asimo" **nehmen** über Kameras und Mikrofone ihre Umwelt **wahr** und reagieren auf sie. (*etw. erfassen/etw. erkennen*)

e **Mit** einer ganz anderen Frage **beschäftigen sich** Wissenschaftler der US-amerikanischen Stanford University und der Firma Volkswagen. (*etw.(D) nachgehen*)

f Diese dreidimensionalen Abbilder der Umwelt **gleicht** der Rechner mit einem GPS-System und einer digitalen Karte **ab**, in der Fahrbahnmarkierungen und Stoppschilder **eingetragen**

sind. (1. *etw. mit etw.*(D) *vergleichen*; 2. *etw. registrieren/etw. erfassen*)

g Man kann mobile Erkundungsroboter in Gebieten einsetzen, die für Menschen nicht zugänglich sind. (*Zugang zu etw.*(D) *haben*)

h 2004 erkundete der Rover „Spirit" die Oberfläche des Mars und analysierte Gesteinsproben. (*genaue Informationen über etw.*(A) *ermitteln/auskundschaften*)

i Kann die Software den Roboter mit einer künstlichen Intelligenz ausstatten, die dem Menschen eines Tages überlegen ist? (*j-n mit etw.*(D) *ausrüsten/j-n mit etw.*(D) *versorgen*)

Grammatische Wiederholung

Antworten Sie auf die folgenden Fragen und drücken Sie dabei Ihre Vermutung aus. Nutzen Sie hierfür die in der Klammer angegebenen Ausdrücke.

a Kann sich der humanoide Roboter der Zukunft in einer sich an den Bedürfnissen des Menschen orientierenden Umwelt bewegen?
(*dürfte, wird wohl, wahrscheinlich, Ich nehme an, nach meiner Vermutung*)

b Kann das künftige Auto völlig selbständig und ohne Fahrer seinen Weg finden?
(*müssen/müsste, sicher/bestimmt/sicherlich*)

c Kann der Roboter in Zukunft wie Menschen phantasieren?
(*Es kann/könnte/mag sein, vielleicht, Ich kann es nicht ausschließen*)

d Werden Roboter auch ein dem Menschen ähnliches Bewusstsein und Gefühle haben?
(*Es ist ausgeschlossen/unmöglich, Es kann/könnte/mag nicht sein, sicherlich nicht/kein-*)

Lektion 25   Text D

Text D · Die Natur hilft der technischen Evolution

Einstieg

1 Sehen Sie sich die folgenden Bilder an und sprechen Sie über ihre Funktionen.

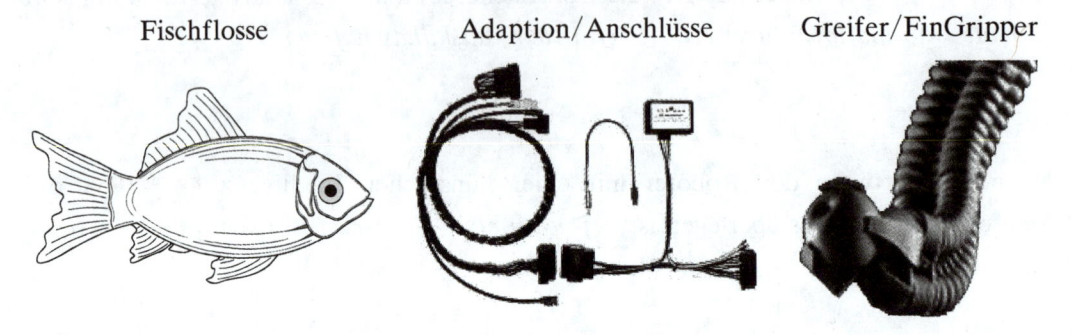

Fischflosse   Adaption/Anschlüsse   Greifer/FinGripper

2 Was kann inhaltlich nicht zusammengehören?

		Nicht dazugehöriges Wort
a.	Forscher, Ideenlieferant, Untersucher, Entwickler	
b.	transformieren, übertragen, kreieren, einfliesen	
c.	Adaption, Ansatz, Anfangspunkt, Idee	
d.	Entwicklung, Automatisierung, Evolution, Innovation	
e.	voranschreiten, repräsentieren, zeigen	
f.	übertreffen, überholen, hinausgehen, übertrumpfen	
g.	Bereich, Komponente, Feld, Gebiet	

3 Lesen Sie die kurze Einleitung und beantworten Sie die folgenden Fragen.

> Der Automatisierungstechnik-Spezialist Festo fördert seit Jahren Entwicklungen in der Bionik. Aus natürlichen Vorbildern werden dabei technische Lösungen entwickelt, etwa Roboter mit speziellen Fähigkeiten. Die futurezone, ein österreichisches Internetportal, sprach mit Festo Österreich Geschäftsführer Wolfgang Keiner über die Motive für das Engagement in diesem Bereich und über die Bedeutung der Bionik in der Forschung und in der Praxis.

a Was wissen Sie über Festo und Herrn Wolfgang Keiner?
Festo:
Wolfgang Keiner:

b Worüber wird futurezone mit Herrn Keiner sprechen?

Hörverständnis

Hören Sie den Text zweimal und machen Sie sich zu den folgenden Fragen Notizen.

a Wozu fördert Festo Entwicklungen in der Bionik?

b Was bedeutet Natur für Bioniker?

c Warum werden bei der Entwicklung von Robotern Vorbilder in der Biologie gesucht?

d Was kann in Zukunft immer wieder neue Anwendungsfelder bieten für bionische Basisentwicklungen?

e Wird die Technik die Natur in Zukunft in allen Bereichen überholen? Und was ist die größte Herausforderung in der Bionik?

f Worin sieht Wolfgang Keiner die Anwendungsmöglichkeiten bei der direkten Verbindung von Technik und Natur?

g Was sind die Ziele in der Automation? (drei Antworten sind genug)

h Wofür z. B. lässt Festo Erkenntnisse aus der bionischen Forschung anwenden? Nennen Sie ein Beispiel!

i Was wurde bei Festo durch bionische Forschung beispielsweise erreicht?

Lektion 25   Text E

Sprechübung

Nennen Sie technische Sachen, die mit Bionik zu tun haben. Und erzählen Sie über ihre Funktionen, Vorteile und anderes.

> *Redemittel:*
> - *Mir fällt dabei X ein.*
> - *X sieht wie... aus.*
> - *Man benutzt/gebraucht X, um... zu...*
> - *Der Vorteil von X ist hauptsächlich...*
> - *Ferner...*

Text E — Zukunft der Gentechnik

Einstieg

Sprechen Sie in Gruppen über die folgenden Fragen.

a Welche gentechnischen Produkte kennen Sie?

b In welchen Bereichen wird heute die Gentechnik angewendet? Und wozu?

Leseverständnis

1 Überfliegen Sie den Text und beantworten Sie die Frage:
Welche Bereiche, in denen die Gentechnik zukünftig weiter entwickelt wird, werden im Text genannt?

2 Lesen Sie noch einmal den Text und beantworten Sie die folgenden Fragen.

a Was belegt, dass die gentechnische Landwirtschaft heute sehr verbreitet ist?

b Welche Eigenschaften haben die Erzeugnisse der ersten Generation der gentechnisch veränderten Pflanzen?

c Welche Ziele sollen die Produkte der zweiten Generation erreichen?

d Warum sollen auch Mücken, Pilze und Viren genetisch verändert werden? Ergänzen Sie die Tabelle.

Genetisch veränderte	Ziele
Mücken	• •
Pilze	• • •
Viren	•

3 **Kreuzen Sie die richtige Antwort an.**

a Durch Gentest und biochemisch-molekularbiologische Diagnostik
- ☐ 1) dürfte die moderne Medizin an Bedeutung gewinnen.
- ☐ 2) dürfte die Behandlung von Patienten personalisiert werden.
- ☐ 3) dürften kranken Menschen auf ihren persönlichen Wunsch behandelt werden.

b Matthias Horx glaubt,
- ☐ 1) dass man in nächster Zukunft sowohl Augenfarbe als auch Intelligenz eines Kindes schon vor seiner Geburt festlegen kann.
- ☐ 2) dass in nächster Zukunft besondere Begabungen angeboren sein können.
- ☐ 3) dass man in nächster Zukunft das Aussehen eines Kindes schon vor seiner Geburt selbst bestimmen kann.

c Arthur Caplan weist auf die Gefahr hin,
- ☐ 1) dass reiche Menschen „perfekte" Babys zur Welt bringen können.
- ☐ 2) dass Kinder in 20 bis 25 Jahren dank Gentechnik und künstlicher Uteri vergleichbare Eigenschaften haben können.
- ☐ 3) dass Kinder in 20 bis 25 Jahren dank Gentechnik und künstlicher Uteri ähnlich aussehen können.

d Dass in den kommenden ein, zwei Jahrzehnten u. a. Krebs und AIDS geheilt werden können,
- ☐ 1) nimmt der Autor an.
- ☐ 2) garantiert der Autor.
- ☐ 3) bezweifelt der Autor.

e Dieter Falkenhagen ist optimistisch, dass

Lektion 25   Text E

☐ 1) immer mehr Organkrankheiten durch Ersatz durch künstliche Organe geheilt werden können.

☐ 2) künstliche Haut, Knochen und Blutzellen – sowie Fingerspitzen, Ohren, Harnröhren und Herzklappen aus körpereigenen Stammzellen gezüchtet werden können.

☐ 3) Funktionen von Lunge und Leber nach dem Jahr 2050 komplett ersetzt werden können.

4 Fassen Sie den letzten Abschnitt mit einem Satz zusammen und geben Sie ihm dann eine Überschrift.

Zusammenfassung:

Überschrift:

Zukunft der Gentechnik

Die Gentechnik dürfte vor allem mit Blick auf eine effizientere Landwirtschaft, eine gesündere Ernährung und eine effektivere Produktion nachwachsender Rohstoffe weiterentwickelt werden. Schon jetzt werden gentechnisch veränderte Pflanzen weltweit auf mehr als 100 Millionen Hektar angebaut – das ist etwa so viel wie Europa an Agrarfläche hat. In den USA sind über 90% der
5   angebauten Baumwolle sowie mehr als 80% der Sojabohnen und des Mais Produkte der Gentechnik.

Die meisten gentechnisch veränderten Pflanzen sind Produkte der 1. Generation, die hinsichtlich ihrer Resistenz gegenüber Insektiziden und Herbiziden manipuliert wurden, die gegenüber der weltweit zunehmenden Trockenheit widerstandsfähiger sind oder die besser mit versalzenen Böden zurechtkommen. Nun werden Produkte der 2. Generation entwickelt, die gesünder sein sollen oder
10   von der Industrie benötigte Substanzen liefern können. Beispielsweise wird der „Golden Rice" dank neuer Gene mit Vitamin A angereichert, während die „gv-Banane" einen erhöhten Gehalt an Vitamin E, Provitamin A und Eisen aufweist.

Mit Hilfe der Gentechnik wird auch das Erbgut von Tieren, Insekten und Pilzen verändert. Beispielsweise sollen Mücken gezüchtet werden, die kein Malaria übertragen können und allmählich
15   die als Überträger wirkenden Anophelesarten verdrängen sollen. Durch neu entwickelte Pilze sollen Schadinsekten infiziert und deren Häufigkeit reduziert oder schädliche Pilze verdrängt werden. Und in Australien versucht man, Viren zu züchten, mit denen man der Kaninchenplage Herr werden kann.

Natürlich lässt sich die Gentechnik auch auf den Menschen anwenden. Zunächst dürfte die
20   Genanalyse zum Erkennen von Krankheitsrisiken und zur Abstimmung der Ernährung an Bedeutung gewinnen. Schon heute kann jeder sein Erbgut sequenzieren lassen bzw. sich Gentests unterziehen. Ferner wird immer häufiger von der biochemisch-molekularbiologischen Diagnostik Gebrauch gemacht werden. Auf diese Weise wird die Medizin personalisiert werden, d. h. kranke Menschen werden unter weitgehender Berücksichtigung ihrer individuellen Eigenschaften behandelt werden.

Biochemische Behandlungsverfahren, genetische Modifikationen (z. B. an befruchteten Eizellen), künstliche Gene und Gentherapie werden folgen – aber wohl kaum das Klonen von Menschen. Um das Jahr 2050 herum wird wahrscheinlich die gezielte Aktivierung von Genen möglich sein, die den Alterungsprozess verlangsamen. Dann wird man auch körpereigene Stammzellen einsetzen, um geschädigte Zellen neu zu bilden.

In absehbarer Zeit wird man laut dem Zukunftsforscher Matthias Horx Eigenschaften von Kindern wie Augen- oder Haarfarbe vorab festlegen können – aber wohl kaum solche wie Intelligenz oder besondere Begabungen: Bildung, Klugheit, musikalisches oder künstlerisches Talent, sportliche Leistungsfähigkeit, ein gesunder Körper usw. seien in erster Linie vom (Lern-)Verhalten des Kindes bzw. Erwachsenen abhängig. Arthur Caplan von der University of Pennsylvania ist hingegen der Meinung, dass schon in 20 bis 25 Jahren dank Gentechnik und künstlicher Uteri „perfekte" Babys geschaffen werden könnten. Damit wäre die Gefahr verbunden, dass nur reiche Menschen die Kosten schultern könnten und damit ihren Kindern Vorteile verschaffen würden oder dass Kinder wie Objekte behandelt und von ihren Eigenschaften her immer ähnlicher werden.

Dank zu erwartender Fortschritte in Medizin und Medizintechnik werden Menschen immer gesünder sein und immer älter werden. So werden in den kommenden ein, zwei Jahrzehnten vermutlich Erkrankungen wie Krebs, Diabetes, AIDS, Parkinson oder Alzheimer heilbar sein. Beispielsweise werden alleine in den USA rund 1.000 neue Krebsmittel klinisch getestet. Große Hoffnungen werden auch in die Immuntherapie gesetzt. Allerdings könnte die rasante Zunahme Antibiotika-resistenter Erreger dazu führen, dass wieder mehr Menschen an reinen Infektionskrankheiten sterben werden.

Inzwischen gibt es künstliche Haut, Knochen und Blutzellen – sowie Fingerspitzen, Ohren, Harnröhren und Herzklappen, die aus körpereigenen Stammzellen gezüchtet wurden. Laut Dieter Falkenhagen von der Donau-Universität Krems können immer mehr Organfunktionen erfolgreich ersetzt werden – zum einen durch Systeme aus Materialien wie Kunststoff oder Metallen, zum anderen durch bioartifizielle Systeme, für die biologische Materialien technisch bearbeitet wurden. Falkenhagen geht davon aus, dass die Funktionen des Herzens, der Nieren und des Pankreas bis Mitte des 21. Jahrhunderts längerfristig von künstlichen Systemen übernommen werden können. Die Funktionen von Lunge und Leber seien hingegen sehr komplex und werden wohl auch im Jahr 2050 nicht komplett substituiert werden können.

Überraschend viel ist heute schon möglich: Blinde können dank Sehprothese, Sehchips oder elektronischem Auge sehen; Gehörlose können dank eines Cochleaimplantats wieder hören; körperlich Behinderte können bionische Prothesen direkt über das Nervensystem steuern; und durch einen Gehirnschlag Gelähmte können einen Roboterarm über ein Interface in der Hirnrinde bewegen, das einzelne Neuronen im Motorkortex mit Mikroelektroden verbindet.

Bei einem neu entwickelten Hightech-Arm ist die Hand fast so beweglich wie eine Menschenhand; bei der US Air Force befindet sich ein Pilot mit einem künstlichen Bein im aktiven Dienst; bei den Olympischen Spielen 2012 nahm ein Sportler am 400m-Lauf und an der 4×400m-Staffel teil, dessen

Lektion 25   Text E

Füße und Unterschenkel unterhalb des Knies amputiert worden waren. Inzwischen gibt es Exoskelette, mit deren Hilfe Menschen trotz gelähmter Beine gehen – oder gesunde Menschen
65 schwere Lasten tragen – können.

Abgekürzt nach: http://www.zukunftsentwicklungen.de/technik.html#gtb

Sprechübung

Die technische Entwicklung hat das menschliche Leben vielseitig beeinflusst. Was könnte Ihrer Vermutung nach die nächste Technikrevolution auslösen, die unser Leben bestimmt?

Wortschatzübung

Schreiben Sie die Sätze mit den in Klammern angegebenen Wörtern um. Achten Sie dabei auf die Änderung des Satzbaus!

a In den USA **sind** über 90% der angebauten Baumwolle sowie mehr als 80% der Sojabohnen und des Mais **Produkte der Gentechnik**. (*etw. gentechnisch produzieren*)

b Die meisten gentechnisch veränderten Pflanzen wurden hinsichtlich ihrer Resistenz gegenüber Insektiziden und Herbiziden **manipuliert**. (*etw. verändern / etw. beeinflussen*)

c Durch neu entwickelte Pilze sollen Schadinsekten **infiziert** werden. (*etw. anstecken*)

d In Australien versucht man, Viren zu züchten, mit denen man **der** Kaninchenplage **Herr werden** kann. (*etw. überwinden / etw. bewältigen*)

e Schon heute kann jeder **sich Gentests unterziehen**. (*seine Gene testen lassen*)

f Ferner wird immer häufiger **von** der biochemisch-molekularbiologischen Diagnostik **Gebrauch gemacht** werden. (*etw. gebrauchen / etw. anwenden*)

g Auf diese Weise wird die Medizin **personalisiert** werden. (*etw. individualisieren*)

h Nur reiche Menschen könnten die Kosten **schultern** und würden damit ihren Kindern Vorteile **verschaffen**. (*1. etw. tragen / für etw. aufkommen; 2. etw. bringen*)

i Falkenhagen **geht davon aus**, dass **die Funktionen** des Herzens bis Mitte des 21. Jahrhunderts längerfristig von künstlichen Systemen **übernommen** werden können. (*1. meinen; 2. etwas substituieren*)

Text E Lektion 25

Grammatische Wiederholung

Wandeln Sie die Nebensätze in nominale Ausdrücke um oder umgekehrt.

a) Die Gentechnik dürfte vor allem mit Blick **auf eine effektivere Produktion nachwachsender Rohstoffe** weiterentwickelt werden.

b) Die Genanalyse dürfte **zum Erkennen von Krankheitsrisiken und zur Abstimmung der Ernährung** an Bedeutung gewinnen.

c) Kranke Menschen werden **unter weitgehender Berücksichtigung ihrer individuellen Eigenschaften** behandelt.

d) Um das Jahr 2050 herum wird wahrscheinlich **die gezielte Aktivierung von Genen** möglich sein.

e) Man wird körpereigene Stammzellen einsetzen, **um geschädigte Zellen neu zu bilden**.

f) Allerdings könnte **die rasante Zunahme Antibiotika-resistenter Erreger** dazu führen, dass wieder mehr Menschen an reinen Infektionskrankheiten sterben werden.

g) **Wenn man heute Maschinen baut**, will man jedoch keine Kopie des Menschen erschaffen, sondern ihm einen Assistenten zur Seite stellen.

h) Roboter wie „Asimo" reagieren auf ihre Umwelt, **indem sie sie über Kameras und Mikrofone wahrnehmen**.

i) Hohe Erwartungen verbindet die Industrie **mit dem Einsatz humanoider Roboter in der Kranken- und Altenpflege**.

Lektion 25   Text E

Schreibübung

Schreiben Sie einen Aufsatz über beispielsweise einen zukünftigen Roboter oder ein zukünftiges Auto oder was anderes, der/das von Ihnen erfunden wird und das menschliche Leben verändern würde. Gehen Sie dabei auf die folgenden Vorgaben ein.

a Einleitung

b Phantasieren Sie, welche Fähigkeiten er/es hätte.

c Welche Vorteile hätte er/es im Vergleich zu traditionellen Computern oder Autos?

d Welche Nachteile/Probleme würde er/es mitbringen?

e Wie könnte man die Nachteile/Probleme vermeiden?

f Schlusswort

Test

Ergänzen Sie bitte den Text.

Fluch und Segen der Technik

Wir leben in einer hochtechnisiert_____ (-er, -en, -) Welt. _____ (Gibt, Gäbe, Gebe) es keine Technik, _____ (wäre, sei, ist) die Menschheit nicht mehr zu ernähren, Seuchen wären an der Tagesordnung und die täglich_____ (-, -e, -en) Arbeitszeit doppelt so lang. Technik ist nicht ein abscheulich_____ (-, -er, -es) Produkt des Fortschrittwahns, sondern eine wichtige Methode dafür, _____ (-, um, dass) grundlegende menschliche Bedürfnisse wirksam _____ (-, zu, zum) befriedigen. Beispiel Landwirtschaft: Die erst_____ (-e, -, -en) Menschen mussten den Acker mühsam mit ein _____ (-em, -en, -er) Stock bearbeiten. Die Erfindung der Hacke _____ (erschwerte, ermöglichte, erleichterte) die Feldarbeit und setzte so die Arbeitskraft effizient_____ (-er, -, -ere) ein. Die heutige Landwirtschaft ist _____ (mit, ohne, dank) Traktoren, Sämaschinen und Mähdrescher gar nicht _____ (ausgeschlossen, denkbar, notwendig). Noch _____ (seit, vor, nach) hundert Jahren gab es auch in Mitteleuropa Hungerperioden. Der Einsatz von mineralisch_____ (-em, -er, -en) Dünger, Pflanzenschutzmitteln und Maschinen sowie eine Saatgutverbesserung _____ (hatten, haben, hätten) das geändert.

Mindestens genauso wirkungsvoll _____ (bleiben, sind, werden) Fortschritte und Vorteile der Medizin. Durch die Erfindung der Faseroptik können heute Magen und Darm direkt _____ (sehen, beobachtet, betrachtet) und krankhafte Stellen diagnostiziert werden. Der Einsatz der Computer-Tomographie erlaubt sogar eine dreidimensionale Darstellung _____ (keine, ohne, nicht) schädliche Röntgenstrahlen. Der medizinische Fortschritt des 20. Jahrhunderts hat Behandlungen möglich gemacht, von _____ (dem, der, denen) leidende Menschen früherer Jahrhunderte _____ (schon, nicht einmal, erst) träumen konnten.

Energie

Lektion 26

① Sehen Sie sich das Schaubild an und erklären Sie die 10 Energieträger.

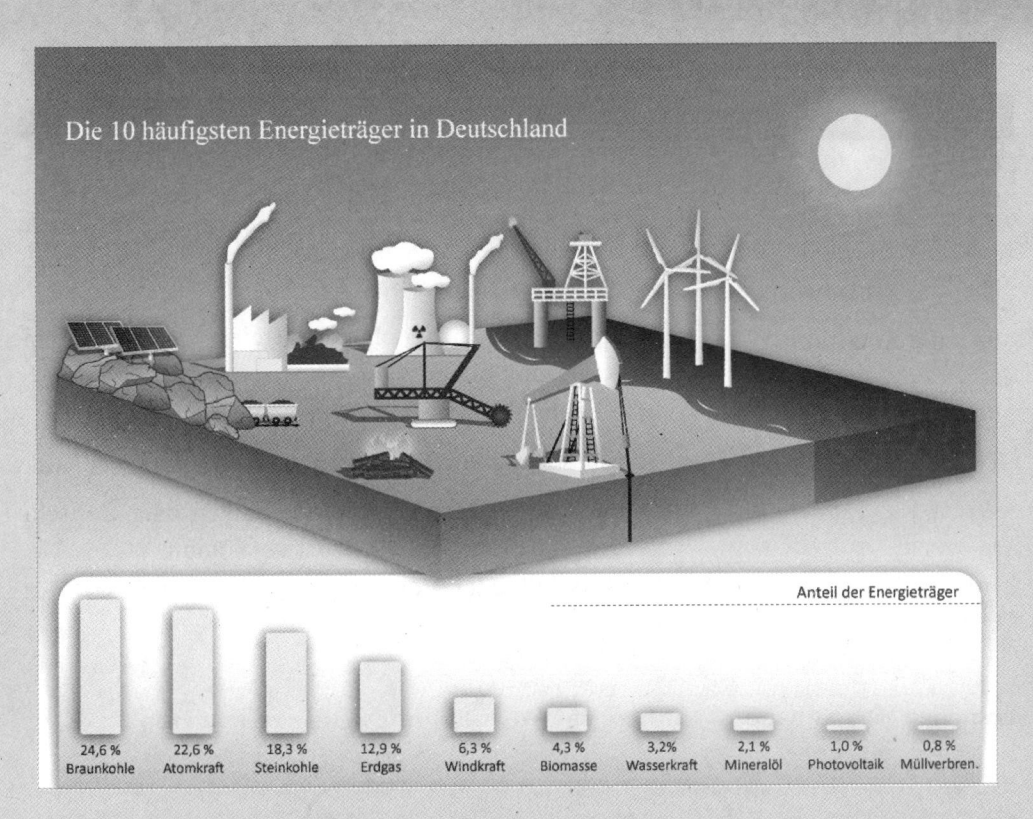

Die 10 häufigsten Energieträger in Deutschland

Anteil der Energieträger

| 24,6 % | 22,6 % | 18,3 % | 12,9 % | 6,3 % | 4,3 % | 3,2 % | 2,1 % | 1,0 % | 0,8 % |
| Braunkohle | Atomkraft | Steinkohle | Erdgas | Windkraft | Biomasse | Wasserkraft | Mineralöl | Photovoltaik | Müllverbren. |

Quelle: BMU, Stand 2012

② Versuchen Sie, das folgende Energie-Quiz zu lösen.

a Welches Abgas entsteht, wenn Kohle verbrannt wird?
☐ Wasserstoff ☐ Kohlendioxid ☐ Sauerstoff

b Was ist ein Treibstoff für Autos?
☐ Wind ☐ Erdgas ☐ Kohle

c Wie heißt das momentan größte Wasserkraftwerk der Welt?
☐ Itaipú ☐ Drei-Schluchten-Damm ☐ Goldisthal

d Wo muss eine Windkraftanlage aufgestellt werden, um möglichst viel Strom zu gewinnen?
☐ Auf Bergkuppen ☐ Im Wald ☐ Im Meer

e Warum durften im Jahr 1986 in Deutschland keine Pilze gesammelt werden?
☐ Wegen einer Dürreperiode ☐ Wegen einer Bodenverseuchung
☐ Wegen eines Reaktorunglücks

f Wo lagert Steinkohle?
☐ Sie befindet sich knapp unter der Erde. ☐ Sie liegt auf der Erde.
☐ Sie ist sehr tief in der Erde vergraben.

Lektion 26   Text A

Text A Die Energiewende

Einstieg

1 Ordnen Sie den Begriffen die Erklärungen zu.

- a das Schlagwort
- b die Koalition
- c der Super-GAU
- d das Moratorium
- e der Kernkraftreaktor
- f der Tsunami

1) ein Atomkraftwerk
2) ein Bündnis zwischen Parteien, die zusammen eine Regierung bilden
3) eine durch Erdbeben verursachte riesige Flut
4) Katastrophe unvorstellbaren Ausmaßes z. B. ein Reaktorunfall
5) ein Wort, das oft in den Zeitungen oder Zeitschriften als Titel oder als Schlüsselwort vorkommt
6) Aufschub oder Verschiebung eines Termins

2 Versuchen Sie, anhand des Bildes das Wort Energiewende zu erklären.

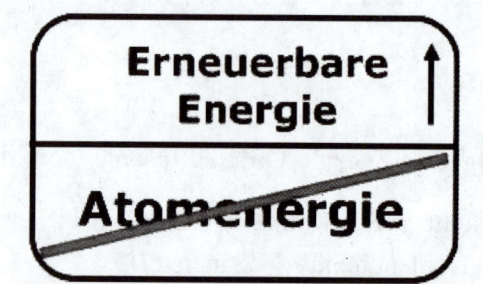

Erneuerbare Energie ↑

~~Atomenergie~~

Leseverständnis

Lesen Sie den Text und beantworten Sie die Fragen.

a Ist „Energiewende" ein neuer Begriff? Was ist damit gemeint?

b Warum wurde die Energiewende so plötzlich beschlossen?

c Was hat die Bundesregierung beschlossen?

d Was verlangten die meisten Deutschen nach Fukushima? Und wie hat die Regierung darauf reagiert?

e Welches Ziel hat die Bundesregierung mit dem Moratorium?

f Warum beobachten andere Länder das Konzept Deutschlands für den Atomausstieg mit großer Aufmerksamkeit?

g Welche Chancen bietet der Ausstieg aus der Atomenergie Deutschland?

h Welche Tendenz wird im Bericht des Worldwatch-Instituts in Washington festgestellt?

i Worauf bezieht sich „wobei" in der Zeile 6?

Die Energiewende

Energiewende ist in Politik und Medien das neue Schlagwort für den Atomausstieg, der durch den Ausbau der erneuerbaren Energie ermöglicht werden soll. Den Begriff Energiewende gibt es schon länger und eigentlich bezeichnet er eine komplette Umstellung auf nachhaltige Energieerzeugung. Nicht nur die Atomenergie, sondern auch die fossilen Energieträger (Öl, Kohle, Erdgas) sollen
5   durch erneuerbare Energien (Windenergie, Wasserkraft, Sonnenenergie, Bioenergie) ersetzt werden, **wobei** auch Energiesparen und eine höhere Energieeffizienz eine wichtige Rolle spielen sollen. In der aktuellen Diskussion geht es vorrangig um einen möglichst schnellen Atomausstieg.

Auslöser für die Energiewende in der deutschen Politik war die Atomkatastrophe in Japan: Am 11. März 2011 führten ein schweres Erdbeben und ein Tsunami zu einer Reaktorkatastrophe in der
10 Atomanlage von Fukushima. Die Ereignisse in Japan haben die Atomdebatte in Deutschland neu angefacht. Mit geradezu atemberaubendem Tempo hat die schwarz-gelbe Koalition unter dem Eindruck von Fukushima eine energiepolitische Kehrtwende vollzogen. Mit der sofortigen Stilllegung von sieben Atomreaktoren und dem Beschluss, den Ausstieg aus der Kernenergie zu beschleunigen, reagierte die Politik diesmal völlig anders als nach dem Super-GAU von Tschernobyl
15 vor 25 Jahren.

Die große Mehrheit der deutschen Bevölkerung fordert einen schnellen Ausstieg aus der Atomenergie. Die schwarz-gelbe Bundesregierung reagierte mit einem dreimonatigen Atom-Moratorium. In dieser Zeit sollen die 17 deutschen Kernkraftreaktoren auf ihre Sicherheit

Lektion 26 Text A

überprüft werden. Die 7 ältesten Reaktoren wurden so lange vom Netz genommen.
Bundeskanzlerin Angela Merkel erklärte: „Wir müssen schneller in das Zeitalter der erneuerbaren Energien kommen". Ihr Ziel ist bis zum Ende des Moratoriums ein neues Atomgesetz zu erarbeiten, das die zukünftige Energiepolitik Deutschlands regelt. Dabei hatte die Bundesregierung erst im Herbst 2010 im Rahmen ihres Energiekonzeptes die Laufzeiten der Kernkraftwerke in Deutschland verlängert.

Deutschland ist bislang das einzige Industrieland, das einen so radikalen Bruch mit dem herkömmlichen Energiemix plant. Das Ausland verfolgt dieses Experiment mit großem Interesse. Wenn es Deutschland gelingt, die erneuerbaren Energien schnell auszubauen, dann wird andere Länder die Sorge umtreiben, am Ende den Konkurrenzkampf um die besten Umwelttechnologien zu verlieren. Der Ausstieg aus der Atomkraft bedeutet eben nicht nur milliardenschwere Investitionskosten in erneuerbare Energien, sondern auch den Aufbau neuer, zukunftsträchtiger Industriezweige und die Schaffung von neuen Arbeitsplätzen.

Ein anlässlich des 25. Jahrestags der Atomkatastrophe von Tschernobyl im Europäischen Parlament präsentierter Bericht des Worldwatch-Instituts in Washington zum Stand der weltweiten Atomenergie kommt zu dem Schluss, dass der Anteil von Atomkraft an der Elektrizitätsproduktion weltweit abnimmt und künftig weiter abnehmen wird. So war 2010 erstmals die weltweite Leistung erneuerbarer Energien größer als die der aktiven Atomkraftwerke (381 Gigawatt gegenüber 375 Gigawatt vor Fukushima). Dafür wird der weltweite Anteil erneuerbarer Energien stetig zunehmen: Mehr als drei Viertel aller Energie könnte nach einer Studie des Weltklimarates IPCC vom Mai 2011 im Jahr 2050 aus alternativen Quellen stammen. Voraussetzung sind optimale politische Bedingungen und hohe Investitionen für erneuerbare Energien.

www.lpb-bw.de/energiewende.html

Wortschatzübung

Schreiben Sie die Sätze um. Benutzen Sie dabei die angegebenen Wörter und achten Sie auf den Satzbau.

a Energiewende **bezeichnet** eine komplette Umstellung auf nachhaltige Energieerzeugung. (*etw. bedeuten/heißen*)

b Die Atomenergie und die fossilen Energieträger sollen **durch** erneuerbare Energien **ersetzt** werden. (*etw. an die Stelle von etw. bringen*)

c Am 11. März 2011 **führten** ein schweres Erdbeben und ein Tsunami **zu** einer Reaktorkatastrophe in der Atomanlage von Fukushima. (*etw. zur Folge haben*)

d Die Ereignisse in Japan haben die Atomdebatte in Deutschland neu **angefacht**. (*etw. entfesseln/auslösen/ins Rollen bringen*)

e) Mit geradezu atemberaubendem Tempo hat die schwarz-gelbe Koalition eine energiepolitische Kehrtwende **vollzogen**. (*etw. ausführen / verwirklichen*)

f) Die große Mehrheit der deutschen Bevölkerung **fordert** einen schnellen Ausstieg aus der Atomenergie. (*etw. verlangen*)

g) In dieser Zeit sollen die 17 deutschen Kernkraftreaktoren **auf** ihre Sicherheit **überprüft** werden. (*etw. untersuchen / begutachten*)

h) Wenn es Deutschland gelingt, die erneuerbaren Energien schnell **auszubauen**, dann wird andere Länder die Sorge **umtreiben**, am Ende den Konkurrenzkampf um die besten Umwelttechnologien zu verlieren. (*1. weiterentwickeln; 2. etw. lässt j-m keine Ruhe*)

i) Ein Bericht des Worldwatch-Instituts in Washington **kommt zu dem Schluss**, dass der Anteil von Atomkraft an der Elektrizitätsproduktion weltweit abnimmt. (*zum Ergebnis kommen / etw. folgern*)

Sprechübung

1) **Sehen Sie sich das Diagramm an und beschreiben Sie, aus welchen Energiearten die Stromversorgung in Deutschland besteht.**

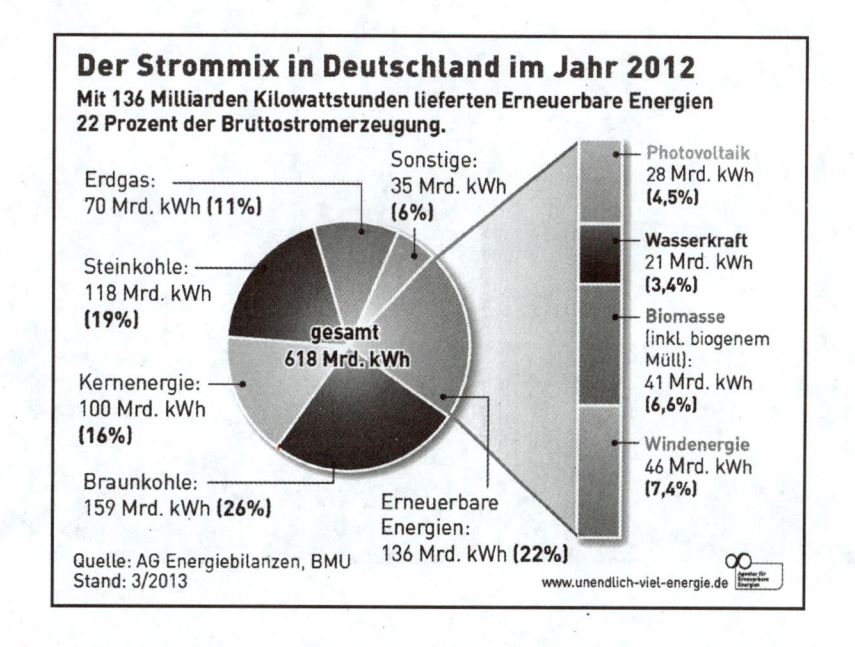

Der Strommix in Deutschland im Jahr 2012
Mit 136 Milliarden Kilowattstunden lieferten Erneuerbare Energien 22 Prozent der Bruttostromerzeugung.

- Erdgas: 70 Mrd. kWh (11%)
- Sonstige: 35 Mrd. kWh (6%)
- Steinkohle: 118 Mrd. kWh (19%)
- gesamt 618 Mrd. kWh
- Kernenergie: 100 Mrd. kWh (16%)
- Braunkohle: 159 Mrd. kWh (26%)
- Erneuerbare Energien: 136 Mrd. kWh (22%)
  - Photovoltaik: 28 Mrd. kWh (4,5%)
  - Wasserkraft: 21 Mrd. kWh (3,4%)
  - Biomasse (inkl. biogenem Müll): 41 Mrd. kWh (6,6%)
  - Windenergie: 46 Mrd. kWh (7,4%)

Quelle: AG Energiebilanzen, BMU
Stand: 3/2013
www.unendlich-viel-energie.de

Lektion 26 **Text B**

2 **Wie ist die Energiepolitik in China und welche Anteile besitzen die einzelnen Energien? Berichten Sie in einer kleinen Gruppe darüber.**

- fossile Energieträger
- Erneubare Energien
- Kernenergie

Text B Offshore-Windenergie

Einstieg

1 **Schauen Sie sich das Bild an und beschreiben Sie es.**

a Was ist auf dem Bild zu sehen?
b Wozu dient das?

2 **Stellen Sie Vermutungen an.**

a Warum werden Offshore-Windparks nicht an Land, sondern auf dem Meer gebaut?
b Welche Vor- und Nachteile könnte es geben?

Windkraftanlagen auf hoher See

Text B **Lektion 26**

3 **Ordnen Sie den Begriffen die Erklärungen zu.**

- a Kohlekraftwerk — 1) Strom, der durch Windräder erzeugt wird
- b Kernkraftwerk — 2) ein Elektrizitätswerk, das durch die Spaltung von Atomkernen Strom erzeugt, wird auch Atomkraftwerk genannt
- c Windenergie — 3) eine aus vielen Windrädern bestehende Anlage zur Stromerzeugung
- d Windkraftanlage — 4) ein Elektrizitätswerk zur Stromerzeugung, das mit Braunkohle oder mit Steinkohle betrieben wird

Hörverständnis

Hören Sie das Interview mit Herrn Arendt vom Bundesumweltministerium zum Thema „Offshore-Windenergie" und notieren Sie Stichwörter zu den folgenden Fragen!

a Was ist ein Offshore-Windpark?

b Warum soll der Windpark im Meer gebaut werden?
-
-

c Wie viele Offshore-Windparks wurden bisher beantragt und wo genau sollen sie stehen?

d Warum wurden die Windparks noch nicht genehmigt?

e Welche Interessen muss das Bundesumweltministerium berücksichtigen?

f Wer sind die Gegner der Offshore-Windparks und wie versucht man, sie zu überzeugen?

g Welche Vor- und Nachteile hat die Windenergie?
Vorteil:

Nachteile:

Lektion 26   **Text B**

Grammatische Wiederholung

Formen Sie die unterstrichenen Satzteile in Nebensätze um oder umgekehrt!

a   Der Verbraucher nutzt Energie **zum Heizen und Beleuchten der Wohnung**.

b   **Wenn Primär-Energie in Sekundär-Energie umgewandelt wird,** treten Energie-Umwandlungsverluste auf.

c   Für die Zukunft wird **eine Fortsetzung des Wachstums des Weltenergieverbrauchs** erwartet.

d   **Wie die Weltenergiekonferenz berechnet hat,** sind zurzeit 88 Mrd. t Erdöl nachgewiesen und förderbar.

e   Die gespeicherten Vorräte an Erdgas werden **bei Beibehaltung der heutigen Steigerungsrate** in 30 Jahren erschöpft sein.

f   **Nachdem die Ölpreise durch die internationalen Ölgesellschaften gesenkt worden waren,** wurde 1960 die OPEC gegründet.

g   **Durch eine Regulierung der Förderung sowie eine Vereinheitlichung der Ölpolitik der Mitgliedstaaten** wollte die OPEC den Ölpreis stabilisieren, um ihre Interessen besser durchzusetzen.

h   Seit dem 16. Oktober 1973 setzen die OPEC-Länder den Preis für ihr Rohöl **ohne Absprache mit den Ölgesellschaften** autonom fest.

i   Der Bau der Entsorgungsanlage für Atomabfälle bei Gorleben in Niedersachsen wurde nicht genehmigt, **weil die Opposition ihn abgelehnt hatte.**

j   **Wegen der starken Schwankungen der Stromnachfrage** werden Kraftwerke für verschiedene Lastbereiche gebaut.

Sprechübung

Sehen Sie sich das Diagramm an. Beschreiben Sie mit Ihrem Partner mündlich die Entwicklung der Windstromeinspeisung in Deutschland.

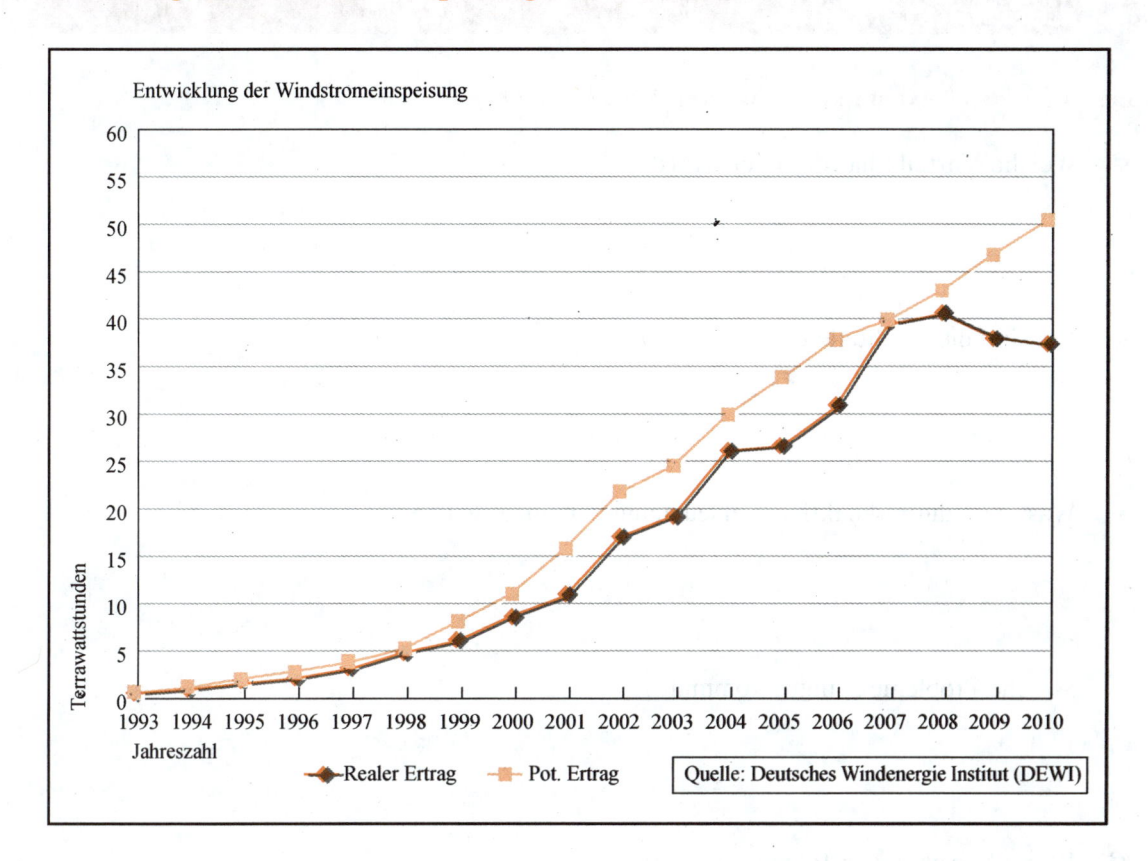

Entwicklung der Windstromeinspeisung
(Terrawattstunden, 1993–2010)
— Realer Ertrag — Pot. Ertrag
Quelle: Deutsches Windenergie Institut (DEWI)

Text C — Vor- und Nachteile der Atomkraft

Einstieg

1 Lesen Sie den kurzen Text.

> Atomkraftwerke/Kernkraftwerke/Atomkraft/Kernkraft ist heutzutage eine unerlässliche Energiequelle, mit der weltweit ca. ein Fünftel des Stromes erzeugt wird. Bereits im 19. Jahrhundert entdeckte Becquerel die Radioaktivität und wenig später fand man heraus, dass beim Zerfall von Atomkernen Energie freigesetzt wird. 1938 gelang Otto Hahn die erste Spaltung eines Uranatoms und Mitte des 20. Jahrhunderts wurde dann in den USA das erste Mal durch Kernenergie Strom erzeugt. Seitdem ist die Entwicklung dieser Energiegewinnung nicht mehr aufzuhalten.

Lektion 26   Text C

② Sprechen Sie über die Notwendigkeit des Einsatzes von Atomenergie und deren Gefahren.

Leseverständnis

Lesen Sie den Text und beantworten Sie die Fragen.

a Welche Vorteile hat die Atomkraft?

b Was sind die Nachteile der Atomenergie?

c Was kann die radioaktive Verseuchung zur Folge haben?

d Welche Probleme bringt Atommüll?

e Worauf bezieht sich folgendes?
1) welche (in der Zeile 9)
2) womit (in der Zeile 11)
3) was (in der Zeile 12)
4) was (in der Zeile 15)
5) dessen (in der Zeile 16)
6) welches (in der Zeile 23)

Vor- und Nachteile der Atomkraft

Atomkraft, Atomenergie oder Atomkraftwerke lösen immer wieder weltweite Diskussionen über Vor- und Nachteile dieser Energiegewinnung aus. Es gibt viele Gegner, die zum Beispiel mit ihren Demonstrationen versuchen, Castor-Transporte aufzuhalten. Allerdings muss man wie immer beide Seiten der Münze betrachten, denn trotz der Gefahren und Atommüllbildung ist die Menschheit
5 zunehmend auf Atomenergie angewiesen.

Vorteile der Atomkraft/Atomenergie

Ein wichtiger Vorteil ist die Reduzierung von Schadstoffemissionen in der Atmosphäre. Durch die Verbrennung fossiler Brennstoffe wie Erdöl oder Erdgas durch Verkehr, Industrie und Strom-/Wärmeerzeugung (Kohlekraftwerk etc.) entstehen sehr große Mengen an Kohlendioxid, **welche** die Umwelt schwer schädigen und zu einem bedenklichen Klimawechsel (Treibhauseffekt) führen können. Kernkraftwerke hingegen stoßen kein Kohlendioxid aus, **womit** der Atmosphäre jährlich ca. 150 Millionen Tonnen des Gases erspart werden, **was** ungefähr der gesamten CO_2-Produktion des Verkehrs weltweit pro Jahr entspricht. Dazu kommt, dass es bei Kohlekraftwerken eine große Staubbelastung gibt und die in Steinkohle enthaltene Radioaktivität mittels der Kraftwerke in die Atmosphäre gelangt, **was** bei Atomkraftwerken nicht der Fall ist. Außerdem hat Atomenergie einen 2,5-Millionen-mal höheren Energiegehalt als Steinkohle und **dessen** Brennstäbe können mehrmals wiederaufbereitet werden.

Nachteile der Atomkraft/Atomenergie

Bei der Atomenergie gibt es jedoch ebenfalls viele Nachteile. An oberster Stelle steht dabei natürlich die gefährliche Strahlenbelastung des radioaktiven Materials. Besonders um die Kernkraftwerke existiert eine höhere Belastung bei Unfällen, die durch technische Mängel oder menschliches Versagen auftreten, werden enorme Flächen im Umkreis radioaktiv verseucht, **welches** für die Bewohner dieser Gegenden ein fast sicheres Todesurteil ist. Radioaktivität kann schon in kleiner Dosierung Krebs verursachen. Menschen können durch die Verseuchung auch oft erst nach Jahren an den Folgen der Bestrahlung sterben. Da der Abbau des radioaktiven Materials sehr langsam erfolgt, bleiben solche Orte auch noch jahrzehntelang verseucht und können erst viele Jahre später wieder bewohnt werden. Ein weiteres wichtiges Problem ist die Entsorgung des Atommülls. Trotz relativ sicherer Lagerung unter der Erde kann ein Austreten der Radioaktivität nicht hundertprozentig vermieden werden und täglich wird mehr Abfall produziert, da die Brennelemente irgendwann nicht mehr wieder aufbereitet werden können. Der Zerfall dieser Radionuklide dauert sehr lang, somit muss Atommüll oft mehrere tausend Jahre gelagert werden, bis die Strahlenwirkung soweit nachgelassen hat, dass er nicht mehr gefährlich ist. Somit gibt es immer mehr Abfall, und die Frage ist, wie viel Abfall noch auf der Erde gelagert werden kann?

Fakt ist, dass die Menschheit von Atomenergie abhängig ist – und höchstwahrscheinlich auch bleiben wird, da man noch keine vergleichbare Energiequelle entdeckt hat, die den Strombedarf bei dem heutigen Stand der Technik decken kann. Trotz der Risiken müssen wir weiterhin darauf zurückgreifen, denn wer will heute noch auf Strom und den damit verbundenen Lebensstandard verzichten?

http://www.atomkraftwerk.biz/Vorteile-Nachteile.html

Wortschatzübung

Schreiben Sie die Sätze um. Benutzen Sie dabei die angegebenen Wörter und achten Sie auf den Satzbau.

a) Atomkraftwerke **lösen** immer wieder weltweite Diskussionen über Vor- und Nachteile dieser

Lektion 26   Text C

Energiegewinnung **aus**. (*etw. hervorrufen*)

b Es gibt viele Gegner, die zum Beispiel mit ihren Demonstrationen versuchen, Castor-Transporte **aufzuhalten**. (*etw. behindern/stoppen*)

c Allerdings muss man wie immer beide Seiten der Münze **betrachten**. (*sich etw. genau ansehen*)

d Die Menschheit ist zunehmend **auf** Atomenergie **angewiesen**. (*von etw. abhängen/von etw. abhängig sein*)

e Kernkraftwerke hingegen **stoßen** kein Kohlendioxid **aus**. (*etw. abgeben*)

f Die in Steinkohle enthaltene Radioaktivität **gelangt** mittels der Kraftwerke in die Atmosphäre. (*kommen*)

g Brennstäbe der Atomkraftwerke können mehrmals wieder **aufbereitet** werden. (*wiederverwerten*)

h Atomkraftwerkunfälle können durch technische Mängel oder menschliches Versagen **auftreten**. (*entstehen/passieren*)

i In Atomkraftwerkunfällen werden enorme Flächen im Umkreis **radioaktiv verseucht**. (*etw. mit Radioaktivität vergiften*)

j Radioaktivität kann schon in kleiner Dosierung Krebs **verursachen**. (*etw. auslösen*)

k Der Zerfall dieser Radionuklide dauert sehr lang, somit muss Atommüll oft mehrere tausend Jahre **gelagert** werden, bis die Strahlenwirkung soweit **nachgelassen** hat, dass er nicht mehr gefährlich ist. (1. *etw. aufbewahren*; 2. *abnehmen*)

l Die neue Energiequelle kann den Strombedarf bei dem heutigen Stand der Technik noch nicht **decken**. (*etw. befriedigen*)

m Trotz der Risiken müssen wir weiterhin **auf** die Atomenergie **zurückgreifen**. (*etw. verwenden*)

Sprechübung

Bilden Sie in einer Gruppe zwei Parteien, die jeweils pro und contra Atomenergie sind. Besprechen Sie mit Ihren Diskussionspartnern, welche Partei Sie vertreten. Debattieren Sie, ob man Abschied von der Atomenergie nehmen soll.

Grammatik: Funktionsverbgefüge

Funktionsverbgefüge besteht aus einer Wortgruppe aus einem Nomen (Nominalisierung von einem Verb) und einem Verb. In dieser Nomen-Verb-Gruppe hat das Nomen die Hauptbedeutung. Das Verb hat im Satz hauptsächlich eine grammatische Funktion. Deshalb werden solche Verben auch als Funktionsverben bezeichnet.

Beispiel:

Der Abbau des radioaktiven Materials **erfolgt** sehr langsam.

→ Das radioaktive Material **wird** sehr langsam **abgebaut**.

Man will **Abschied** von der Atomenergie **nehmen**.

→ Man will sich von der Atomenergie **verabschieden**.

Weitere gebräuchliche Funktionsverbgefüge finden Sie im Anhang des Buches.

Übung: Formulieren Sie die Sätze mit dem entsprechenden einfachen Verb um. Achten Sie auf die Änderung der Satzstruktur.

a Festo **unternimmt** mit dem Bionic Learning Network große **Anstrengungen** um natürliche Vorgänge in technische Innovationen umzuwandeln.

b Die **Sicherheit** von Atomkraftwerken kann in Ausnahmesituationen nicht **gewährleistet** werden.

c Bevor die Windkraftanlagen dort errichtet werden können, muss also erst einmal die Rechtslage geklärt werden. Im nächsten Jahr wird die **Entscheidung getroffen**.

d Mit geradezu atemberaubendem Tempo **hat** die schwarz-gelbe Koalition unter dem Eindruck von Fukushima eine energiepolitische **Kehrtwende vollzogen**.

e Windkraftanlagen **haben** negative **Auswirkungen** auf die Vogelwelt.

f Wer sparsam mit Energie umgeht, der **leistet** auch **einen Beitrag** zum Umweltschutz.

g Uran **findet** bei der Stromerzeugung durch ein Atomkraftwerk **Anwendung**.

h Fast immer **erheben** die Bewohner **Protest** gegen den Bau eines Atomkraftwerks am Ort.

i Bevor ein Offshore-Park gebaut wird, muss zuerst **ein Antrag gestellt werden**.

j Seitdem das erste Atomkraftwerk gebaut wurde, **übt** man permanent **Kritik** an der Atomenergie.

Text D — Energiesparen – Was kann der Einzelne tun?

Einstieg

Sprechen Sie mit Ihrem Partner darüber:

a Was sind die Quellen der Umweltverschmutzung?

b Was können wir als Einzelner für den Umweltschutz tun?

Hörverständnis

Hören Sie den Text und beantworten Sie die Fragen.

a Warum soll man Energie sparen?

b Wofür wird die meiste Energie im Haushalt gebraucht?

c Wie kann man Energie im Haushalt sparen? (mindestens 2 Punkte)
-
-

d Worin soll man investieren? (2 Punkte)
-
-

e Wie sollten wir uns im Verkehrsbereich verhalten? (2 Punkte)
-
-

f Welchen Vorteil hat man als Stromproduzent?

g Wie kann man Strom sparen? (2 Punkte)
-
-

Sprechübung

In Deutschland sind die meisten Menschen umweltbewusst, indem sie sparsam mit Energien umgehen. Wie ist die Situation in China? Berichten Sie in einer kleinen Gruppe darüber. Der Bericht soll folgende Maßnahmen beinhalten:

- Isolierung der Räume
- in effiziente Geräte investieren
- Verkehrsverhalten ändern
- Selber grünen Strom produzieren
- Strom sparen

Text E — Argumente für erneuerbare Energien

Einstieg

Sortieren Sie die folgenden Begriffe in die entsprechende Spalte.

> Wind, Steinkohle, Sonne, Wasser, Geothermie/Erdwärme, Mineralöl/Erdöl, Biomasse, Erdgas, Braunkohle, Stausee, Photovoltaik

Fossile Energieträger	Erneuerbare Energieträger

Lektion 26   Text E

Leseverständnis

Lesen Sie den Text und beantworten Sie die Fragen.

a) Was ist fürs Leben der heutigen Menschen unentbehrlich?

b) Was sollen die Menschen von jetzt an tun?

c) Zu welchen Folgen führt die Nutzung fossiler Rohstoffe?
   -
   -
   -

d) Was gehört alles zu den erneuerbaren Energien?
   -
   -
   -
   -

e) Warum werden diese Energien als erneuerbar bezeichnet?
   -
   -

f) Fassen Sie jeden von den sieben Vorteilen der erneubaren Energien mit einem Wort oder einer Wortgruppe zusammen.
   -
   -
   -
   -
   -
   -
   -

g) Worauf beziehen sich die Wörter im Text.
   - Daher (Ziele 5)
   - sie (Zeile 9)
   - Sie (Zeile 14)
   - sie (Zeile 17)

h) Was ist mit „Endliche Ressourcen" gemeint?

238

Argumente für erneuerbare Energien

Strom und Wärme sind Lebenselixiere der Menschen. Sie sichern nicht nur Lebensnotwendiges wie Heizung oder Licht, sondern ermöglichen auch industrielle Produktion, Mobilität, Kommunikation, Unterhaltung und vieles mehr. Energie hält unsere Gesellschaft am Laufen.

Ressourcen und Umwelt schonen

5   Daher ist eine nachhaltige und umweltverträgliche Energieversorgung das Gebot der Stunde und die Voraussetzung dafür, dass wir auch in Zukunft Strom und Wärme nutzen können. Denn die lange dominierende Energieversorgung auf Basis fossiler Rohstoffe und der Atomenergie ist nicht dauerhaft tragfähig. Endliche Ressourcen, Umweltverschmutzung und der Klimawandel sind die Schattenseiten dieser Energieversorgung – und es wird immer deutlicher, dass sie den Nutzen bei
10 Weitem überwiegen.

Unendlich viel Energie aus regenerativen Quellen

Für eine nachhaltige Energieversorgung stehen die erneuerbaren Energien. Darunter werden die Windenergie, Solarenergie, die verschiedenen Formen der Bioenergie, die Wasserkraft sowie die Geothermie oder Erdwärme zusammengefasst. Sie verbindet, dass sie nach menschlichem Ermessen
15 unerschöpflich sind oder sich schnell erneuern. Erneuerbare Energien werden seit Jahrhunderten genutzt, haben aber durch die Nutzung fossiler Brennstoffe und der Atomenergie vor allem in den Industriestaaten an Boden verloren. Seit einigen Jahrzehnten sind sie aber wieder auf dem Vormarsch. Und dafür gibt es gute Gründe.

Vorteile der erneuerbaren Energien

20 • Erneuerbare Energien sind nach menschlichen Maßstäben unerschöpflich.
• Bei der Nutzung erneuerbarer Energien fallen keine Brennstoffkosten an (außer bei Bioenergie).
• Erneuerbare Energien können dauerhaft Preisstabilität bieten.
• Die Nutzung erneuerbarer Energien ist aktiver Umwelt- und Klimaschutz, da sehr wenige Emissionen entstehen. Das gilt sowohl für Treibhausgase als auch für andere Schadstoffe.
25 • Es entstehen keine Schäden für Mensch und Umwelt durch den Abbau von Brennstoffen (wie etwa bei der Ölförderung durch Lecks und Tankerunglücke oder beim Braunkohle-Abbau durch die Verwüstung ganzer Landstriche und die Umsiedlung von Anwohnern).
• Erneuerbare Energien werden regional und dezentral erzeugt. So profitieren viele Menschen vor Ort von der Wertschöpfung durch die Stromerzeugung. Landwirte, Hausbesitzer und
30 Gewerbetreibende werden ebenso zu Stromerzeugern wie Bürgerinnen und Bürger, die sich zu Genossenschaften zusammenschließen oder Anteile an Bürgersolaranlagen oder Fonds kaufen.
• Erneuerbare Energien sind heimische Ressourcen. Ihre Nutzung vermindert die Abhängigkeit von Öl- und Gaslieferungen aus politisch instabilen Regionen.

www.windwaerts.de/de/infothek/erneuerbare-energien/argumente-fuer-erneuerbare-energien.html

Wortschatzübung

Formulieren Sie die Sätze mit dem entsprechenden einfachen Verb im Satz um. Achten Sie auf die Änderung der Satzstruktur.

a Strom und Wärme wie Heizung oder Licht **sichern** Lebensnotwendiges. (*etw. garantieren*)

b Strom und Wärme **ermöglichen** auch industrielle Produktion, Mobilität, Kommunikation, Unterhaltung und vieles mehr. (*etw. möglich machen*)

c Energie **hält** unsere Gesellschaft **am Laufen**. (*bewirken, dass … funktionieren*)

d Wir sollten Ressourcen(1.) und Umwelt (2.) **schonen**. (1. *etw. sparen*; 2. *etw. schützen*)

e Die Schattenseiten dieser Energieversorgung **überwiegen** den Nutzen bei Weitem. (*viel mehr als etw. sein*)

f **Für** eine nachhaltige Energieversorgung **stehen** die erneuerbaren Energien. (*ein typisches Beispiel für etw. sein*)

g Erneuerbare Energien werden seit Jahrhunderten genutzt, haben aber durch die Nutzung fossiler Brennstoffe und der Atomenergie vor allem in den Industriestaaten **an Boden verloren**. (*an Bedeutung verlieren*)

h Seit einigen Jahrzehnten **sind** erneuerbare Energien aber wieder **auf dem Vormarsch**. (*an Bedeutung gewinnen / beliebter werden*)

i Bei der Nutzung erneuerbarer Energien **fallen** keine Brennstoffkosten **an**. (*entstehen*).

j So **profitieren** viele Menschen vor Ort **von** der Wertschöpfung durch die Stromerzeugung. (*einen Vorteil von etw. haben*)

k Bürgerinnen und Bürger **schließen sich zu** Genossenschaften **zusammen**. (*bilden*).

Text E   Lektion 26

Sprechübung

Sprechen Sie über die Vorteile der erneuerbaren Energien. Nutzen Sie die Stichpunkte und geben Sie Beispiele.

Stichpunkte:
- unerschöpflich
- keine Brennstoffkosten
- Preisstabilität
- umweltfreundlich
- keine Schäden für Mensch und Umwelt
- regional und dezentral erzeugt
- Unabhängigkeit

Redemittel:
- Es spricht für erneuerbare Energie, dass...
- Ein anderer Vorteil der erneuerbaren Energie ist, dass...
- Ein weiteres Argument ist,...
- Außerdem...
- Übrigens...
- Hinzu kommt, dass...
- Nicht zu vergessen ist...
- Schließlich...

Schreibübung

1 Sortieren Sie, welche Aussagen Wiedergaben von Pro-Meinungen und welche von Contra-Meinungen sind.

a Manche sind überzeugt, dass Menschen erneubare Energien unendlich gebrauchen können.

b Viele andere finden erneubare Energien problematisch, weil sie nicht kontinuierlich vorhanden und vom Wetter abhängig sind.

c Viele halten erneubare Energien für unerschöpflich und fast kostenfrei.

d Manche glauben, dass die Nutzung erneubarer Energien technisch gesehen viele Probleme hat.

Lektion 26 **Text E**

2 **Sortieren Sie, welche Sätze ein einleitender Satz oder ein abschließender Satz sind?**

a Obwohl die Nutzung erneubarer Energien noch auf viele technische Probleme stößt, halte ich eine schnelle Energiewende für sinnvoll.

b Man hat verschiedene Meinungen über die Nutzung der erneubaren Energien.

c Durch Abwägung der Vor- und Nachteile halte ich die Vorteile für überwiegend. Deshalb bin ich für die schnelle Energiewende.

d Es sind verschiedene Meinungen zum Thema erneubarer Energien vorhanden.

e Obwohl die Nutzung erneubarer Energien uns viele Vorteile bringt, scheint mir die Sicherheit der Energienutzung wichtiger. Daher halte ich es für wichtig, dass wir keine radikale Energiewende durchführen.

f Man vertritt unterschiedliche Meinungen zur Energiewende.

3 **Sie können zur Information über die Nachteile der erneuerbaren Energien die untenstehenden Zeilen lesen.**

Sonne
- Sonne scheint im Sommer am stärksten, ausgerechnet dann, wenn wir am wenigsten Wärme benötigen.
- Im Winter dagegen ist Sonnenwärme knapp.
- Sonnenenergie lässt sich nur schlecht speichern.
- Sonnenenergie ist wetterabhängig.
- Relativ großflächige Einrichtungen zur Energiesammlung werden benötigt.
- Zusätzliche Energieträger sind notwendig, um stetige und gleichbleibende Energieversorgung zu gewährleisten.

Wind
- Wind ist keine zuverlässige Energiequelle und ist nicht immer am richtigen Ort in der richtigen Stärke vorhanden.
- Wind ist relativ regelmäßig in Küstennähe und auf Bergen – genau dort ist es schwer, die Industrie anzusiedeln.
- Das Relief von Deutschland hat weder ausgedehnte Küstengebiete noch sehr viele Berge.
- Wind müsste das ganze Jahr über gleichmäßig verteilt sein und mit relativ konstanten Geschwindigkeiten für effektive Energienutzung wehen.
- Wind lässt sich nicht speichern und muss daher direkt dort, wo er aufkommt, in transportfähigen elektrischen Strom umgewandelt werden.

- Gewaltige Windenergieanlagen werden heute als Versuchskraftwerke gebaut, doch trotz ihrer Größe könnten sie keine ganze Stadt mit Strom versorgen; man bräuchte tausend dieser Anlagen, um die Leistung wie ein modernes Kohlekraftwerk zu erzeugen.

Wasser
- Wasservorräte werden immer knapper.
- Nutzung der Wasserkraft hat Grenzen, nicht alle Flüsse dürfen genutzt werden oder sind dafür geeignet.
- Wasserkraft ist abhängig von den örtlichen Gegebenheiten, wie z. B. große Seen oder Flüsse.
- Riesige Stauseen können nicht überall gebaut werden, sie sind teilweise sogar als ökologisch bedenklich einzuschätzen.
- Für große Stauseen sind oft Massenumsiedlungen notwendig.

4 **Schreiben Sie jetzt einen Text, indem Sie die zwei verschiedenen Meinungen im folgenden Text mit eigenen Worten wiedergeben und dann einen abschließenden Satz als Ihre eigene Stellungnahme verfassen. Begründen Sie auch Ihre Meinung.**

> Über die Energiewende sind die Meinungen geteilt. Die einen glauben, dass erneuerbare Energien vor allem unerschöpflich sind und bei der Nutzung keine Brennstoffkosten entstehen. Deshalb sollten sie die traditionellen Energien möglichst schnell ersetzen. Die anderen haben starke Bedenken dagegen. Sie meinen, dass sie gravierende Nachteile haben und sie wie Sonnenenergie und Windenergie z. B. stark wetterabhängig sind und nicht ständig vorhanden sind. Daher sollte man die traditionellen und erneubaren Energien parallel nutzen.

Lektion 26 Text E

Test

Ergänzen Sie mit den angegebenen Wörtern die Lücken.

lässt, verpflichtet, nutzen, vorindustrieller, sorgt, kommen, Zur, bezieht, genutzt, auszuschöpfen, wandeln, gelang, wachsen, der Weg, von, Rolle, umgewandelt, erzeugt

Nachhaltige Energiequellen erschließen

Die Energiewende ist _____ in eine Zukunft ohne Atomenergie – hin zu einer Industriegesellschaft, die dem Gedanken der Nachhaltigkeit und der Verantwortung gegenüber kommenden Generationen _____ ist. Dabei soll unser Strom bis 2035 zu 55 bis 60 Prozent und bis 2050 zu 80 Prozent aus erneuerbaren Energiequellen _____.

Solarenergie

_____ Regenerierung steht die unerschöpfliche Kraft der Sonne bereit. Alles Leben auf der Erde _____ seine Energie aus der Kraft der Sonne. So _____ Pflanzen mit Hilfe von Sonnenstrahlung und bauen Biomasse auf. Auch treibt die Sonne das Wetter an, _____ für Wind und Niederschläge und schafft so die Voraussetzungen für Wind- und Wasserkraft. Die Sonnenergie _____ sich auch vielfältig direkt nutzen. Solarzellen in Photovoltaikanlagen, solarthermische Kraftwerke und Sonnenkollektoren nutzen die Sonnenstrahlung ohne Umwege und _____ die Strahlungsenergie in Strom oder Wärme um.

Windenergie

Der Mensch versteht es seit Jahrhunderten, die Kraft des Windes zu _____, aber erst mithilfe der jüngsten Erfahrungen und technischen Möglichkeiten _____ es, das enorme Potenzial zuverlässig _____. Heute hat die Windenergie einen Anteil _____ über acht Prozent an der deutschen Stromversorgung. Die Nutzung des Windes als Energiequelle spielt daher eine tragende _____ bei der Entwicklung der erneuerbaren Energien hin zu einer wirtschaftlich tragfähigen und klimaverträglichen Energieversorgung bei angemessenen Preisen und hohem Wohlstandsniveau.

Wasserkraft

Wasserkraft wurde schon in _____ Zeit zum Antrieb von Mühlen, Säge- und Hammerwerken genutzt. Die kinetische und potenzielle Energie einer Wasserströmung wird über ein Turbinenrad in mechanische Rotationsenergie _____, die zum Antrieb von Maschinen oder Generatoren _____ werden kann. Heute wird mit Wasserkraft in Deutschland fast ausschließlich elektrischer Strom _____. Die Wasserkraft ist eine ausgereifte Technologie, mit der weltweit, an zweiter Stelle nach der traditionellen Nutzung von Biomasse, der größte Anteil an erneuerbarer Energie erzeugt wird.

Umwelt — Lektion 27

a.
b.
c.
d.
e.
f.

1 Welches Logo trägt welchen Namen?

1) Das Europäische Umweltzeichen
2) Der Grüne Punkt
3) Die Kennzeichnung von ökologischen/biologischen Erzeugnissen
4) Der Forest Stewardship Council, Zertifizierung nachhaltiger Forstwirtschaft
5) Der Blaue Engel
6) Logo für Mehrwegverpackungen

2 Welche Produkte können mit welchem Logo gekennzeichnet werden?

Logo	Produkte
Das Europäische Umweltzeichen	
Der Grüne Punkt	
Kennzeichnung von ökologischen/ biologischen Erzeugnissen (Bio)	
Forest Stewardship Council Zertifizierung nachhaltiger Forstwirtschaft (FSC)	
Der Blaue Engel	
Mehrweg	

Farbe, Holzboden, Schweinefleisch, Papier, Pfandflasche, Kühlschrank, Verpackung von Produkten, Energiesparlampe, Gemüse, Möbel, Kopiergerät, Heizung, Solarlampe, Klopapier, biologisch abbaubares Plastik, Besteck

Lektion 27   Text A

Text A Vorsicht bei der Mülltrennung

Einstieg

1 Sehen Sie sich die Bilder an. Welche der folgenden Bezeichnungen passt zu welchem Bild?
- ☐ Kompost
- ☐ Glascontainer
- ☐ Mülltonne
- ☐ gelber Sack

a

2 Welche Abfälle entstehen im Haushalt?

b

3 Welche Behälter sind für welche Abfälle bestimmt?

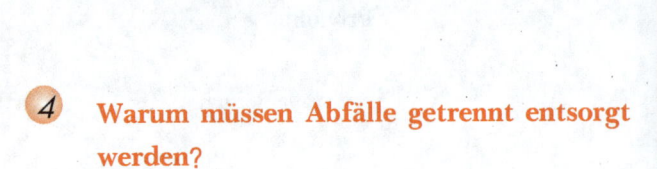

4 Warum müssen Abfälle getrennt entsorgt werden?

c

246

Leseverständnis

Lesen Sie den Text und beantworten Sie die Fragen.

a) Wofür sind die Deutschen weltweit bekannt?

b) Wie viel trägt der einzelne Bürger zum Müllanstieg im Vergleich zum Vorjahr bei?

c) Was kann passieren, wenn Papier, Flaschen und Gelber Sack nicht rechtzeitig entsorgt werden?

d) Wohin geht der Abfall, der nicht in die Tonne für Restmüll gehört?

e) Warum müssen die Mülleimer gut verschlossen werden?

f) Warum sollten Becher, Tüten und Flaschen als Abfälle „löffelrein" bleiben?

g) Nennen Sie die Lagerungsmöglichkeiten für Altpapier.

h) Was muss man bei der Sortierung von Altpapier beachten?

i) Was gehört nicht in den Glascontainer?

Vorsicht bei der Mülltrennung

Im Haushalt kommt jede Menge Müll zusammen – von leeren Flaschen über alte Batterien bis hin zu Restmüll und Altpapier. Und das will in Deutschland sorgsam getrennt sein. Sind wir doch über die Landesgrenzen hinweg dafür bekannt, unseren Müll fein säuberlich getrennt in viele verschiedene bunte Tonnen zu versenken. Doch häufig werden Fehler beim Recyceln gemacht. Sind Sie sich
5 sicher, dass Sie alles richtig entsorgen? Diese Tipps für die richtige Mülltrennung sollten Sie beherzigen. Bei einigen Abfällen fällt die Antwort auf die Frage, wie sie denn nun entsorgt werden müssen, schwer.

Laut Statistischem Bundesamt (DESTATIS) haben die Deutschen im Jahr 2011 insgesamt 37,2 Millionen Tonnen Abfall produziert. Das entspricht durchschnittlich 454 Kilogramm Hausmüll pro
10 Einwohner. Das sind im Schnitt vier Kilogramm mehr, als jeder Deutsche noch im vorangegangenen Jahr 2010 produziert hatte.

Doch wohin mit dem ganzen Abfall, der sich ansammelt, bis er von der Müllabfuhr abgeholt wird? Obst- und Gemüsereste können sofort auf den Kompost oder in die Biotonne gebracht werden. Aber was ist mit Papier, den Flaschen und dem gelben Sack? Nirgendwo ist Platz in der Küche und
15 schnell entstehen unangenehme Gerüche – dann sind auch Fliegen und Maden nicht mehr weit.

Die Küche ist das Zentrum der häuslichen Abfallwirtschaft. Hier fallen täglich die größten Posten an. Vornehmlich ist das zum Recyceln gekennzeichneter Abfall, kompostierbarer Grünabfall und Restmüll. Während der Restmüll direkt in die Tonne darf, muss für Reste aus Kunststoff, Weißblech und Aluminium sowie die Verbundverpackungen wie Folien, Saftbehälter und Dosen ein
20 Zwischenlager geschaffen werden.

Am besten für den Küchenabfall eignen sich mehrteilige Mülleimer mit mehreren Behältern. Die Behältnisse sollten gut verschließbar sein, damit sich keine unangenehmen Gerüche ausbreiten können oder Ungeziefer angelockt wird. Aus hygienischen Gründen sollten die Abfälle mindestens alle zwei Tage entsorgt werden.

25 Die mit dem Grünen Punkt gekennzeichneten Verpackungen müssen je nach Kommune in den Gelben Sack oder in die Gelbe beziehungsweise Grüne Tonne. In kleinen Kommunen müssen diese Abfälle oft zu den Recyclinghöfen gebracht werden – die Abgabe ist kostenlos. Der Naturschutzbund Deutschland (NABU) rät, die Becher, Tüten und Flaschen nur „löffelrein" zu entsorgen. Sie extra mit Wasser auszuspülen verschlechtere die Umweltbilanz wieder.

30 Viel Platz im Haus nimmt Altpapier ein, das vielerorts an der Haustür abgeholt wird. Bis zum Sammeltermin können dafür in einer geräumigen Küche Boxen oder große Tüten mit stabilem Klappboden aufgestellt werden. Schön ist das nicht, daher ist zu raten, dass diese ansonsten in die Besenkammer, den Hauswirtschaftsraum, den Keller oder die Garage abgestellt werden.

Wer große Mengen Papier hat, kann diese meist auch direkt beim Wertstoffhof abgeben. Außerdem
35 sammeln häufig Schulen oder Vereine Altpapier, das zu einem Privatentsorger geschafft wird. Doch nicht jedes Schnippselchen sollte ins Altpapier: Fax- und Thermodruckerpapier, imprägnierte und beschichtete Papiere, Kohlepapier, Styropor und Tapetenreste gehören nicht zum Altpapier. Ist es durch Lebensmittel oder Farbe verschmutzt, ist Papier auch nicht mehr recycelbar. Spuren von Erde machen dagegen nichts aus.

40 Verpackungsgläser wie Getränkeflaschen, Konservengläser, Marmeladengläser und pharmazeutische Glasbehälter werden zum kommunalen Container gebracht. In Mehrfamilienhäusern gibt es oft sogar eigene Tonnen dafür. Steingut und Porzellan dürfen hier jedoch nicht eingeworfen werden. Auch Trinkgläser haben hier nichts zu suchen.

Quelle: http://www.zuhause.de/muelltrennung-in-deutschland-wie-sie-ihren-muell-trennen-muessen/id_49385410/index

Text A   Lektion 27

Wortschatzübung

doch als Modalpartikel und als Konjunktion

doch: als Modalpartikel, oft unbetont, in Aussagesätze verwendet, um j-n an etwas zu erinnern, das bereits bekannt ist, und um ihn zu Zustimmung aufzufordern.

doch: als Konjunktion, um einen Teilsatz einzuleiten, der einen Gegensatz zum Vorausgegangen ausdrückt.

Beispiel aus dem Lesetext oben:
Sind wir **doch** (Modalpartikel) über die Landesgrenzen hinweg dafür bekannt, unseren Müll fein säuberlich getrennt in viele verschiedene bunte Tonnen zu versenken. **Doch** (Konjunktion) häufig werden Fehler beim Recyceln gemacht.

1 Entscheiden Sie, welche Funktion „doch" in den folgenden Sätzen hat.

a Die steigende Zahl der Nichtwähler beweist doch, wie wenig Vertrauen zu den bestehenden Parteien herrscht.

b Die Tochter solle doch etwas mit Biologie machen, darin sei sie doch so gut.

c Es hätte ein Fußballfest werden sollen, doch es wurde eine Schlacht.

d Es sind doch Firmen und Konzerne, die immer häufiger auf diese billigen Arbeiter zurückgreifen, um Gelder zu sparen.

e Haben Sie Mut und nennen Sie mir doch Ihren Namen, eine sachliche Diskussion können wir dann gerne fortsetzen.

f In den großen Städten wird der dritte Oktobersonntag heute kaum noch gefeiert, doch in den Dörfern und Kleinstädten leben die alten Bräuche wieder auf.

g Lesen hilft gegen Langeweile bei der Autofahrt, doch leider wird vielen Kindern dabei übel.

2 Schreiben Sie die folgenden Sätze mit den angegebenen Wörtern um.

entstehen, befolgen, verbreiten, verschwinden lassen, nicht irgendwohin gehören, fest verschließen, verschlimmern, entsorgen

a Sind wir doch über die Landesgrenzen hinweg dafür bekannt, unseren Müll fein säuberlich getrennt in viele verschiedene bunte Tonnen zu versenken.

b Diese Tipps für die richtige Mülltrennung sollten Sie beherzigen.

249

Lektion 27   **Text A**

   c Hier fallen täglich die größten Posten an.

   d Die Behältnisse sollten gut verschließbar sein, damit sich keine unangenehmen Gerüche ausbreiten können.

   e Becher, Tüten und Flaschen extra mit Wasser auszuspülen verschlechtert die Umweltbilanz wieder.

   f Steingut und Porzellan dürfen hier jedoch nicht eingeworfen werden.

   g Auch Trinkgläser haben hier nichts zu suchen.

3   **Was passiert mit dem Müll? Setzen Sie das richtige Verb in die Lücke ein, achten Sie dabei auf den ersten Buchstaben des Verbs. Die Verben können mehrmals benutzt werden.**

> entsorgen, produzieren, werfen, behandeln, abladen, abholen, einsammeln, entstehen

   a Er soll auf der Deponie im Fichtwalder Ortsteil Stechau schon länger illegal Müll e_____ haben.

   b Was passiert mit dem Müll, den wir bis jetzt p_____ haben, bzw. der durch den Abbruch der jetzigen Fabrik e_____.

   c So lange kein sicheres Endlager existiert, muss der Müll wieder zurück in das Bundesland, in dem er p_____ wurde.

   d Er will einerseits sämtlichen Müll ungetrennt in die graue Tonne w_____, und andererseits schaut er morgens aus dem Fenster, ob der Himmel blau ist.

   e Müll im Stadtteil Maberzell wird a_____.

   f In folgenden Straßen wird Sperrmüll a_____

   g Hierfür werden den Anwohnern bereitwillig neue gelbe Säcke zur Verfügung gestellt, in die sie den Müll e_____ konnten.

   h In der neuen Anlage soll laut Planung nur schwach- und mittelradioaktiver Müll b_____ werden.

   i Man beobachtet, dass ein Schwerlaster nach dem anderen in das Gelände der Müllverbrennungsanlage einbiegt und seinen Müll a_____.

   j Wenn der Markt schließt, soll der Müll mit Fahrzeugen e_____ werden.

Sprechübung

Füllen Sie die folgende Tabelle aus und sprechen Sie über die Mülltrennung in Deutschland. Die folgenden Verben helfen Ihnen dabei.

kommen, entsorgen, gehören in, abfahren, werfen, zählen zu

Kategorie	
Restmüll	
Kompost	
Gelber Sack, Gelbe Tonne	
Giftige Abfälle	
Glascontainer	
Papiertonne	
Elektromüll	

Text B Interview mit Paul Ketz, Erfinder des Pfandrings

Einstieg

Wo steht der Mülleimer? Im öffentlichen Raum oder im privaten Raum? Wozu dient der im Bild dargestellte Zusatz des Mülleimers?

Redemittel:
- *Der Mülleimer steht offensichtlich...*
- *Der Zusatz hat die Funktion, dass...*
- *Er dient wohl dazu, dass...*

Lektion 27   Text B

Hörverständnis

Hören Sie den Text und füllen Sie die fehlenden Informationen aus.

Beruf und Arbeit des Erfinders	
Funktion vom Pfandring und seine Vorteile	
Inspiration zur Erfindung	
Die Zeit des Markteintritts vom Pfandring	
Vorbereitung vor der Produktion	
Feedback	
Einsatzbereiche	
Seine Meinung zum nachhaltigen Müllsystem	

Sprechübung

Was halten Sie von dieser Erfindung? Ist sie in China einsetzbar? Begründen Sie Ihre Stellungnahme.

> *Redemittel:*
>
> *Pro:*
> - *Ich finde die Erfindung genial, ...*
> - *Die Erfindung könnte eine begrenzte Anwendung in einigen Großstädten finden, weil dort ...*
> - *In meinen Augen ist die Idee prima.*
> - *Zwar kommt sie bei uns jetzt noch nicht zum Einsatz, aber langfristig gesehen ...*
>
> *Contra:*
> - *Die Erfindung macht keinen Sinn, denn ...*
> - *Ich halte die Erfindung für überflüssig.*
> - *Die Erfindung ist für uns unnötig, ...*
> - *Ich halte davon nichts, weil ...*

Text C   **Lektion 27**

Text C   Sind Elektroautos wirklich umweltfreundlich?

Einstieg

1 Sprechen folgende Argumente für oder gegen die Umweltfreundlichkeit von Elektroautos?

Pro	Contra

a) Durch die hohe Energieeffizienz von Elektroautos ermöglichen sie drastische Energieeinsparungen im Verkehr.

b) Elektroautos sind nicht effizienter – die Verluste werden lediglich zur Stromerzeugung verlagert.

c) Ohne Elektroautos sind die Emissionen im Verkehr nicht ausreichend reduzierbar.

d) Der Kohlendioxid-Ausstoß von Elektroautos ist – unter Einrechnung aller indirekten Emissionen – etwa gleich groß wie bei einem herkömmlichen Auto.

e) Ein mit Ökostrom betriebenes Elektroauto ist unschlagbar umweltfreundlich.

f) $20m^2$ Solarzellen können eine halbe Tonne Kohle pro Jahr einsparen und dazu brauchen wir sie dringend.

g) Für Elektroautos werden neue, umweltfreundliche Kraftwerke errichtet.

h) Es ist unwahrscheinlich, dass irgendein Ökostrom-Kraftwerk nur wegen Elektroautos gebaut wird.

i) Für Elektroautos werden gar keine neuen Kraftwerke benötigt, weil durch sie der gesamte Stromverbrauch nur um wenige Prozent steigt.

j) Das Öl geht uns aus, daher führt an Elektroautos kein Weg vorbei.

k) Man kann Öl auch aus Kohle herstellen, und die reicht noch für Jahrhunderte.

2 Welche Meinung dazu vertreten Sie?

> *Redemittel:*
> - *Meines Erachtens wäre es sinnvoll, wenn ...*
> - *Ich bin der Auffassung, dass ...*
> - *Meiner Ansicht nach stellen Elektroautos ... dar, weil ...*

Lektion 27   Text C

Leseverständnis

Lesen Sie den Text und beantworten Sie die Fragen.

a Wie groß ist der Abstand zwischen dem Ist-Stand und dem Ziel der Bundesregierung, was die Zahl der Elektroautos betrifft.

b Warum kann man Elektroautos zurzeit noch nicht als umweltfreundlich bezeichnen?

c Zu welchem Ergebnis kam das Forschungsinstitut in Heidelberg?

d Was verursacht bei einem Elektroauto die meisten klimatischen Schäden?

e Welchen Anteil hat die Batterieproduktion an der Umweltbelastung?

f Mit welcher Laufleistung kann ein Elektroauto eine bessere Umweltfreundlichkeit aufweisen als ein konventionelles Auto?

g Welche Faktoren haben die Wissenschaftler an der University of Minnesota berücksichtigt?

h Wie war ihr Fazit?

Sind Elektroautos wirklich umweltfreundlich?

Sie sind in aller Munde – und **dennoch** sehr selten auf der Straße: Elektroautos. **Dabei** werden sie von Politik und Wirtschaft geradezu als Heilsbringer für das Klima gepriesen. Von ihrem Ziel – bis zum Jahr 2020 eine Million Elektroautos auf deutsche Straßen zu bringen, ist die Bundesregierung **jedoch** noch meilenweit entfernt. Noch keine 20.000 reinen Stromer säuseln abgasfrei durchs Land.
5 **Aber** sind die E-Autos überhaupt geeignet, den Ausstoß an Kohlendioxyd (CO_2) zu verringern und so die Ökobilanz nachhaltig zu verbessern?

Während der Fahrt stößt ein E-Auto natürlich keine Abgase aus und produziert **daher** auch kein klimaschädliches CO_2. Berücksichtigt man **hingegen** die Erzeugung des Stroms und die Produktion des Fahrzeugs, sinkt die Umweltfreundlichkeit von Elektroautos rapide. **Denn** hierzulande kommt der Strom noch immer zu weiten Teilen aus Kohle- oder Gaskraftwerken. **Zwar** hat sich der Anteil der erneuerbaren Energien am Energiemix bereits enorm auf derzeit rund 28 Prozent erhöht. **Doch** reicht das noch nicht aus, um die möglichen Vorteile von Elektroautos gegenüber herkömmlichen Verbrennungsmotoren tatsächlich auszuschöpfen.

Das Institut für Energie- und Umweltforschung in Heidelberg kam in einer Untersuchung zu dem Schluss, dass batteriebetriebene Pkw über ihre gesamte Lebensdauer bei Nutzung des deutschen Strommix eine ähnliche Klimabilanz haben wie konventionelle Autos.

Erstens sei dabei die Bereitstellung des Stroms zur Ladung der Fahrzeugbatterien zu nennen. Fast zwei Drittel der klimaschädlichen Wirkung von E-Autos schreiben die Forscher dieser Tatsache zu. Ihr Schluss: **Solange** in Deutschland nicht der überwiegende Teil des Stroms aus erneuerbaren Quellen gewonnen wird, sieht auch die Klimabilanz der Stromer wenig rosig aus.

Zweitens haben die Wissenschaftler die Herstellung der Batterien ausgemacht, die in der Klimabilanz der E-Autos mit 30 Prozent zu Buche schlägt. **Dabei** wiegt die Tatsache, dass die Akkus während des Lebenszyklus eines Stromers in der Regel mindestens einmal ausgetauscht werden müssen, besonders schwer. **Denn** die Herstellung der Hochleistungsakkus verbraucht reichlich Energie.

Allein im Stadtverkehr mit Laufleistungen von mehr als 100.000 Kilometern, sprich als E-Taxi etwa, könne das Elektroauto heute bereits die Ökobilanz eines vergleichbaren Dieselfahrzeugs schlagen. Nutzt man den Stromer **dagegen** privat in der Stadt, ist er wegen der auf die geringe Laufleistung zu verteilenden Negativfaktoren der Akkus in etwa so klimaschädlich wie ein Dieselmotor und 17 Prozent weniger schädlich als ein Wagen mit Benzin als Treibstoff.

Auch Wissenschaftler an der University of Minnesota haben sich der Ökobilanz von Elektroautos angenommen und entsprechende Computersimulationen entwickelt. In ihren Berechnungen ergänzten sie die Faktoren Strom- und Batterieproduktion um die Simulation von Stoffkreisläufen, Wetter- und Klimaveränderungen und bewerteten **auch** die Auswirkungen von erhöhten Feinstaub- und Ozonwerten auf die Gesundheit der Menschen.

Auch ihr Ergebnis: Elektroautos wirken sich **nur dann** positiv auf die Umweltbilanz aus und tragen zu einer Luftverbesserung bei, **wenn** der Strom für ihre Herstellung und ihren Betrieb aus sauberen, regenerativen Energiequellen stammt. Wird **dagegen** der Strom **lediglich** durch Kohlekraftwerke erzeugt, verursachen Elektroautos den US-Forschern zufolge pro Kilometer gut doppelt so viel Feinstaub und Ozons wie Benziner. Ihr düsteres Fazit: 3 000 zusätzliche Tote pro Jahr als Folge der dadurch hervorgerufenen Luftverschmutzung.

http://www.handelsblatt.com/technik/das-technologie-update/frage-der-woche/heilsbringer-fuer-das-klima-wie-umweltfreundlich-sind-elektroautos-wirklich/11144820.html

Lektion 27　　Text C

Wortschatzübung

Versuchen Sie die folgenden Sätze umzuformulieren.

a) Elektroautos sind in aller Munde.

b) Dabei werden Elektroautos von Politik und Wirtschaft geradezu als Heilsbringer für das Klima gepriesen.

c) Noch keine 20.000 reinen Stromer säuseln abgasfrei durchs Land.

d) Während der Fahrt stößt ein E-Auto natürlich keine Abgase aus und produziert daher auch kein klimaschädliches CO_2.

e) Fast zwei Drittel der klimaschädlichen Wirkung von E-Autos schreiben die Forscher dieser Tatsache zu.

f) Solange in Deutschland nicht der überwiegende Teil des Stroms aus erneuerbaren Quellen gewonnen wird, sieht auch die Klimabilanz der Stromer wenig rosig aus.

g) Als zweiten Punkt haben die Wissenschaftler die Herstellung der Batterien ausgemacht, die in der Klimabilanz der E-Autos mit 30 Prozent zu Buche schlägt.

h) Allein im Stadtverkehr mit Laufleistungen von mehr als 100.000 Kilometern, sprich als E-Taxi etwa, könne das Elektroauto heute bereits die Ökobilanz eines vergleichbaren Dieselfahrzeugs schlagen.

Grammatik: Konnektoren

Unter Konnektoren verstehen wir Wortschatzeinheiten, die Sätze miteinander verknüpfen und dabei spezifische semantische Relationen wie kausal, adversativ, restriktiv ausdrücken. In der deutschen Sprache gibt es mehr als 300 Konnektoren.

Beispiel:

*Während der Fahrt stößt ein E-Auto natürlich keine Abgase aus und produziert **daher** (konsekutiv) auch kein klimaschädliches CO_2. Berücksichtigt man **hingegen** (adversativ) die*

Text C Lektion 27

Erzeugung des Stroms und die Produktion des Fahrzeugs, sinkt die Umweltfreundlichkeit von Elektroautos rapide. **Denn** *(kausal) hierzulande kommt der Strom noch immer zu weiten Teilen aus Kohle- oder Gaskraftwerken.* **Zwar** *(konzessiv) hat sich der Anteil der erneuerbaren Energien am Energiemix bereits enorm auf derzeit rund 28 Prozent erhöht.* **Doch** *(adversativ) reicht das noch nicht aus, um die möglichen Vorteile von Elektroautos gegenüber herkömmlichen Verbrennungsmotoren tatsächlich auszuschöpfen.*

1 Versuchen Sie, die unten aufgeführten Konnektoren ihren jeweiligen Bedeutungsgruppen zuzuordnen.

> auch, allerdings, bevor, außerdem, anschließend, bloß, denn, dennoch, da, darum, deswegen, dagegen, so, somit, demgegenüber, doch, ebenfalls, falls, folglich, ferner, gegebenenfalls, genauer gesagt, indem, inzwischen, jedoch, kurz gesagt, lediglich, mit anderen Worten, mittlerweile, nachdem, nachher, oder, obwohl, obgleich, sowohl... als auch..., sonst, trotzdem, vor allem, vorher, weder ... noch, während, wenn, zudem, anstatt

kausal	denn,
konsekutiv	deshalb,
adversativ	aber,
konditional	wenn,
konzessiv	zwar,
temporal	dann,
additiv	und,
restriktiv	nur,
substitutiv	sondern,
final	damit,
instrumental	dadurch,
reformulativ	das heißt,

2 Versuchen Sie mit Hilfe der ausgefüllten Tabelle die Bedeutung der fettgedruckten Konnektoren im Text C zu entschlüsseln.

Lektion 27   Text D

Text D   Klimawandel

Einstieg

Sehen Sie sich das Foto und das Schaubild an und erklären Sie.

a) Wozu dient ein Treibhaus? Geben Sie Beispiele!

b) Wodurch entsteht die Anreicherung der Atmosphäre?

c) Erklären Sie, wie es zum Treibhaus-Effekt kommt!

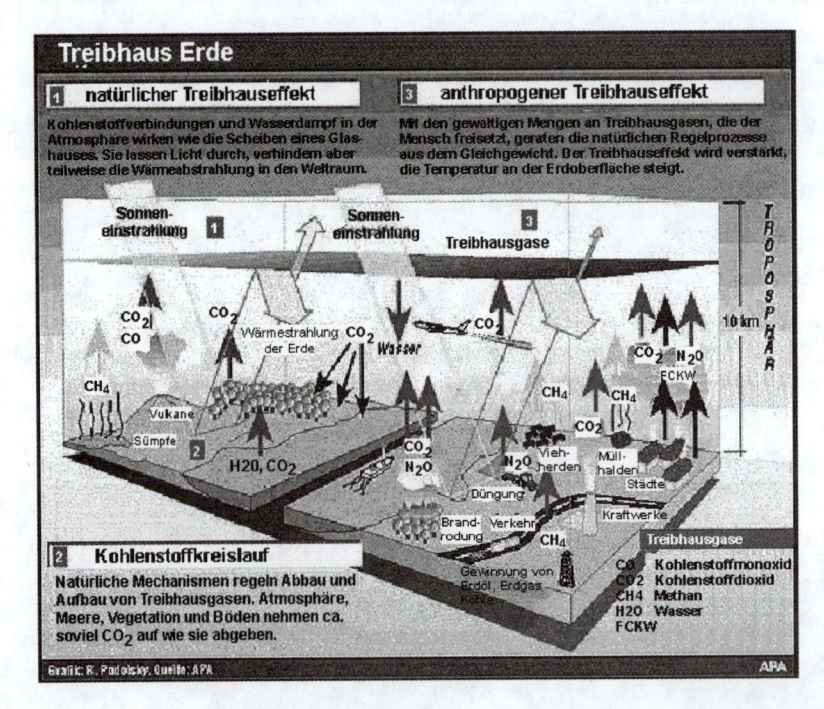

Treibhaus Erde

1 natürlicher Treibhauseffekt
Kohlenstoffverbindungen und Wasserdampf in der Atmosphäre wirken wie die Scheiben eines Glashauses. Sie lassen Licht durch, verhindern aber teilweise die Wärmeabstrahlung in den Weltraum.

3 anthropogener Treibhauseffekt
Mit den gewaltigen Mengen an Treibhausgasen, die der Mensch freisetzt, geraten die natürlichen Regelprozesse aus dem Gleichgewicht. Der Treibhauseffekt wird verstärkt, die Temperatur an der Erdoberfläche steigt.

2 Kohlenstoffkreislauf
Natürliche Mechanismen regeln Abbau und Aufbau von Treibhausgasen. Atmosphäre, Meere, Vegetation und Böden nehmen ca. soviel CO_2 auf wie sie abgeben.

Treibhausgase
CO   Kohlenstoffmonoxid
CO_2 Kohlenstoffdioxid
CH_4 Methan
H_2O Wasser
FCKW

Text D   Lektion 27

Hörverständnis

Hören Sie jetzt einen Text über den Klimawandel und beantworten Sie folgende Fragen!

a Wie verändert sich das Klima?
-
-

b Was ist die Ursache für den Klimawandel?

c Welche Temperaturänderung wird bis zum Jahr 2050 vorausgesagt?

d Welche Folgen hat der Temperaturanstieg?
-
-
-
-

e Was kann man gegen die Klimaveränderung tun?
-
-
-

Schreibübung

Beschreiben Sie die Grafik und nennen Sie anschließend die Maßnahmen zur Reduzierung von CO_2. Wägen Sie dabei Sie Vorteile und Nachteile der genannten Maßnahmen ab. Die untenstehenden Stichwörter helfen Ihnen bei der Textproduktion.

> *Mögliche Maßnahmen:*
> Energie sparen, energiesparende Geräte und Maschinen kaufen, alternative Energieträger einsetzen

Lektion 27   Text D

Woher die CO$_2$-Emissionen stammen

- 9,9 % — Industrieprozesse
- 15,3 % — Haushalte/Kleinverbraucher
- 18,1 % — verarbeitendes Gewerbe
- 10,6 % — Verkehr
- 45,8 % — Energiewirtschaft

Quelle Umweltbundesamt, 2007

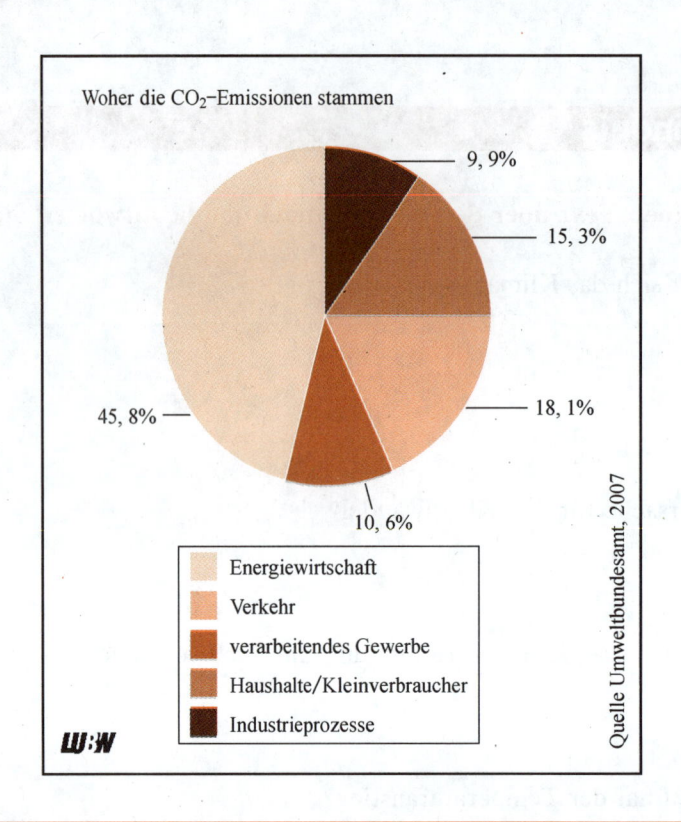

Mögliche Nachteile:
weniger Bequemlichkeit, höhere Beschaffungskosten, höhere Stromkosten

---

Redemittel:

Vorschlag:
- Ich würde vorschlagen, dass ...
- Es ist denkbar, dass ...
- Es ist machbar, dass ...
- Man kann sich vorstellen, dass ...
- Mein Vorschlag wäre, dass ...

Abwägen von Vor- und Nachteilen:
- einerseits, andererseits; zwar ... aber ...; obwohl; während; dagegen; im Gegensatz dazu ...;
- dafür spricht, dass ...; dagegen spricht, dass ...;

Der Text kann so formuliert werden:

Die Grafik liefert Informationen über ... Aus der Grafik geht hervor, dass ... Deshalb muss man Energie sparen, damit weniger CO$_2$ entsteht. Aber man muss damit rechnen, auf die gewohnte Bequemlichkeit zu verzichten. Ein typisches Beispiel dafür ist die Energiesparlampe. Sie zeichnet sich zwar durch höhere Energieeffizienz aus, strahlt aber im Vergleich zur Glühbirne ein für unsere Augen unangenehmes kühles Licht aus. Außerdem ...

Text E   Lektion 27

Text E

Der Himmel über dem Ruhrgebiet ist wieder blau

Einstieg

1 Welches Wort passt in welche Lücke?

> Smog, Inversionswetterlage, Ruß, FCKW, Abraum, Abraumhalde, der Kaiserstuhl, der Harz

a Eine _____ ist eine Wetterlage, die durch eine Umkehr des vertikalen Temperaturgradienten geprägt ist: Die oberen Luftschichten sind hierbei wärmer als die unteren. Infolge der Abschirmung kann es vor allem bei Inversionen über Ballungszentren zu einer Ansammlung von Luftschadstoffen und anderen Beimengungen in der kühleren, unteren Schicht kommen. Eine besonders starke und gerade über Ballungszentren auftretende Erscheinungsform einer solchen Luftverschmutzung ist der Smog.

b _____ ist ein schwarzer, pulverförmiger Feststoff, der je nach Qualität und Verwendung zu 80 bis 99,5 Prozent aus Kohlenstoff besteht.

c _____ ist ein Kofferwort aus dem engl.: smoke (Rauch) und fog (Nebel). Es bezeichnet eine durch Emissionen verursachte Luftverschmutzung, die insbesondere in Großstädten auftritt.

d _____ sind Kohlenwasserstoffe, die als Treibgase, Kältemittel oder Lösemittel verwendet werden. Im Laufe der 1970er und 1980er Jahre stellte sich heraus, dass die Freisetzung dieser Stoffe in die Atmosphäre in erheblichem Maße für den Abbau der Ozonschicht in der Stratosphäre (Ozonloch) verantwortlich ist.

e _____ ist ein bis 556,6 m hohes, kleines Mittelgebirge vulkanischen Ursprungs im Südwesten von Baden-Württemberg.

f Als _____ werden im Tagebau die das Nutzmineral überdeckenden Gesteinsschichten bezeichnet.

g _____ ist ein Mittelgebirge in Deutschland. Er stellt das höchste Gebirge Norddeutschlands dar und liegt am Schnittpunkt von Niedersachsen, Sachsen-Anhalt und Thüringen.

h Eine _____, ist eine Halde, also ein künstlicher Berg, der durch das Aufschütten von Abraum aus einem Tagebau entstanden ist.

2 Welche deutschen Flüsse kennen Sie? Ergänzen Sie den passenden Artikel.

_____ Rhein, _____ Ruhr, _____ Main, _____ Weser, _____ Donau, _____ Elbe, _____ Oder, _____ Emscher

Lektion 27   Text E

3   Welches Tier auf dem Bild passt zu welchem Wort?

> Blauflügel-Libelle, Fischotter, Adler, Luchs, Köcherfliege, Biber

a _____   b _____   c _____

d _____   e _____   f _____

Leseverständnis

Lesen Sie den Text und beantworten Sie die Fragen.

a   Warum konnten die Leute im Ruhrgebiet ihre Wäsche nicht draußen aufhängen?

b   Was bedeutet der Satz „und an Wäscheständern wehen weiße Bettlaken"? (Zeile 9)

c   Welche Umweltschutzmaßnahmen hat Deutschland in den letzten 40 Jahren getroffen?

d   Woran erkannte man die Luftverbesserung im Ruhrgebiet?

e   Nennen Sie ein Beispiel für moderne Umwelttechnik, die wesentlich zur Luftverbesserung beigetragen hat?

f Welche Umweltprojekte werden in Nordrhein-Westfalen durchgeführt?

g Woran kann man erkennen, dass deutsche Flüsse sauber geworden sind?

Der Himmel über dem Ruhrgebiet ist wieder blau

Auf die verrückte Idee, Wäsche an die frische Luft zu hängen, wäre im Ruhrgebiet damals niemand gekommen. Frische Luft gab es nicht. Der Dreck war überall. Ruß, Schwefel, Staub und Stickoxide – am schlimmsten war der Smog Anfang Dezember 1962. Eine Inversionswetterlage hatte fünf Tage lang den Luftaustausch gestoppt, die Schadstoffbelastung schoss in die Höhe, über
5 150 Menschen starben.

Der Smog ist endlich verschwunden. Industrieanlagen, dicht befahrene Straßen und endlose Besiedlung prägen noch immer das Bild des Ruhrgebiets, doch dazwischen gibt es klare Bäche, grün überwachsene Abraumhalden, ausgedehnte Wälder. Wer im Sommer einen Strandnachmittag an der Ruhr verbringt, muss mit Sonnenbrand rechnen. Und an Wäscheständern wehen weiße Bettlaken.

10 Keine 40 Jahre hat das Großreinemachen gedauert. Nicht nur im Ruhrgebiet. Vom Bodensee bis nach Kiel hat sich die Qualität von Luft, Wasser und Boden enorm verbessert. Alles Abwasser wird geklärt, alle offenen Hausmülldeponien wurden geschlossen, alle Müllverbrennungsanlagen mit einer Rauchgaswäsche ausgerüstet, ihr Dioxinausstoß ist fast auf null gesunken. Deutschlands Wälder haben sich um zehn Prozent ausgedehnt, drei Viertel ihrer Bäume sind gesund. Blei ist
15 zuerst aus dem Benzin und dann aus der Luft verschwunden, FCKW wurde verboten, das Ozonloch beginnt sich langsam zu schließen. Erneuerbare Energie hat die Atomkraft im Stromnetz überholt. Die Fläche der Naturschutzgebiete hat sich seit 1972 versiebenfacht.

Die Erfolge der Umweltpolitik sind unübersehbar, doch nirgendwo fallen sie so drastisch ins Auge wie im industriellen Zentrum Nordrhein-Westfalens. Wie gut die Luft geworden war, hat man erst
20 gemerkt, als man Mitte der achtziger Jahre durch die DDR gefahren ist. Im ostdeutschen Braunkohle- und Chemierevier war die Luft noch stärker verpestet als in den schlimmsten Jahren des Ruhrgebiets. Doch zehn Jahre nach der Wende konnte man auch dort wieder durchatmen.

Die Stilllegung der größten Dreckschleudern hat dazu beigetragen, doch noch wichtiger war die Nachrüstung von Kraftwerken und Industrieanlagen mit moderner Umwelttechnik. Heute wird der
25 Kohlestaub aus dem Abraum herausgewaschen, bevor er auf die Halde kommt.

Umweltpolitik war in Deutschland immer dann erfolgreich, wenn das überzeugende Engagement der Bürger politisches Handeln erzwang. Alle Umweltprobleme, die für die Menschen sichtbar, riechbar und hörbar sind oder gesundheitliche und wirtschaftliche Konsequenzen befürchten ließen, sind in Nordrhein-Westfalen erfolgreich in Angriff genommen worden. Das ist mittlerweile nicht zu

Lektion 27   Text E

30 übersehen. Munter plätschert der klare Bach von der Quelle bei Holzwickede bis hinein nach Dortmund. Die ersten Fische wurden gesichtet, und von der Blauflügel-Prachtlibelle bis zur Köcherfliege sind Dutzende bedrohte Arten zurückgekehrt. In einigen Jahren werden es noch mehr sein. Dann verschwindet das Absturzbauwerk an der Mündung in den Rhein, und die Fische haben wieder freie Bahn von Basel bis nach Dortmund. Drei neue Klärwerke an den Emscherzuläufen und
35 der Neubau einer biologischen Reinigungsstufe direkt vor der Mündung holen so viel Schmutz aus dem Fluss, dass er für Fische attraktiv wird.

Die Verbesserung der Umwelt lässt sich in ganz Deutschland beobachten. Ein Bad in der Weser, Lachse im Rhein, Muscheln in der Emscher – Deutschlands Gewässer sind so sauber wie seit 50 Jahren nicht mehr. Der Rhein ist nicht mehr mit Blei, die Elbe nicht mehr mit Quecksilber
40 vergiftet, auf kleinen Flüssen und Bächen sind kaum noch Schaumberge zu sehen. Seit ein paar Jahren streifen auch wieder Wölfe und Luchse durch die deutschen Wälder, Biber und Fischotter schwimmen in kleineren Wasserläufen. Im Kaiserstuhl kann man Wildkatzen beobachten, Luchse im Harz. Selbst Adler werden wieder gesichtet.

Quelle: http://www.zeit.de/2013/13/Ruhrgebiet-Umweltschutz/seite-2

Wortschatzübung

1   Schreiben Sie die folgenden Sätze mit den angegebenen Wörtern um.

a Auf die verrückte Idee, Wäsche an die frische Luft zu hängen, wäre im Ruhrgebiet damals niemand gekommen. (*an etw. denken*)

b Die Schadstoffbelastung schoss in die Höhe. (*rapide zunehmen*)

c Industrieanlagen, dicht befahrene Straßen und endlose Besiedlung prägen noch immer das Bild des Ruhrgebiets. (*durch etwas gekennzeichnet sein*)

d Wer im Sommer einen Strandnachmittag an der Ruhr verbringt, muss mit Sonnenbrand rechnen. (*in Kauf nehmen*)

e Erneuerbare Energie hat die Atomkraft im Stromnetz überholt. (*übertreffen*)

f Nirgendwo fallen die Erfolge der Umweltpolitik so drastisch ins Auge wie im industriellen Zentrum Nordrhein-Westfalens. (*auffallend sein*)

g Im ostdeutschen Braunkohle- und Chemierevier war die Luft noch stärker verpestet als in den schlimmsten Jahren des Ruhrgebiets. (*verschmutzen*)

h Alle Umweltprobleme sind in Nordrhein-Westfalen erfolgreich in Angriff genommen worden. (*lösen*)

i Der Rhein ist nicht mehr mit Blei, die Elbe nicht mehr mit Quecksilber vergiftet. (*verunreinigen*)

2 Wortschatz für Umweltschutzmaßnahmen. Welches Verb gehört zu welchem Nomen?

a	Kohlestaub aus dem Abraum	1)	reinigen
b	Abwasser	2)	herauswaschen
c	Offene Hausmülldeponien	3)	schließen
d	FCKW	4)	verbieten
e	Ozonloch	5)	schließen
f	Müllverbrennungsanlagen mit Filter	6)	nachrüsten
g	Kraftwerke und Industrieanlagen mit moderner Umwelttechnik	7)	ausrüsten
h	viel Schmutz aus dem Fluss	8)	erhalten
i	Artenvielfalt	9)	holen

3 Setzen Sie das richtige Verb in die Lücke. Man kann die Verben mehrmals benutzen.

> erhalten, herauswaschen, verbieten, ausrüsten, nachrüsten, reinigen, schließen, holen

a Die Stadtverwaltung wird in den nächsten Wochen insgesamt 418 Straßenlaternen mit sparsamen LED-Leuchten _____.

b Die Signalisierung der Kreuzung wird mit moderner und energiesparender Technik _____.

c Ältere Fahrzeuge können mit Tagfahrleuchten _____ werden.

d Wer sein Diesel-Auto älterer Bauart mit einem Partikelfilter _____ will, kann einen Zuschuss in Höhe von 330 Euro beim Bundesumweltministerium beantragen.

e In der Textilindustrie und anderen auf das Ausfuhrgeschäft spezialisierten Branchen mussten landesweit zahllose Betriebe _____.

f Die CDU-Vorsitzende Angela Merkel sagt, sie wolle Kernenergie nur noch als "Brückentechnologie" nutzen, bis andere Energieformen die Lücke _____ können.

g Er erklärte, dass Pattaya im Jahre 1985 über zwei Abwasserkläranlagen verfügt habe, welche 13.000 Kubikmeter Wasser pro Tag _____ konnten.

h So wie wir das Erz aus dem Boden herausholen und das Uran zu 90 Prozent _____, so füllen wir danach die Grube mit dem so genannten Abfall wieder auf.

Lektion 27   Text E

i) Die lange Regenzeit hat die mineralischen Stoffe _____.

j) Der Frieden ist immer gefährdet, jeder muss mithelfen, um ihn zu _____.

k) Er hat davon geträumt, mit dem offenen Jeep durch die Weiten Afrikas zu fahren, um die Tierwelt zu _____ und kranke Tiere einzufangen und sie zu pflegen.

l) Nachdem man uns Glühbirnen, Steaks und Flugreisen _____ wollte, war letzte Woche das Thema aktuell, dass sich scheiden zu lassen umweltschädlich sei: weil Getrenntlebende mehr CO_2 „verbrauchen" als Verheiratete.

m) Immer mehr Haus- und Firmenbesitzer _____ sich ihren Strom aus Sonnenenergie.

Sprechübung

Fassen Sie anhand der behandelten Texte die Erfolge der deutschen Umweltpolitik zusammen, die sich in 7 Bereichen widerspiegeln. Sie können die angegebenen Stichwörter benutzen.

- **Saubere Gewässer**: Kläranlage; keine Schaumberge; baden können; Lachse in den Flüssen
- **Saubere Luft**: weiße Wäsche hängt draußen; große Hochöfen stilllegen; keine Braunkohle; im Winter kein Smog mehr; Abgaskatalysator fürs Auto
- **Weniger Schadstoffe**: mehr Gifte aus Industrie und Landwirtschaft verbannen; Schornsteine mit Filter; keine Chlorverbindung mehr
- **Recycling**: Mülltrennung; Wertstoffe wiederverwerten; offene Mülldeponien schließen; keine Müllverbrennungsanlagen
- **Energiesparen**: Energiesparende Fahrzeuge und Geräte; ein Drittel weniger Energieverbrauch als 1990
- **mehr Wald**: die Fläche der Naturschutzgebiete versiebenfachen, Bäume wieder gesund
- **mehr Wildnis**: 15 Nationalparks, mehr Tierarten: Luchs, Blauflügellibelle, Fischotter, Adler

Test

Welcher Konnektor passt in die Lücke?

Warum Umweltschutz so wichtig ist

Viele Menschen behaupten, es wäre egal, was wir mit unserer Erde anstellen, _____ (weil, denn) unsere Sonne irgendwann sowieso erlischt und das Leben auf der Erde _____ (damit, darauf) ausgelöscht wird. Fakt ist _____ (trotzdem, aber), dass dies noch etwa 7 Milliarden Jahre dauert, _____ (während, inzwischen) bei der aktuellen Entwicklung der globalen Erderwärmung schon in 200 oder 300 Jahren eine neue Eiszeit entstehen könnte, die _____ (trotzdem, zwar) die Menschen nicht unbedingt auslöscht, _____ (darum, aber) die Bedingungen definitiv um einiges härter werden lässt.

_____ (folglich, zudem) können sich die Menschen durch ihre Technologie zwar vor der Kälte schützen, die Tiere _____ (deshalb, jedoch) nicht. 99% der gesamten Tierpopulation würde eine Eiszeit nicht überleben, was für uns wiederum bedeutet, dass auch eine Vielzahl der Nutztiere, Kühe, Schweine und Hühner wegfallen. Eine Eiszeit wäre aber _____ (gegebenenfalls, nur) die letzte Instanz einer langen Reihe von Veränderungen, _____ (dann, vorher) würden viele der flachen Länder einfach untergehen und das Klima würde sich stark verschieben. Nördlich gelegene Kontinente und Landmassen wären von starken Niederschlägen und harten Wintern betroffen, weiter im Süden gäbe es Hitzeperioden und _____ (darauf, dadurch) Wasser- und Nahrungsmangel.

Viele Leute behaupten, zum Klimaschutz nichts beitragen zu können, _____ (weil, deswegen) die größten Umweltverschmutzer die Industrien sind. Das ist einerseits richtig, _____ (andererseits, je nach dem) kann aber jeder Tropfen das Wasserglas zum Überlaufen bringen, egal von wem er kommt. Man muss _____ (jedoch, auch) für den Klimaschutz sein Leben nicht gänzlich auf den Kopf stellen, denn bereits kleine Dinge, wie zum Beispiel einfach mal mit dem Fahrrad zur Arbeit zu fahren oder statt Plastikverpackungen auf Pappschachteln zu setzen, können _____ (dazu, dabei) helfen, der Umwelt etwas Gutes zu tun und das Klima so lange wie möglich zu schonen.

http://www.plenum-rt.de/warum-umweltschutz-so-wichtig-ist/

Lektion 28
Vorbereitungen auf die Prüfung

Text A   Lektion 28

Text A Wer sich beobachtet fühlt, ändert leichter sein Verhalten

Einstieg

Lesen Sie die Überschrift und sprechen Sie zu zweit über die folgenden Fragen.

a   Vermuten Sie, worum es im Text geht.
b   Können Sie dafür ein Beispiel aus eigener Erfahrung nennen?

Leseverständnis

Lesen Sie den Text und beantworten Sie die folgenden Fragen.

a   Was wird im Text vorgeschlagen, um das Verhalten der Menschen zu verändern?

b   Wie wurde das Experiment durchgeführt?

c   Welches Untersuchungsziel wurde auf den Postkarten angegeben?

d   Wie war das Untersuchungsergebnis?

e   Warum haben die Befragten ihr Verhalten verändert?

f   Was bedeutet „sozial erwünscht" (Zeile 19)? Erklären Sie es mit eigenen Worten.

g   Zu welchem Ergebnis kamen Schwartz und seine Kollegen einige Wochen nach der Studie?

h   Was versteht man unter „Hawthorne-Effekt"?

i   Wie war das Untersuchungsergebnis in der Fabrik der Western Electric Company in den 1920er-Jahren?

269

Lektion 28   Text A

j) Welches Beispiel für den Hawthorne-Effekt findet man bei der Untersuchung medizinischer Therapie?

Wer sich beobachtet fühlt, ändert leichter sein Verhalten

Die Menschen sind bockig. Auf Veränderungen reagieren sie mit Widerwillen, wenn nicht gar mit blankem Zorn. Was lässt sich gegen diese störrischen Wesen unternehmen, wenn ihr Verhalten dennoch erfolgreich in eine Richtung gelenkt werden soll?

Aus der aktuellen Studie eines Teams um den Sozialwissenschaftler Daniel Schwartz von der
5   Carnegie Mellon University in Pittsburgh lässt sich folgende Empfehlung ableiten: Teilen Sie den Starrköpfen mit, dass ihr Verhalten für eine wissenschaftliche Studie untersucht und beobachtet wird.

Das klingt abstrakt und schwer umzusetzen, ist allerdings weniger abwegig als es scheint. Die Wissenschaftler schrieben zufällig ausgewählte Kunden eines Energieversorgers an, die binnen vier
10 Wochen fünf Postkarten erhielten. Darauf wurde den Verbrauchern mitgeteilt, dass sie ausgewählt wurden, um an einer einmonatigen Untersuchung teilzunehmen, die sich ihrem Stromverbrauch widmen würde.

Auf den Postkarten war keine Rede davon, dass es um die Einsparung von Energie oder um andere konkrete Ziele ginge – es wurde lediglich darauf hingewiesen, dass der Energieverbrauch im Fokus
15 stehe. Als die Forscher den tatsächlichen Stromverbrauch der Studienteilnehmer mit dem einer gleich großen aber ahnungslosen Kontrollgruppe verglichen, zeigte sich ein kleiner, aber klarer Unterschied: Die Haushalte, die vermeintlich an der Studie teilnahmen, hatten ihren Energieverbrauch um durchschnittlich 2,7 Prozent reduziert.

Die Probanden hatten ihr Verhalten offenbar so verändert, wie sie es für **sozial erwünscht** hielten.
20 In anschließenden Befragungen gaben viele auch an, dass das Ziel der Studie die Untersuchung von Strategien zur Energieeinsparung gewesen sei. In vorauseilendem Gehorsam passten sie ihren Energieverbrauch also entsprechend an.

Einige Wochen nach Ende der Studie überprüften Schwartz und seine Kollegen übrigens abermals den Stromverbrauch der Haushalte in den beiden Gruppen. Der Energieverbrauch hatte sich wieder
25 angeglichen. Wenn niemand kontrolliert, so mögen die Teilnehmer gedacht haben, ist auch kein Wohlverhalten mehr nötig.

Die Forscher werten ihre Ergebnisse als lupenreinen Hawthorne-Effekt. Hinter diesem Begriff verbirgt sich der Umstand, dass eine Studie häufig genau jenen Parameter verändert, der untersucht werden soll – schlicht, weil sich die Probanden besonderer Aufmerksamkeit bewusst sind, sich
30 beobachtet fühlen oder besonders eifrig mitarbeiten wollen.

Benannt ist der Effekt nach einer Fabrik der Western Electric Company im amerikanischen Ort

Hawthorne. Dort wurde in den 1920er-Jahren untersucht, wie sich künstliche Beleuchtung auf die Produktivität der Arbeiter auswirkte. Offenbar veränderte das bloße Wissen um den Versuch das Verhalten der Arbeiter bereits in die gewünschte Richtung.

35 Auch wenn das Ergebnis des ursprünglichen Versuches umstritten ist, existieren längst zahlreiche Belege für den Hawthorne-Effekt. Relevant ist er insbesondere bei der Untersuchung medizinischer Therapien. Denn meist bewirkt die Aufmerksamkeit durch einen Arzt oder die Fokussierung auf das eigene Befinden eine für den Patienten deutlich spürbare Veränderung.

Sebastian Herrmann, gekürzt nach
http://www.sueddeutsche.de/wissen/psychologie-wer-sich-beobachtet-fuehlt-aendert-leichter-sein-verhalten-1.1761211

Sprechübung

Wie lässt sich Ihrer Meinung nach das Phänomen erklären? Haben Sie ähnliche Erfahrung? Diskutieren Sie mit Ihrem Partner.

Redemittel:
- *Ich könnte mir gut vorstellen, dass ...*
- *Es ist möglich/vorstellbar/denkbar, dass ...*
- *Es kann sein, dass ...*

Wortschatzübung

1 **Welches Wort passt nicht in die Gruppe?**

a Proband, Versuchskaninchen, Teilnehmer, Testperson, Versuchsperson

b Untersuchung, Studie, Versuch, Experiment, Effekt

c bockig, störrisch, dickköpfig, eifrig, trotzig

d erforschen, verändern, untersuchen, vergleichen, beobachten

2 **Schreiben Sie die Sätze mit den in Klammern angegebenen Wörtern um. Achten Sie dabei auf die Änderung des Satzbaus.**

a Aus der aktuellen Studie **lässt sich folgende Empfehlung ableiten**. (*folgendes empfohlen werden können*)

b **Teilen** Sie den Starrköpfen **mit**, dass ihr Verhalten für eine wissenschaftliche Studie untersucht und beobachtet wird. (*j-m ankündigen*)

Lektion 28   Text A

c   Auf den Postkarten **war keine Rede davon**, dass... (*darüber nicht gesprochen werden*)

d   Es wurde lediglich darauf hingewiesen, dass der Energieverbrauch **im Fokus stehe**. (*im Mittelpunkt stehen / beachtet werden*)

e   In vorauseilendem Gehorsam **passten** sie ihren Energieverbrauch also entsprechend **an**. (*etw. verändern*)

f   Der Energieverbrauch **hatte sich** wieder **angeglichen**. (*ähnlich werden*)

g   ...schlicht, weil **sich** die Probanden besonderer Aufmerksamkeit **bewusst sind**. (*etw. spüren*)

Grammatische Wiederholung I

1   Bilden Sie aus folgenden Hauptsatzpaaren jeweils einen Hauptsatz mit Relativsatz.

a   Die Studentin arbeitet sehr fleißig. Wir helfen der Studentin gern.

b   Der Mann ist ein neuer Kollege in unserer Firma. Der Mann arbeitet gerade am Computer.

c   Der Bus hatte eine Panne und musste sofort repariert werden. Wir haben schon drei Stunden auf den Bus gewartet.

d   Heute Nachmittag kommt Herr Tilmann mich besuchen. Mit ihm bin ich vor 30 Jahren zusammen in die Schule gegangen.

e   Ich bin meinem Nachbarn sehr dankbar. Mit seiner Hilfe habe ich viele Sachen aus dem Feuer gerettet.

f   Du arbeitest zu wenig für dein Studium. Das ist der Grund, warum du immer noch vieles im Lehrbuch nicht verstehst.

g   Der Professor hat in seiner Vorlesung viel über theoretische Mathematik gesagt. Wegen sprachlicher Schwierigkeiten habe ich nichts verstanden.

h   Damals waren wir noch jung und haben zusammen viele Dummheiten begangen. Ich erinnere mich heute noch an diese Zeit zurück.

i) Meine Freundin hat heute unsere Wohnung aufgeräumt. Ich freue mich sehr darüber.

j) Viele neue Hochhäuser sind in der Nähe des EXPO-Geländes entstanden. Früher waren auf dem Gelände sehr viele Fabriken.

2 Wandeln Sie die Partizipialkonstruktionen in Relativsätze um oder umgekehrt.

a) Die von unserem Deutschlehrer entwickelten Aufgaben enthalten viel Humor.

b) Mit dem vor wenigen Minuten angekommenen Zug fahre ich nach Moskau.

c) Kennst du die gut aussehende Frau da in der Ecke?

d) Das schon zu seinen Eltern gelaufene Kind weint nicht mehr.

e) Die Experimente, die wir gestern Abend im Labor gemacht haben, sind sehr gefährlich.

f) Die Kamera, die Sie gestern empfohlen haben, funktioniert heute schon nicht mehr.

g) Die in Shanghai neu entstandenen Hochhäuser beeindrucken viele Touristen.

h) Das von den Germanistik-Studenten übersetzte Buch wurde im 19. Jahrhundert geschrieben.

i) Die Bilder, die mein Vater aufgehängt hat, haben unserer Wohnung ein neues Aussehen gegeben.

j) Der Staat versuchte mit allen Mitteln, das vor 500 Jahren im südchinesischen Meer versunkene Boot wieder aus dem Wasser zu holen.

k) Es gibt heute in der Zeitung überhaupt keine Aufsehen erregenden Ereignisse.

l) Die sich in Anting befindende kleine Stadt wurde von vielen berühmten deutschen Architekten konstruiert.

3 Wandeln Sie bitte die braun gedruckten Satzteile in Nebensätze um oder umgekehrt.

a) **Wenn Frau Jensen in der Küche arbeitet**, hört sie gern klassische Musik.

b) **Vor dem Kauf einer digitalen Kamera** hat er überall die Preise verglichen.

Lektion 28   Text A

c **Während der Fahrt mit dem Zug nach Beijing** spricht Herr Frühauf immer mit den anderen Fahrgästen.

d **Weil es einen Unfall gab**, hat der Zug drei Stunden Verspätung.

e **Trotz seiner Krankheit** arbeitet er ununterbrochen im Labor.

f **Um die Umwelt zu schützen**, müssen wir nach der Grill-Party die Abfälle selbst mitnehmen.

g **Ohne die Hilfe anderer** hat der Schüler den Text ins Englische übersetzt.

h **Nach dem Maschinenbau-Studium an der Universität Bochum** gründete er selbst eine Firma im Ruhrgebiet.

i **Seitdem die Studiengebühren eingeführt wurden**, geraten immer mehr Studenten in finanzielle Schwierigkeiten.

j **Dadurch, dass er viele Museen besucht hat**, hat er Kunst und Geschichte des Gastlandes kennen gelernt.

4 Bilden Sie Passivsätze.

a Man liest gern kurze und interessante Geschichten.

b Heute Nachmittag hat mein Bruder viele Briefe an seine Schulkameraden geschrieben.

c Wir reparieren den schwer beschädigten Wagen in unserer eigenen Werkstatt.

d Der Arzt hat den Patienten heute Morgen erfolgreich operiert.

e Der Zweite Weltkrieg zerstörte viele alte europäische Kulturstädte wie Dresden und Coventry.

f Die Nachbarn haben der alten und schwachen Dame viel geholfen.

g Wer hat die Tasche aus meinem Büro weggenommen?

h Man muss das schwerverletzte Kind sofort zum Notarzt bringen.

i) Die Polizei hat die drei Täter unter vielen Verdächtigen identifiziert.

j) Wir konnten diesem hässlichen und faulen Mann keine Ehefrau vermitteln.

Text B Traumberuf

Einstieg

Sprechen Sie mit Ihrem Nachbarn über folgende Fragen.

a) Von welchen Berufen träumen die jungen Männer und Frauen in Ihrem Heimatland? Warum?

b) Wissen Sie schon, was Sie beruflich am allerliebsten machen würden? Wie stellen Sie sich ihren Traumberuf vor?

Hörverständnis

Hören Sie den Text zweimal und schreiben Sie beim Hören die Antworten auf folgende Fragen. Notieren Sie Stichwörter.

a) Wie viel Prozent der Befragten arbeiten laut der Umfrage in Ihrem Traumjob?

b) Wie hat es Angelika Bentin geschafft, Fotografin zum Beruf zu machen?

c) Womit verbindet sie inzwischen ihre Liebe zum Fotografieren?

d) In welchen Ländern hält sie sich auf?

e) Was liebt sie besonders zu dokumentieren?

f) Was hat Christine Neder in New York studiert?

g) Wo liegt ihr eigentliches Interesse?

h) Worüber schreibt sie in ihrem Blog?

i) Wie verdient sie Geld?

j) Was hat Anthony Rößiger in den Sommerferien gemacht?

Lektion 28   Text C

k   Was sind seine Aufgaben im Pflegeheim?

l   In welchen Schichtdiensten muss er arbeiten?

Sprechübung

Sprechen Sie zu zweit über die folgenden Fragen.

a   Welcher obengenannte Beruf interessiert Sie am meisten?

b   Welche Voraussetzungen muss man Ihrer Meinung nach mitbringen, wenn man in diesem Beruf arbeitet?

c   Können Sie sich vorstellen, diesen Beruf auszuüben? Warum (nicht)?

Text C   Psychologie des Weinens

Einstieg

Sprechen Sie zu zweit über folgende Fragen.

a   Warum weinen kleine Kinder? Warum weinen Erwachsene?
b   Wer weint häufiger, Männer oder Frauen? Warum?

Leseverständnis

Lesen Sie den Text und beantworten Sie die folgenden Fragen.

a   Warum schreit ein kleines Säugetier?

b   Zu welchen Gefahren könnten diese Schreie führen?

c   Warum könnte Weinen ein sichereres Mittel für ein kleines Baby sein?

d   In was für Ländern wird am meisten geweint?

e Warum wird in solchen Ländern mehr geweint?

f Welche Vermutungen hatten die Forscher vor der Befragung?

g Was war das Ergebnis der Umfrage?

h Welche Anlässe haben Frauen zum Weinen?
-
-

Psychologie des Weinens

Warum weinen Frauen so viel mehr als Männer, und warum weinen Menschen überhaupt? Forscher grübeln intensiv über diese Frage, Erklärungen suchen sie in Kindheit und Kultur.

Der Psychologe Ad Vingerhoets von der niederländischen Tilburg Universität glaubt, dass Tränen der langen Kindheit des Menschen geschuldet sind. „Der Nachwuchs von jedem Säugetier macht
5 Geräusche, um Unbehagen zu zeigen, oder wenn Gefahr im Anmarsch ist", sagt Vingerhoets. Eine sinnvolle Erfindung, wenn Kreaturen klein und hilflos sind – doch ebenso potenziell gefährlich. Denn Schreie könnten auch Jäger anlocken und somit den Tod bedeuten. Menschenkinder brauchen den Schutz ihrer Eltern besonders lange. „Da war es evolutionär wohl wichtig, die Gefahren von akustischen Signalen loszuwerden, und sie durch ein sichereres Mittel zu ersetzen", sagt
10 Vingerhoets. Dieses sichere Mittel könnten Tränen gewesen sein. Das Weinen wäre also eine Light-Version des Brüllens, die zwar die Aufmerksamkeit der Eltern auf sich lenkt, Räuber aber fern hält.

Der Ansatz klingt logisch, doch er erklärt nicht unbedingt, warum auch Erwachsene mitunter hemmungslos schluchzen. Klar scheint, dass sich die Funktion der Tränen im Lauf des Lebens
15 wandelt. Doch je mehr Studien sie anfertigen, je mehr Tränen Probanden in ihren Labors vergießen, umso rätselhafter scheint es nur zu werden. Über 5 500 Personen in 37 Ländern befragten Forscher um Dianne van Hemert vom niederländischen Forschungszentrum TNO nach ihren Weingewohnheiten, etwa wie oft sie in den letzten vier Wochen geweint hatten. Und ein klarer Trend war erkennbar: Es waren nicht die Länder, in denen die größte Ungleichheit und
20 Unterdrückung herrscht, in denen am meisten geschluchzt wird. Sondern eher die Staaten, deren Einwohner als besonders glücklich gelten, oder die vergleichsweise weit entwickelt sind.

So weinen die Schwedinnen und die Brasilianerinnen weltweit am meisten, und unter den Männern sind die Italiener die größten Heulsusen. Deutsche Frauen und Männer liegen jeweils auf Platz 3. „In glücklichen und wohlhabenden Ländern wird mehr geweint", schreiben die Autoren im
25 Fachmagazin Cross-Cultural Research. Weinen sei also nicht Ausdruck des Unglücks, sondern eher

Lektion 28   **Text C**

ein Zeichen für Meinungsfreiheit und Toleranz. Die Menschen müssen sich trauen können, ihre Gefühle zu zeigen. In autokratischen Staaten geht das nicht immer, es besteht eine Art kultureller Tränenblocker.

In allen befragten Ländern weinten Frauen häufiger als Männer. Das hatten auch frühere Untersuchungen schon belegt. Die Forscher erwarteten jedoch, dass die Unterschiede sich in gleichberechtigteren Staaten angleichen würden. Die Emanzipation sollte doch dazu führen, dass Männer eher Gefühle zeigen und Frauen seltener Grund zum Weinen hätten. Das Gegenteil war der Fall: In Regionen wie Skandinavien, die bei der Gleichberechtigung von Mann und Frau weit fortgeschritten sind, lagen Männer und Frauen bei der Anzahl der Heul-Episoden noch weiter auseinander. Bei Männern fließen zwischen ein bis drei Mal in zwei Monaten Tränen, bei Frauen rund viermal so häufig, sagt Ad Vingerhoets.

Frauen haben öfter Anlass zum Heulen. Auch in fortgeschrittenen Staaten arbeiten weit mehr Frauen in sozialen Berufen, etwa in Krankenhäusern. Sie sind daher tendenziell öfter emotionalen Situationen ausgesetzt als Männer, die tagsüber in Büros herumhängen. Frauen werden auch öfter belästigt oder Opfer häuslicher Gewalt. In solchen Konfliktsituationen fühlen Frauen sich manchen Untersuchungen zufolge hilfloser in ihrer Wut. Das letzte Mittel könnten Tränen sein.

➡ Wortschatzübung

1   **Suchen Sie im Text synonyme Ausdrücke für „weinen" heraus.**

2   **Schreiben Sie die Sätze mit den in Klammern angegebenen Wörtern um. Achten Sie dabei auf die Änderung des Satzbaus.**

    a   Forscher **grübeln** intensiv über diese Frage, Erklärungen suchen sie in Kindheit und Kultur. (*nachdenken*)

    b   Der Psychologe glaubt, dass Tränen der langen Kindheit des Menschen **geschuldet sind**. (*die Ursachen sein / es liegt an etw.* (D))

    c   Der Nachwuchs von jedem Säugetier macht Geräusche, um Unbehagen zu zeigen, oder wenn Gefahr **im Anmarsch ist**. (*bald kommen / sich nähern*)

    d   Da war es evolutionär wohl wichtig, die Gefahren von akustischen Signalen **loszuwerden**. (*sich von etw. befreien*)

    e   Das Weinen wäre also eine **Light-Version** des Brüllens, die zwar die Aufmerksamkeit der Eltern auf sich **lenkt**, Räuber aber fern hält. (1. *leichte Variante*; 2. *richten*)

f Weinen sei also nicht Ausdruck des Unglücks, sondern eher ein Zeichen für Meinungsfreiheit und Toleranz. (*kennzeichnen / zeigen*)

g Die Menschen müssen sich trauen können, ihre Gefühle zu zeigen. (*den Mut haben / wagen*)

h In Regionen wie Skandinavien lagen Männer und Frauen bei der Anzahl der Heul-Episoden noch weiter auseinander. (*sehr unterschiedlich sein*)

i Frauen haben öfter Anlass zum Heulen. (*Grund*)

j Sie sind daher tendenziell öfter emotionalen Situationen ausgesetzt als Männer, die tagsüber in Büros herumhängen. (*von etw. negativ beeinflusst werden / etw. (D) unterliegen*)

Grammatische Wiederholung II

1 **Formen Sie die Passivsätze in Passiversatz um oder umgekehrt.**

a Dieses Wasser hier ist so verschmutzt, dass es nicht mehr trinkbar ist.

b Der MP3-Player kann leider nicht mehr repariert werden.

c Wenn wir den Verletzten nicht sofort ins Krankenhaus bringen, dann ist er nicht mehr zu retten.

d Ausgelaufene Batterien müssen schnell aus dem Kassettenrecorder herausgenommen werden.

e Die Bücher von Günter Grass lassen sich nur schwer in andere Sprachen übersetzen.

f Die Spielregeln müssen von jedem Teilnehmer beachtet werden.

g Er hat sich sehr verändert und ist nicht mehr zu erkennen.

h Die moderne Technik wird so weit kommen, dass ein Fernseher auch zusammengefaltet werden kann.

i Mit einem winzigen Gerät können alle gesprochenen Sätze automatisch in eine andere Sprache übersetzt werden.

Lektion 28   Text C

j Dieses Ereignis vor 500 Jahren lässt sich leider nicht mehr so leicht untersuchen.

k Nur in der Staatsbibliothek sind noch entsprechende Materialien zu finden.

l Weil diese Bücher sehr empfindlich sind, können sie nur mit besonderen Handschuhen angefasst werden.

m Die meiste Zeit über müssen diese Papiere in einem besonderen Schrank aufbewahrt werden.

n In diesem Schrank müssen Temperatur und Luftfeuchtigkeit ständig von Technikern beobachtet werden.

2 **Wandeln Sie die direkte Rede in die indirekte Rede um.**

a Die Journalistin schrieb: „Für diesen Bericht brauche ich mindestens zehn Jahre."

b Der Präsident dieser großen Firma sagte: „Ich habe von ganz unten angefangen."

c Mein Banknachbar fragt mich: „Kannst du mir bei den Mathematikaufgaben helfen?"

d Meine Mutter bittet mich: „Mache heute Morgen dein Zimmer sauber und räume die Sachen auf, die du nicht brauchst! Sei doch etwas ordentlicher!"

e Meine Lehrerin fragte mich heute im Unterricht: „Wissen Sie, wer Amerika entdeckt hat?"

f Mein Großvater erzählte immer: „Nach dem zweiten Weltkrieg musste ich sieben Jahre in russischer Gefangenschaft bleiben."

g Der Verteidigungsminister sagte im Fernsehen: „Der Irak-Krieg ist nicht zu vermeiden. Wir haben die Pflicht, das irakische Volk aus der Diktatur von Saddam Hussein zu befreien. Wir sind ganz sicher, dass wir den Krieg gewinnen werden."

h Ich bekam vor ein paar Tagen einen Brief aus Deutschland. Mein Freund schrieb in dem Brief: „Nun bin ich schon drei Monate in Deutschland. Hier gefällt es mir immer besser. Gestern war ich in einem sehr bekannten Museum. Es gab auch sehr viele Schüler da. Anscheinend haben die deutschen Schulen auch ihren Unterricht im Museum. Grüße bitte auch die anderen Studienkollegen ganz herzlich von mir."

i Meine neugierige Nachbarin fragt mich: „Aus welchem Land kommen Sie? Warum möchten Sie gern in Shanghai wohnen? Sprechen Ihre Kinder auch Chinesisch? Wo arbeiten Sie zurzeit? Feiert man in Ihrer Heimat auch ein Frühlingsfest?"

j Gestern hat mir Maria Folgendes erzählt: „Ich komme aus Hamburg. Ich interessiere mich sehr für chinesische Kultur. Deshalb habe ich schon sehr früh angefangen, Chinesisch zu lernen. Jetzt lebe ich in Shanghai. Ich fühle mich hier ganz wohl."

3 **Ersetzen Sie die unterstrichenen Ausdrücke durch entsprechende Modalverben.**

a **Möglicherweise** wird es heute Nachmittag regnen.

b **Ich bin überzeugt**, dass die Firma den Auftrag durch Bestechung bekommen hat.

c Mein Nachbar **behauptet**, drei Jahre in Deutschland gelebt zu haben. Dabei versteht er kein Wort Deutsch.

d **Ich halte es für ausgeschlossen**, dass diese Fußballmannschaft das Pokalspiel gewinnt.

e **Man sagt**, dass seine Frau schon seit drei Jahren im Gefängnis sitzt.

f **Ich vermute**, dass die Autos der Zukunft kein Benzin mehr verbrauchen.

g Er lernt im Sprachkurs sehr fleißig, weil **die Möglichkeit besteht**, dass er ein Stipendium bekommt.

h Die Aufgaben sind viel zu schwer. **Es ist unmöglich**, dass das Kind sie ganz allein gemacht hat.

i Mein Kollege hat **angeblich** persönlich mit der Bundeskanzlerin ein langes Gespräch geführt.

j **Es wäre denkbar**, dass wir zumindest an einem einzigen Tag im Jahr ganz auf das Privatauto verzichten.

Lektion 28   Text C

k Bei so viel Protest aus der Bevölkerung wird der Präsident **wahrscheinlich** noch innerhalb von drei Monaten zurücktreten.

4   Ersetzen Sie die Funktionsverbgefüge durch Vollverben.

a Bald fährt mein bester Freund in die USA. In der letzten Woche hat er schon Abschied von uns genommen.

b Bring doch deine Sachen in Ordnung! Wie sieht es aus, wenn gleich unser Gast kommt?

c Weil der Schauspieler schon seit mindestens 10 Jahren nicht mehr auftritt, ist er in Vergessenheit geraten.

d Jeder kann etwas tun, um seinen Beitrag zum Umweltschutz zu leisten.

e 100 000 Menschen gehen auf die Straße, um ihre Empörung über den Irak-Krieg zum Ausdruck zu bringen.

f Ich habe kein Verständnis für die Eltern, die ihre Kinder nur schlagen.

g Die bitteren Erlebnisse in seiner Kindheit haben negative Auswirkungen auf sein ganzes Leben.

h Wenn ein Atomkraftwerk einen Unfall hat, kann man ihn kaum unter Kontrolle bringen.

i Jemand, der immer anderen hilft, findet bei allen Kollegen Anerkennung.

j Die heutigen Jugendlichen haben kaum Interesse an Literatur aus dem 18. Jahrhundert.

k Die Konflikte zwischen den Menschen auf dem Land und denen in der Stadt müssen selbstverständlich gelöst werden. Aber kann uns jemand eine Antwort darauf geben, wie?

l Wir haben viele moderne Geräte. Aber niemand macht von ihnen Gebrauch.

m Die Finanzpolitik des neuen Ministers stößt landesweit auf heftige Kritik.

n Lass uns die Arbeit schnell zu Ende bringen, wir haben am Abend noch eine Tanzparty.

Probeprüfung

Teil 1 Hörverstehen (30 Punkte)

Hörtext 1 Der Optimismus der Uralten

Hören Sie den Text einmal und kreuzen Sie an, welche Aussagen richtig und welche falsch sind. (7 Punkte)

		richtig	falsch
a	Wissenschaftler der Universität Heidelberg haben mehr als 100 Hundertjährige befragt.		
b	Alle befragten alten Menschen leideten unter verschiedenen Krankheiten.		
c	75% der Hochbetagten waren mit ihrem Leben zufrieden.		
d	Die Hundertjährigen sind zufrieden mit Ihrem Leben, weil sie sich besondere Strategien angeeignet haben.		
e	Die Hundertjährigen waren weniger optimistisch als eine Vergleichsgruppe von 80 bis 94-Jährigen.		
f	Die äußeren Lebensbedingungen haben einen großen Einfluss auf die Lebenszufriedenheit.		
g	Die gesundheitlichen Probleme spielen dabei auch eine wichtige Rolle.		

Hörtext 2 Wie Smartphones den Arbeitsalltag belasten

Hören Sie den Text zweimal und beantworten Sie die Fragen in Stichpunkten. (23 Punkte)

a Was erforscht Professor Rücker? (2P)

b Welche zwei Bildschirme nennt Herr Rücker (2P)

c Wie oft blickt jeder Smartphone-Besitzer in Deutschland täglich auf sein Display? (2P)

d Welche Folge hat die Nachrichtenflut auf unser Gehirn? (2P)

e Was hat es zur Folge, wenn die Arbeit ständig unterbrochen wird? (4P)

Lektion 28   Probeprüfung

-
-
-
-

f Was schlägt Herr Rücker den Zuhörern vor? (4P)

-
-

g Wie verhält man sich, wenn man unter „Aufschieberitis" leidet? (2P)

h Wozu kann „Aufschieberitis" führen? (1P)

i Was fordert Herr Zimber von den Nutzern? (4P)

-
-

Teil 2   Leseverstehen (30 Punkte)

Der ideale Beifahrer

Keine Auffahrunfälle mehr, größere Sicherheit an Autobahnbaustellen und viel weniger Staus – das sind die wesentlichen Ziele der Forschungsinitiative AKTIV, die jetzt vom Bundeswirtschaftsministerium auf den Weg gebracht worden ist. Sie wird möglicherweise den Straßenverkehr revolutionieren.

5 Zuerst einmal bekam das Projekt einen klangvollen Namen: AKTIV. Diese fünf Großbuchstaben stehen für „Adaptive und kooperative Technologien für den intelligenten Verkehr". Unter dieser Überschrift arbeiten zurzeit 28 Unternehmen, Institute und Behörden, darunter Allianz und Audi, BMW, Bosch und die Bundesanstalt für Straßenwesen, Continental, Daimler-Chrysler, Ford und Opel, MAN Nutzfahrzeuge, die TU München, Volkswagen und Vodafone, die bis Mitte des Jahres
10 2010 gemeinsam neue Assistenzsysteme entwickeln wollen, um den Straßenverkehr sicherer zu machen.

Vor allem drei Entwicklungsschwerpunkte müssen in den nächsten drei Jahren vorangetrieben werden. „Wir wollen erstens neuartige Fahrerassistenz-Systeme entwickeln, damit sich die Verkehrsteilnehmer auf den Straßen künftig sicherer bewegen können. Zweitens werden
15 gemeinsam innovative Verkehrsmanagement-Technologien erarbeitet, um die Leistungsfähigkeit des Straßennetzes zu steigern", sagt Eberhard Hipp, Koordinator der Forschungsinitiative und Leiter der Technischen Vorentwicklung bei MAN Nutzfahrzeuge. „Schließlich soll ganz grundlegend erforscht werden, wie sich Verkehrsdaten zielgerichtet über das Mobilfunknetz

verschicken lassen, damit die Fahrer stets über den aktuellen Verkehrsstand informiert sind und die
Straßen mit viel Staus von vorne herein vermeiden können."

60 Millionen Euro stehen dafür zur Verfügung, knapp die Hälfte der Summe kommt vom Bundesministerium für Wirtschaft und Technologie. Was das Thema aktive Sicherheit betrifft, soll ein bei Gefahr selbstständig eine Notbremsung einleitendes Assistenzsystem zur Serienreife gebracht werden. So sind in Zukunft Auffahrunfälle gänzlich zu vermeiden. Auch beim Halten der Spur, beim Spurwechsel und in engen Streckenabschnitten wie etwa Autobahnbaustellen soll künftig ein Assistenzsystem helfen.

Die Sensor- und Softwaresysteme sollen später in allen Fahrzeugen der beteiligten Unternehmen identisch sein. Dabei wurde bei der Präsentation des Projekts hervorgehoben, dass eine Entmündigung des Autofahrers vermieden werden soll. Ein Ministeriumssprecher bezeichnete die künftigen Systeme als „idealen Beifahrer": „Stets aufmerksam, immer hilfsbereit, aber ganz unauffällig im Hintergrund."

Ein weiteres Ziel der Forschungsinitiative ist es, die Leistungsfähigkeit des Straßennetzes zu steigern. Als Ziel wurde ein um 15 Prozent reduziertes Staurisiko auf Deutschlands Straßen und eine um 10 Prozent erhöhte Kapazität genannt. Um dies zu erreichen, muss ein Verkehrsmanagement-System entwickelt werden, das unabhängig vom Hersteller die Verkehrsleitsysteme und die Verkehrsteilnehmer vernetzt. Mit Hilfe dieser Informationen können dann wiederum Ampeln und Schilderbrücken gesteuert oder Empfehlungen direkt in die Fahrzeuge geleitet werden.

Um diese Fülle von Informationen zu erhalten, soll in einem anderen Projekt mit dem Namen „Cooperative Cars" erforscht werden, ob und wie sich die vorhandenen Mobilfunknetze als Grundlage des Datentransfers eignen. Irgendwann, so hofft man, sammelt dann jedes Fahrzeug wichtige Straßen- und Verkehrsdaten und schickt diese an eine Leitzentrale, von dort erhalten dann wiederum alle Fahrzeuge im betroffenen Umkreis die für sie wichtigen Informationen. Dieses Projekt wird vom Bundesministerium für Bildung und Forschung mit rund zwei Millionen Euro gefördert.

http://www.spiegel.de/auto/aktuell/0,1518,455419,00.html

1 **Lesen Sie den Text und antworten Sie. (20P)**

a Was ist im Text mit dem „Beifahrer" gemeint? (2P)

b Was ist der komplette Name des Projekts? (2P)

c Welche drei Entwicklungsschwerpunkte in den nächsten Jahren werden im Text genannt? Für welchen Zweck sind die jeweiligen Schwerpunkte gedacht? (6P)

-
-
-

Lektion 28   Probeprüfung

d Wie funktioniert das Assistenzsystem, damit es nicht zu Auffahrunfällen kommt? (3P)

e Wobei können die neuen Assistenzsysteme auch eine helfende Rolle spielen? (2P)

f Wie könnte man die Leistungsfähigkeit des Verkehrsmanagements steigern? (2P)

g Welche konkreten Ziele verfolgt das Projekt „Cooperative Cars"? (3P)

2 Was bedeuten die braun gedruckten Ausdrücke im Kontext. (10P)

a Sie wird möglicherweise **den Straßenverkehr revolutionieren**.
- ☐ 1) die Straßenbautechnik auf den neuesten Stand bringen
- ☐ 2) die Staus im Straßenverkehr auf Minimum halten
- ☐ 3) grundlegende Veränderungen in den Straßenverkehr bringen

b ..., damit die Fahrer stets über den aktuellen Verkehrsstand informiert sind und die Straßen mit viel Staus **von vorne herein** vermeiden können.
- ☐ 1) von Anfang an
- ☐ 2) früh
- ☐ 3) frontal

c Was das Thema aktive Sicherheit betrifft, soll ein bei Gefahr selbstständig eine Notbremsung einleitendes Assistenzsystem **zur Serienreife gebracht werden**.
- ☐ 1) in kleinen Mengen herstellen
- ☐ 2) die Produkte technisch vervollständigen, damit sie massenhaft hergestellt werden können
- ☐ 3) reife Kunden gewinnen

d Dabei wurde bei der Präsentation des Projekts hervorgehoben, dass **eine Entmündigung des Autofahrers vermieden werden soll**.
- ☐ 1) Dem Fahrer soll jede Entscheidung genommen werden.
- ☐ 2) Dem Fahrer wird eine Extraschulung vermittelt werden.
- ☐ 3) Die Autofahrer können weiterhin selbst entscheiden, wie autonom sie fahren.

e Von dort erhalten dann wiederum alle Fahrzeuge **im betroffenen Umkreis** die für sie wichtigen Informationen.
- ☐ 1) Ort, wohin die Autofahrer fahren
- ☐ 2) Ort, wo sich die Autos gerade befinden
- ☐ 3) Ort, wo gerade viele Staus sind

Teil 3   Grammatik (15 Punkte)

1 Schreiben Sie die Sätze um. Verwenden Sie Vollverben. (0,5 × 3 = 1,5P)

a Die neue Technik **leistet** einen wichtigen **Beitrag** zur Verkehrssicherheit.

Probeprüfung **Lektion 28**

b Die Forschungsinitiative „Aktiv" **findet** bei den meisten Autofahrern **Anerkennung**.

c 28 Unternehmen und Forschungsinstitute **bekamen** den **Auftrag**, bis 2010 gemeinsam neue Assistenzsysteme zu entwickeln.

2 Wandeln Sie die folgenden Partizipialkonstruktionen in Relativsätze um. (0,5 × 3 = 1,5P)

a Das bei Gefahr selbständig eine Notbremsung einleitende Assistenzsystem soll zur Serienreife gebracht werden.

b Das den Straßenverkehr revolutionierende Forschungsprojekt wird vom Bundesministerium für Bildung und Forschung mit rund zwei Millionen Euro gefördert.

c Die durch die Verkehrsmanagement-Technologien gesteigerte Leistungsfähigkeit des Straßennetzes macht es möglich, dass es jetzt immer weniger Stau gibt.

3 Formen Sie die Passivsätze in Passiversatz um oder umgekehrt. (0,5 × 6 = 3P)

a Vor allem drei Entwicklungsschwerpunkte müssen in den nächsten drei Jahren vorangetrieben werden.

b Verkehrsdaten lassen sich zielgerecht über das Mobilfunknetz verschicken.

c Die Leistungsfähigkeit des Straßennetzes ist durch neue Technologie zu steigern.

d Um dies zu erreichen, muss ein Verkehrsmanagement-System entwickelt werden.

e Mit Hilfe dieser Informationen können dann wiederum Ampeln und Schilderbrücken gesteuert oder Empfehlungen direkt in die Fahrzeuge geleitet werden.

f Die wichtigen Informationen über den Verkehr sind per Mobilfunknetz erhältlich.

4 Wandeln Sie die direkte Rede in die indirekte Rede um. (1 × 2 = 2P)

a Der Spiegelreporter schrieb: „Nun passieren keine Auffahrunfälle mehr, man hat größere Sicherheit an Baustellen und es gibt viel weniger Staus."
Der Spiegelreporter schrieb,

Lektion 28   Probeprüfung

b Eberhard Hipp sagt: „Wir wollen neuartige Fahrerassistenz-Systeme entwickeln, damit sich die Verkehrsteilnehmer auf den Straßen künftig sicherer bewegen können."
EberhardHipp sagt,

5 **Bilden Sie Sätze mit Modalverben in subjektiver Bedeutung. (0,5 × 4 = 2P)**

a Ich habe gehört, dass ein Ministeriumssprecher die künftigen Systeme als „idealen Beifahrer" bezeichnete.

b Die neue Technik wird möglicherweise den Straßenverkehr revolutionieren.

c Vielleicht reduziert die Forschungsinitiative Aktiv das Staurisiko um 15 Prozent.

d Es ist zu vermuten, dass in Zukunft mit Hilfe der neuen Technik deutlich weniger Unfälle auf den Straßen passieren.

6 **Ergänzen Sie die fehlenden Wörter. (0,25 × 20 = 5P)**

Studieren in Deutschland

Das deutsche Hochschulsystem besteht aus einer Vielzahl verschieden_____ Institutionen. Dazu zählen Universitäten und Technische Hochschulen, Kunsthochschulen, Verwaltungshochschulen, Pädagogische Hochschulen und Fachhochschulen. Die Fachhochschulen entstanden vor allem in den 70er und 80er Jahren, _____ sehr viele junge Leute an die Hochschulen kamen. Die Lehrpläne der Fachhochschulen unterscheiden sich sehr stark _____ denen der Universitäten. Sie sind praxisorientierter und die Forschungsarbeit spielt _____ kleinere Rolle.

Die Hochschulen haben sich seit den 70er Jahren für die gesamte Bevölkerung geöffnet. So kamen z. B. in den 50er Jahren nur vier Prozent der Studienanfänger aus Arbeiterfamilien, heute sind _____ etwa 19 Prozent _____ an einer deutschen Hochschule studieren möchte, braucht keinen höheren gesellschaftlichen Status, _____ nur einen höheren Schulabschluss, das Abitur. Ausländer benötigen natürlich vergleichbar_____ Schulabschlüsse.

Das akademische Jahr gliedert _____ in Winter- und Sommersemester mit unterrichtsfreier Zeit von jeweils zwei bis drei Monaten. Wie ein Studium aufgebaut ist, wie lange es dauert usw., regeln die Studien- und Prüfungsordnungen, _____ von Universität zu Universität verschieden sind.

Normalerweise _____ das Studium unterteilt in zwei Abschnitte: das Grundstudium und das Hauptstudium. Je nach Studiengang variieren die Studienabschlüsse. Diplome vergeben vor allem die Technischen und Fachhochschulen. Am Ende eines geisteswissenschaftlich_____ Studiums steht dagegen der Magister.

Das vielfältige Angebot _____ mehr als 200 Studienfächern ist für junge Leute sehr interessant. Kein Wunder, _____ im Wintersemester 1996/97 mehr als 1,8 Millionen Studenten an deutschen Hochschulen eingeschrieben waren. Der Anteil der Studierenden _____ der gleichaltrigen Bevölkerung stieg seit den 50er Jahren _____ nur vier Prozent auf heute etwa 36 Prozent.

Die negative Seite dieser Entwicklung: Ende der 90er Jahre kamen auf jeden Studienplatz zwei Studierende. Dies führte u. a _____ Zulassungsbeschränkungen und den aktuellen Diskussionen _____ Studiengebühren.

Aber die Tatsache, dass heute jeder Dritte eine akademische Ausbildung absolviert, _____ von der Politik begrüßt. So sagte der Vorgänger der jetzigen Bundesbildungsministerin: „Viele meinen, wir hätten heute zu viele Studierende. Ich dagegen meine, wir können gar nicht genug gut ausgebildet_____ junge Menschen haben."

Teil 4 Textproduktion (15 Punkte)

Beschreiben Sie das Diagramm. Schreiben Sie einen zusammenhängenden Text von ca. 150 – 200 Wörtern unter Berücksichtigung der folgenden Aufgabenstellungen:

a Was könnten die Gründe für die Verbreitung von E-Books sein?

b Welche Auswirkungen hat diese Entwicklung auf traditionelle Bücher?

c Welches Medium bevorzugen Sie beim Lesen? Warum?

Jeder Vierte nutzt E-Books

Wer liest E-Books?
- 24% aller Bundesbürger
- 33% aller Bundesbürger, die Bücher lesen

Auf welchen Geräten lesen Sie E-Books?
- Laptop/Netbook: 56%
- Smartphone: 44%
- Stationärer PC: 32%
- Tablet Computer: 30%
- E-Reader: 27%

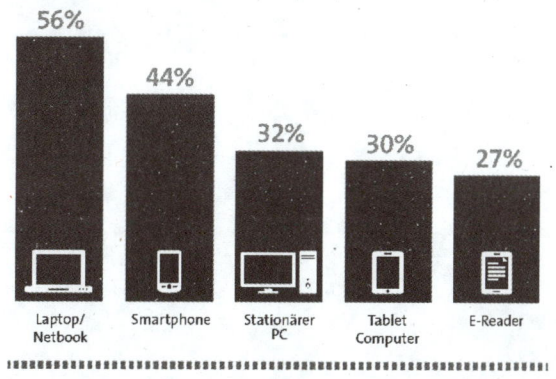

Quelle: Bitkom Research 2014

Lektion 28   Probeprüfung

Teil 5 Mündliche Prüfung (30 Punkte)

Bildbeschreibung

Sehen Sie sich das folgende Bild an und gehen Sie dabei auf die folgenden Punkte ein:

a Womit beschäftigen sich die Kinder?

b Warum sollen Kinder die Natur kennen lernen?

c Erzählen Sie etwas über Ihre Naturerlebnisse.

d Welche Rolle spielt Ihrer Meinung nach die Natur für uns?

Anhang 1 — Übersicht über verschiedene Redemittel

① Meinungen ausdrücken/argumentieren/diskutieren

Meinungen ausdrücken — L2/L7/L11/L12/L13/L19/L27

- Ich finde/meine/denke/glaube, dass...
- Meiner Meinung/Ansicht nach sollte/muss man...
- Meines Erachtens sollte man...
- Ich bin der Meinung, dass...
- Ich bin der Auffassung, dass...

Argumentation/Vor- und Nachteile nennen — L4/L8/L13/L17/L18/L20/L25/L26/L27

- ... bringt viele Vorteile/Nachteile mit sich.
- Für.../Dafür spricht, dass...
- Gegen.../Dagegen spricht, dass...
- ... hat den Vorteil/Nachteil, dass...
- Es ist vorteilhaft, dass...
- Es ist von Nutzen, dass...
- ... ist schädlich für...
- Für/gegen... spricht vor allem...
- Ein wichtiges Argument dafür/dagegen ist, dass...

Aufzählungen von Argumenten — L15/L17/L18/L19/L26

- Einerseits..., andererseits...
- Zu einem..., zum anderen...
- Außerdem/Darüber hinaus...
- Hinzu kommt etw. (N) /, dass...
- Nicht zuletzt...
- Nicht vergessen darf man etw./, dass...
- Schließlich...

Abschwächen von Gegenargumenten — L13

- Das finde ich auch, aber...
- Das sehe ich auch so, aber...
- Sie haben sicher Recht, trotzdem...
- Das ist zwar richtig, aber...
- Ich verstehe Ihre/deine Argumente/Meinung gut, aber...

Zustimmung/Widerspruch ausdrücken — L8/L13/L17/L24/L25

- Ich denke, diese Einstellung ist richtig/falsch, denn...
- Der Aussage kann ich völlig/nur teilweise/nicht zustimmen, weil...

Zustimmung:
- Der Meinung bin ich auch.
- Da stimme ich Ihnen/dir (völlig) zu.
- Ich schließe mich Ihrer/deiner Meinung an.
- ... hat Recht.
- Ich bin derselben Meinung wie...
- Ich begrüße...

Ablehnung:
- Das stimmt (aber) nicht.

Anhang 1

- Da bin ich aber anderer Meinung.
- Das finde ich nicht.
- Da muss ich Ihnen/dir widersprechen.
- Ich kann Ihnen/dir (leider) nicht zustimmen.
- Ich lehne die Meinung ab.
- Ihre/Deine Meinung kann ich nicht teilen.

etwas positiv/negativ bewerten　　　　　　　　　　　　　　　　　　L9/L11/L13/L19/L24/L27

- Ich finde... gut/schön/attraktiv/interessant/nicht gut/schlecht/absurd/erschreckend/...
- Ich halte viel/einiges/wenig/nichts von...
- Ich halte... für interessant/sinnvoll/aufschlussreich/genial/sinnlos/langweilig/absurd/überflüssig/unnötig...
- ... macht keinen Sinn.

Gründe nennen　　　　　　　　　　　　　　　　　　　　　　　　　　　L8/L12

- Folgende Gründe möchte ich dafür nennen.
- Erstens... Zweitens... Drittens...
- Der erste Grund dafür ist,...
- Ein weiterer Grund besteht/liegt darin, dass...
- Aus diesem Grund...

Ursachen nennen　　　　　　　　　　　　　　　　　　　　　　　　L18/L19/L23/L24

- ... ist auf... zurückzuführen.
- ... ist etw. (D) zu verdanken.
- ... basiert auf...
- ... ist die Ursache für...
- ... verursacht, dass...
- ... spielt dabei eine entscheidende Rolle.
- Eine weitere Ursache liegt wohl in...

Folgen nennen　　　　　　　　　　　　　　　　　　　　　　　　　　　　L14

- ... kann... verursachen/auslösen/hervorrufen/zur Folge haben/mit sich bringen.
- ... kann dazu führen, dass...

Funktionen nennen　　　　　　　　　　　　　　　　　　　　　　　　　　L27

- ..., hat die Funktion, dass...
- ... dient wohl dazu, dass...

einen Begriff erklären　　　　　　　　　　　　　　　　　　　　　　　　L4/L5

- Unter... versteht man...
- Als... bezeichnet man...
- In meinen Augen ist...
- Meiner Meinung nach bedeutet..., dass...

Assoziation ausdrücken　　　　　　　　　　　　　　　　　　　　　　　　L20

- Mit... verbinde ich zuerst...
- ... bedeutet für mich in erster Linie...
- Für mich hängt... mit... zusammen.

Bedeutung/Wichtigkeit ausdrücken　　　　　　　　　　　　　　　　　　L7/L14

- Für mich stellt... dar.
- Für mich ist...
- Für mich bedeutet...

Anhang 1

- ... ist für mich sehr wichtig./Mir ist... wichtig.
- ... spielt in... eine Hauptrolle/wichtige Rolle.
- Ich lege Wert auf...

Vermutungen ausdrücken   L5/L15/L23/L27

- Vielleicht/Vermutlich geht es in... um...
- Ich könnte mir gut vorstellen, dass...
- Es ist möglich/vorstellbar/denkbar, dass...
- Es kann/könnte sein, dass...
- Möglicherweise...
- Ich vermute, dass...
- Ich nehme an, dass...

Voraussetzungen ausdrücken   L13

- Um... zu..., muss man...
- Wenn man... will, muss man...
- Etwas/Dass man..., setzt... voraus.
- Ich gehe davon aus, dass...

über Probleme sprechen   L12/L14

- Ich werde wahrscheinlich/wohl Schwierigkeiten mit... bekommen/begegnen/treffen.
- Ich werde wahrscheinlich/wohl auf... stoßen.
- Das Problem würde ich dadurch bewältigen, dass...
- Die Schwierigkeit würde ich überwinden, indem...
- Man kann diese Krisen überwinden/überstehen/lösen, indem man...

2 etwas vorschlagen

Ratschläge und Tipps geben   L1/L13/L23/L24/L27

- Ich würde j-m zu... raten.
- Ich würde j-m raten/empfehlen/vorschlagen, dass...
- Ich würde j-m empfehlen/vorschlagen, +... zu..., weil...
- Ich würde j-m von... abraten. (Negation)
- Wenn Sie..., sollten Sie...
- Am besten sollten Sie...
- Erstens wäre denkbar, dass.../Ein weiterer Vorschlag wäre, dass.../Außerdem wäre es ratsam, dass...
- An Ihrer/deiner Stelle würde ich...
- Es ist empfehlenswert, dass...
- Es ist machbar, dass...

3 berichten

über interkulturelle Missverständnisse berichten   L8

- Ich habe gelesen/gehört, dass man in Deutschland nicht...
- In Deutschland gilt es als sehr unhöflich,...
- Von einem Freund weiß ich, dass man in Deutschland leicht missverstanden wird, wenn man...

Anhang 1

| über interkulturelle Gemeinsamkeiten/Unterschiede berichten | L1/L11/L13 |

- Beim Vergleich... in Deutschland und China fällt mir auf, dass...
- Sowohl die Deutschen als auch die Chinesen...
- Deutsche und Chinesen haben gemeinsam, dass sie...
- Im Gegensatz/Vergleich/Unterschied zu den Deutschen... die Chinesen...
- Während die Deutschen...,... die Chinesen...
- Während.../aber.../dagegen.../hingegen...
- Ähnlich/Gleich wie in Deutschland...

4 Vorliebe/Interesse ausdrücken

| eigene Vorliebe ausdrücken | L3/L16/L25 |

- Ich bin daran gewohnt,... zu...
- Ich mache... gern.
- Ich bevorzuge.../,... zu...
- Ich ziehe... vor.
- Mir gefällt besonders...
- Ich finde... besonders schön/gut.
- Ich nutze/gebrauche/verwende sehr oft...

| eigene Interessen ausdrücken | L5 |

- Ich würde am liebsten..., weil...
- Ich möchte mir unbedingt..., weil...
- Ich hätte große Lust zu..., weil...

5 Auskunft

| um Auskunft/Information bitten | L8 |

- Ich bin... und möchte gerne wissen,.../Ich interessiere mich für...
- Darf ich Ihnen ein paar Fragen stellen?
- Es geht um.../Es handelt sich um...
- Könnten Sie mir einige Informationen über... geben?
- Welche Voraussetzungen muss man erfüllen, wenn...
- Vielen Dank für Ihre Auskünfte/Informationen.

6 Beschreibung von Diagrammen und Schaubildern

Thema — L7/L10/L17/L19/L20

- In diesem Diagramm/Schaubild mit dem Titel... geht es um...
- Das Schaubild [Titel] informiert über...
- Das Diagramm zeigt die Veränderungen/die Entwicklung/die Verteilung...
- Das Schaubild [Titel] stellt... dar.
- Die Grafik bietet uns die Information über...
- Das Diagramm liefert Information über...

Quelle

- Das Diagramm ist/stammt von/vom/aus... aus dem Jahr...
- Das Diagramm von/vom/aus... informiert über...
- Als Quelle wird... angegeben.

Anhang 1

Legende

- Die Werte sind in Prozent/Million/Kilogramm... angegeben.
- Die Angaben erfolgen in Prozent/Million/Kilogramm...
- Die Grafik bezieht sich auf den Zeitraum von... bis...
- Die vorliegende Grafik umfasst den Zeitraum von... bis...

Vergleich

- die meisten/die wenigsten
- den höchsten/geringsten... haben
- am meisten/am wenigsten/am häufigsten...
- mehr... als.../weniger... als...
- ebenso/genauso viele... wie...
- nicht so viele... wie...
- im Unterschied/Vergleich zu/Im Gegensatz zu/Gegenüber...
- Während... (noch) bei... blieben, waren es... (nur noch)...

Reihenfolge

- an erster/zweiter/oberster Stelle/stehen... mit... Prozent/Stück
- Die Spitzenstellung nimmt.... ein.
- es folgt/folgen... mit... Prozent/Stück.
- ... bildet das Mittelfeld.
- ... bildet das Schlusslicht.

Entwicklung

- von... um... auf... sinken/fallen/zurückgehen/schrumpfen/(an)steigen/wachsen
- sich von... um... auf... verringern/vermindern/verkleinern/erhöhen/vergrößern
- von... um... abnehmen/zunehmen
- gegenüber (dem Jahr...) gleich/unverändert/konstant bleiben
- sich gegenüber (dem Jahr...) (nicht) verändern

Prozentanteile

- Der Anteil von... beträgt...
- Der Anteil von... liegt bei... %.
- Auf... entfallen ca... %.
- X macht... % des/der gesamten... aus.
- Etwas (N)... verteilt sich zu... % auf X, zu... % auf Y und zu... % auf Z.
- ... nimmt... % ein.
- ...% aller... sind/haben/machen...

Mengenangaben

- Die Kosten für... betragen... Euro.
- Die Ausgaben für... erreichen eine Höhe von... Euro.
- Die Einnahmen bei... liegen im Jahr... bei rund... Euro.

Schlussfolgerung

- Bezüglich des erfassten Zeitraums kann gesagt werden, dass...
- Aus der Grafik geht hervor, dass...
- Aus dem präsentierten Datenmaterial lässt sich erkennen/erschließen, dass...

Anhang 2 Liste wichtiger Funktionsverbgefüge

zum Ausdruck bringen	*ausdrücken*
zu Ende bringen	*beenden*
Anerkennung finden	*anerkannt werden*
Interesse an etw. (D) finden	*sich für etw. interessieren*
zu Ende führen	*beenden*
ein Gespräch führen	*sprechen*
eine Antwort geben	*beantworten / auf etw. (A) antworten*
die Erlaubnis geben	*erlauben*
einen Rat geben	*raten*
zu Ende gehen	*enden*
in Erfüllung gehen	*sich erfüllen*
in Abhängigkeit von etw. (D) geraten	*von etw. (D) abhängig werden*
in Gefahr geraten	*gefährdet sein*
Einfluss auf A haben	*beeinflussen*
zur Folge haben	*bewirken*
ein Referat halten	*referieren*
zum Ausdruck kommen	*ausgedrückt werden*
zu einem Schluss kommen	*schließen*
einen Beitrag zu etw. (D) leisten	*zu etw. (D) beitragen*
Abschied nehmen	*sich verabschieden*
Einfluss auf A nehmen	*beeinflussen*
einen Antrag stellen	*beantragen*
eine Frage stellen	*fragen*
eine Entscheidung treffen	*entscheiden*
Maßnahmen treffen	*handeln*

Anhang 3   Redemittel zur Bildbeschreibung

Eine Bildbeschreibung besteht grundsätzlich aus folgenden Teilen:

1.	Das Bild	Leitfrage: Was ist auf dem Bild zu sehen?
2.	Das Thema	Leitfrage: Was ist wohl die Absicht des Malers/des Fotografen/des Karikaturisten mit dem Bild?
3.	Das Bild und ich	Leitfrage: Welche Assoziationen habe ich?

1 Das Bild

- Auf dem Bild
- Im Mittelpunkt/In der Bildmitte/In der Mitte...
- Im Vordergrund/Im Hintergrund des Bildes...
- Vorne links/Vorne rechts...
- Hinten links/Hinten rechts...
- Am oberen Bildrand/Am unteren Bildrand...
- Links/Rechts

- ist/sind... zu sehen/
- sieht man....
- sehe ich...
- liegt/liegen...
- steht/stehen...

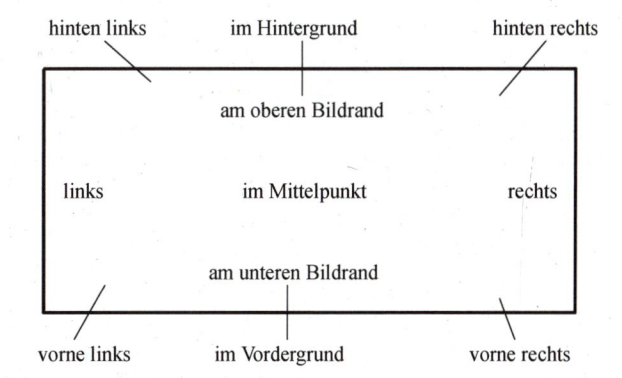

```
         hinten links      im Hintergrund      hinten rechts
                       am oberen Bildrand
         links              im Mittelpunkt         rechts
                       am unteren Bildrand
         vorne links       im Vordergrund       vorne rechts
```

2 Das Thema

Themendarstellung

- Das Bild möchte uns darauf aufmerksam machen, dass...
- Mit dem Bild möchte der Maler/Fotograf/Karikaturist darauf hinweisen, dass...
- Das Bild stellt das Problem von... dar, dass...
- Das Bild zeigt das Problem von...

Vermutung

- Das sieht so aus, als ob...
- Das scheint/scheinen... zu sein.
- Das könnte/könnten... sein
- Das ist/sind wahrscheinlich/offenbar/vermutlich/scheinbar...

Anhang 3

Besonderheiten

- Auffällig ist es, dass...
- Was mir dabei auffällt, ist/sind...
- Auffallend/Das Besondere daran ist, dass...
- Es fällt mir auf, dass...
- Überraschend ist, dass...

3 Das Bild und ich

Vergleich

- Mit... vergleichend, kann ich sagen, dass...
- Vergleicht man die dargestellte Situation mit..., dann kann man feststellen, dass...
- Im Vergleich mit der dargestellten Situation auf dem Bild...
- Im Unterschied zur dargestellten Situation...
- Eine ähnliche Situation...

Gedanken zum Bild

- Das Bild erinnert mich an...
- Ich persönlich war auch schon einmal in solch einer Situation,...
- Auch ich habe schon die Erfahrung gemacht, wie/dass...
- Ich habe noch nie die Erfahrung gemacht, wie/dass...
- Ich kenne die Situation gut/nicht, dass...

Anhang 4 Erarbeit eines Referats

Die folgenden Hinweise helfen Ihnen sowohl bei Ihrem Referat im Deutschkurs als auch später beim Studium in Deutschland.

Erster Schritt: Das Thema klären   L18/L21

Leitfrage: Was verlangt das Thema?
Jedes Wort des Themas muss genau abgegrenzt werden.
Beispiel: Das Bildungswesen in Deutschland
Bildung: 1. öffentlich, im Gegensatz zur privaten Erziehung;
2. allgemein, im Gegensatz zur Ausbildung, die auf einen bestimmten Beruf vorbereitet
Bildungswesen: Wesen bedeutet mehr als Struktur oder System; es schließt auch Inhalte und Probleme mit ein
Deutschland: kein Vergleich mit anderen Ländern
Wenn das Thema unklar formuliert oder zu umfangreich ist, muss eine präzisere Formulierung abgesprochen werden.

Zweiter Schritt: Stichwörter sammeln

Leitfrage: Wenn ich ein Referat zu diesem Thema hörte, welche Informationen würde ich erwarten?
Beispiel: Das Bildungswesen in Deutschland
Schulpflicht? Dauer? Schultypen? Aufbau? Abschlüsse? Voraussetzungen für das Studium? Fächer? Stundenplan? Lehrmittel? Unterrichtsmethoden? Probleme? Reformen? usw.

Dritter Schritt: Auswählen

Leitfrage: Wie lang darf mein Referat werden?
Nicht immer, aber meistens sind kurze Referate besser als lange.
Für die Diskussion, für Rückfragen usw. sollte ungefähr die gleiche Zeit wie für das Referat selbst eingeplant werden.

Vierter Schritt: Anordnen

Leitfrage: Wie kann ich die Informationen in eine sinnvolle Ordnung bringen?

Die eine richtige Einteilung gibt es nicht, aber es gibt bessere und schlechtere Einteilungen. Besser sind die Einteilungen, die vom Zuhörer leicht verstanden und während des ganzen Referats behalten werden können.
Ein gutes Referat hat einen „Roten Faden", das heißt die Informationen sind nach einem klar erkennbaren Prinzip geordnet. Dabei gibt es verschiedene Ordnungsprinzipien.

Beispiele:
- Historischer Ablauf: Geschichte Deutschlands von 1945 bis 1949
- Mehrere verschiedene Aspekte: Verkehrsprobleme der Gegenwart
  1) Verkehr auf dem Wasser
  2) Verkehr auf der Straße
  3) Verkehr auf der Schiene
  4) Verkehr in der Luft
- Funktionszusammenhang/Ablauf: Gefahren der Kernenergie
  1) Gefahren bei der Uranförderung
  2) Gefahren bei der Anreicherung
  3) Gefahren im Reaktor
  4) Gefahren bei der Wiederaufarbeitung
  5) Gefahren bei der Endlagerung

Anhang 4

- Von außen nach innen (von äußerlicher Beschreibung zu komplexeren Aspekten übergehen): Kurzer Überblick über mein Heimatland
1) Geographie und Klima
2) Bevölkerung
3) Wirtschaft
4) Politik
5) Gesellschaft und Kultur
6) Entwicklung

Bei Themen, die einen Vergleich erfordern, ist es besser, nach Aspekten oder nach einem Funktionszusammenhang zu ordnen. Wenn man dagegen erst A und dann B darstellt und am Schluss beide vergleicht, wird das Referat unübersichtlich und man muss sich häufig wiederholen.

Beispiel: Kohle und Erdöl als Energiequellen – ein Vergleich der Vor- und Nachteile.

Falsch:	Richtig:
• Vorteile der Kohle	• Vorräte u. Vorkommen
• Nachteile der Kohle	• Förderung
• Vorteile des Öls	• Transport
• Nachteile des Öls	• Verarbeitung
• Vergleich	• Verwendungsmöglichkeiten
	• Umweltbelastungen
	• Zusammenfassung

Fünfter Schritt: An die Zuhörer denken

Leitfrage: *Wer sind meine Zuhörer? Was wissen sie schon über das Thema? Was ist leicht für sie zu verstehen, und wo muss ich genauere Erklärungen geben? Was ist für die Zuhörer interessant?*

Was für die Zuhörer leicht zu verstehen ist, kann ich kurz behandeln. Was neu und überraschend ist, muss ich ausführlicher darstellen.

Beispiel: Gefahren der Kernenergie

Vor Technikstudenten muss man nicht viel über die Methoden der Kernspaltung erzählen, aber vor Studenten der Wirtschaftswissenschaften ist es vielleicht doch nötig.

Sechster Schritt: Formulieren

Leitfrage: *Wie muss ich mein Referat schreiben, damit ich es nachher mündlich vortragen kann?*

Wichtige Hinweise:
- Kurze Sätze. Hauptsätze.
- Klare Gedankenfolge. Ein Gedanke muss sinnvoll an den vorhergehenden anschließen.
- Wenig Pronomen. Es ist besser, das Substantiv zu wiederholen.
- Die Gliederung muss „hörbar" werden. In einem Buch gibt es Absätze und Zwischenüberschriften. In einem Referat müssen Sie das sprachlich ausdrücken. Sie müssen deutlich sagen, dass ein Abschnitt zu Ende ist und ein neuer beginnt.

Redemittel:

- Einerseits .../Andererseits ...
- Erstens ..., Zweitens ..., Schließlich ...
- Soviel zum ...
- Das war ...
- Ich gehe jetzt über zu/m/r ...
- Ich komme jetzt zu/m/r ...

- Am Ende jedes Abschnitts das Wichtigste noch einmal kurz zusammenfassen.
- Zahlen, Namen, Buchtitel, schwere Begriffe vorher an die Tafel schreiben oder ins Hand-out (s. u.) aufnehmen.
- Abstrakte theoretische Gedanken durch anschauliche Beispiele deutlich machen. (Beispiele dürfen nicht zu lang sein!)

- Jedes Beispiel abschließen mit kurzem Hinweis darauf, was das Beispiel zeigen sollte.

Redemittel:

- Dieses Beispiel zeigt uns, dass ...
- Diese Geschichte macht deutlich, wie ...
- An diesem Beispiel kann man sehen, wie ...
- Ich habe diese Geschichte erzählt, um zu zeigen, dass ...

Siebenter Schritt: Optische Hilfsmittel entwerfen

Leitfrage: Welche Teile meines Referats kann ich durch Tabellen, Skizzen, Abbildungen verdeutlichen?
Durch Tabellen, Diagramme oder Schaubilder sollte optisch verdeutlicht werden, was
- sich in Zahlen ausdrücken lässt oder
- in einem genau definierten Funktionszusammenhang steht.

Zahlen und Tabellen können Sie ins Hand-out aufnehmen (s. u.). Skizzen und Schaubilder müssen Sie an die Tafel oder auf eine Folie für den Overheadprojektor zeichnen, denn Sie müssen während des Referats auf die Abbildungen zeigen können.
Alle Tabellen, Schaubilder usw. müssen im Referat genau erklärt werden:

Redemittel:

- Diese Abbildung zeigt uns/macht deutlich/soll uns zeigen, wie ...
- Aus dieser Abbildung ist zu ersehen/ist ersichtlich/ergibt sich, dass ...

Achter Schritt: Einleitung schreiben

In der Einleitung geben Sie
- eine kurze Erklärung, wie Sie das Thema verstehen und wie es eingegrenzt werden soll,
- einen Überblick über den Aufbau des Referats sowie
- Hinweise auf Ihre Informationsquellen (Woher haben Sie Ihre Informationen?).

Redemittel:

- Das Thema meines Referats lautet ...
- Darunter ist zu verstehen ...
- Zunächst werde ich ...
- Anschließend ... Dann ... Und zum Schluss ...
- Für mein Referat benutzte ich folgende Bücher: ...

Neunter Schritt: Handout entwerfen

„Handout" bedeutet Hilfsblatt. Es sollte nicht länger als zwei DIN-A4-Seiten sein. Die Zuhörer bekommen das Handout zu Beginn des Referats. Auf dem Hand-out stehen:
- Name des Referenten
- Thema des Referats
- Gliederung
- Zahlenangaben (Tabellen, Diagramme)
- Namen
- Erklärung wichtiger Begriffe
- Literaturangaben

nach: *Studienreihe Deutsch als Fremdsprache*, Heft 4, Dortmund 1980

Anhang 5 Listen der Adjektive und Nomen zum Auswendiglernen

Liste 1 Adjektive mit Präposition

arm an + D.	Deutschland ist *arm an Rohstoffen*.
reich an + D.	Indien ist *reich an Menschen*.
schuld an + D.	Es wurde schnell herausgefunden, wer *an dem Unfall schuld* ist.
beteiligt an + D.	Er war *am Erfolg seiner Mannschaft beteiligt*.
interessiert an + D.	Die Universität ist *an einer Zusammenarbeit mit ausländischen Hochschulen interessiert*.
gewöhnt an + A.	Die Shanghaier sind *an das schlechte Wetter im Juni gewöhnt*.
angewiesen auf + A.	Manche Arbeitslosen sind *auf die Sozialhilfe angewiesen*.
eifersüchtig auf + A.	Das Mädchen ist *eifersüchtig auf ihre Schwester*.
neidisch auf + A.	Die Frau ist immer *neidisch auf ihre Nachbarin*, die einen guten Mann hat.
gespannt auf + A.	Ich bin *auf die nächste Folge meiner Lieblingsserie gespannt*.
neugierig auf + A.	Ich bin *neugierig auf ihren neuen Freund*.
stolz auf + A.	Wir sind sehr *stolz auf unsere Schüler*.
böse auf + A. /mit + D.	Ich bin *böse auf meine Schwester/mit meiner Schwester*.
wütend auf + A.	Die Demonstranten waren *wütend auf die Regierung*.
beschäftigt mit + D.	Die Schüler in China sind täglich *mit vielen Hausaufgaben beschäftigt*.
einverstanden mit + D.	Die Eltern sind *mit der Verlobung einverstanden*.
fertig mit + D.	Tina, bist du schon *mit deiner Arbeit fertig*?
vergleichbar mit + D.	Ich finde, dass der zweite Roman des Autors nicht *mit dem ersten vergleichbar* ist.
zufrieden mit + D.	Die Eltern sind sehr *zufrieden mit der Leistung ihres Sohnes*.
begeistert von + D.	Er ist sehr *begeistert vom Fußball*.
entfernt von + D.	China ist weit *entfernt von Europa*.
enttäuscht von + D.	Die Bürger sind *enttäuscht von dem neuen Bürgermeister*.
überzeugt von + D.	Manche europäischen Politiker sind *überzeugt von einem gemeinsamen Europa*.
(un)abhängig von + D.	Nach dem Studium werde ich finanziell nicht mehr *von meinen Eltern abhängig* sein.
frei von + D.	Dieses Getränk ist *frei von Farbstoffen*.
müde von + D.	Am Abend bin ich total *müde von der Arbeit*.
voll von + D.	Der Bus ist *voll von Gästen*.
(un)beliebt bei + D.	Fastfood ist fast *bei allen Kindern beliebt*.
begabt für + A.	Er ist sehr *begabt für Sprachen*.
bekannt für + A. /wegen + G.	Deutschland ist *für die Qualität der industriellen Produkte (wegen der Qualität der industriellen Produkte) bekannt*.
dankbar für + A.	Bist du deinen Freunden nicht *dankbar für ihre Hilfe*?
geeignet für + A.	Der Film ist *für die Kinder unter 12 nicht geeignet*.
offen für + A.	Das Turnier ist *offen für alle*, die daran teilnehmen wollen.
schädlich für + A.	Rauchen ist *schädlich für die Gesundheit*.
schmerzlich für + A.	Es ist *für mich schmerzlich*, dir die schlechte Nachricht zu sagen.
zuständig für + A.	*Für die Arbeitserlaubnis* ist das Ausländeramt *zuständig*.

verantwortlich für + A.	Die Frau war *für die Organisation verantwortlich*.
gut für + A.	Entspannung ist *gut für mich*.
gut in + D.	Ich bin *gut in Mathematik*.
gut gegen + A.	Die Medizin ist *gut gegen Durchfall*.
interessant für + A.	Das Angebot scheint *interessant für mich*.
erfahren in + D.	Er ist noch nicht so *erfahren in seinem Beruf*.
nachlässig in + D.	Der Professor ist sehr *nachlässig in der Kleidung*.
verliebt in + A.	Sie ist *verliebt in ihren damaligen Kommilitonen*.
empfindlich gegen + A.	Viele alte Leute sind *empfindlich gegen Kälte*.
immun gegen + A.	Er ist *immun gegen alle Werbungen*.
misstrauisch gegen + A.	Die Frau ist *misstrauisch gegen ihren Mann*.
sich einig über + A.	Ich bin mir mit meinem Geschäftspartner *über den Preis einig*.

Liste 2 Adjektive mit Dativ

ähnlich	Sie ist *ihrer Schwester* sehr ähnlich.
angeboren	Die Sprachbegabung ist *ihm* angeboren.
angemessen	Der Verdienst ist *seiner Leistung* angemessen.
bekannt	Sein Name ist *mir* nicht bekannt.
bewusst	Er ist sich *seiner Verantwortung* bewusst.
böse	Ich bin *meinem Konkurrenten* nie böse.
dankbar	Ich bin *meinem Lehrer* dankbar.
fremd	Selbstkritik ist *ihm* fremd.
gefährlich	Zu laute Musik kann *dem Gehör* gefährlich werden.
gegenwärtig	Der Name war *dem Professor* im Augenblick nicht gegenwärtig.
klar	Das ist *mir* nicht klar.
lästig	Die Hausaufgaben sind *mir* lästig.
möglich	Es ist *mir* möglich zu kommen.
nahe	Wir sind *dem Zielort* schon nahe.
nützlich	Meine Deutschkenntnisse sind *mir* nützlich im Studium in Deutschland.
peinlich	Sein Verhalten war *mir* peinlich.
recht	Ist es *dir* recht, wenn ich mitkomme.
schädlich	Meine schlechten Noten könnten *mir* bei einer Bewerbung schädlich sein.
schlecht	*Mir* ist heute ganz schlecht.
schuldig	Das bist du *mir* schuldig.
sympathisch	Die neue Lehrerin ist *mir* nicht sympathisch.
treu	Sie war *ihm* immer treu.
überlegen	Die chinesische Tischtennismannschaft war *dem Gegner* überlegen.
unterlegen	Die chinesische Fußballmannschaft war *dem Gegner* unterlegen.
verbunden	Ich fühle mich *meinem Heimatland* immer noch verbunden.
vergleichbar	Mein Lebensweg ist *dem meines Vaters* nicht vergleichbar.
wichtig	Die Freiheit ist *mir* wichtig.
willkommen	Du bist *mir* immer willkommen.

Anhang 5

Liste 3 Adjektive mit Akkusativ

alt	Der Säugling ist erst *einen Monat* alt.
breit	Der Schrank ist nur *einen Meter* breit.
dick	Das Buch ist 20 mm dick.
hoch	Der Wolkenkratzer ist fast 300 m hoch.
tief	Der Fluss ist etwa *zwölf Meter* tief.
lang	Der Koffer ist 70 cm lang.
schwer	Das kaiserliche Silberbesteck war *einen Zentner* schwer.
weit	Vögel können über 1 000 *Kilometer* weit fliegen.
wert	Die Aktien sind nur noch *die Hälfte* wert.

Liste 4 Nomen mit Präposition

e. Angst um + A.	Die *Angst um ihren Arbeitsplatz* machte den Mitarbeitern Sorgen.
e. Angst vor + D.	Aus *Angst vor seinem Vater* schwieg der Junge.
r. Ärger über + A.	Der ständige *Ärger über meinen Vorgesetzten* verdirbt mir die Lust zur Arbeit.
s. Interesse an + D. / für + A.	Man muss *das Interesse an Sport / für Sport* bei Kindern früh wecken.
e. Freude auf + A.	Die *Freude auf die Ferien* beschleunigt die Arbeit. (= Zukunft)
e. Freude über + A.	Die *Freude über die Geschenke* war groß. (= Vergangenheit/Gegenwart)
e. Entscheidung über + A.	Die *Entscheidung über die Bewerbung* wird nächsten Montag fallen.
e. Entscheidung für + A.	Die *Entscheidung für die Familie* bringt Frauen Nachteile bei der Karriere.
e. Entscheidung gegen + A.	Der Minister traf die *Entscheidung gegen eine* erneute *Kandidatur*.
e. Sorge um + A. (= Angst haben um)	Die *Sorge um die Kinder* lässt die Eltern unruhig sein.
e. Sorge für + A. (= sich kümmern um)	Die *Sorge für die Kinder* übernimmt nach der Scheidung meist die Mutter.
e. Voraussetzung für + A.	Die *Voraussetzung für die Zulassung zum Studium* ist die bestandene Test DaF-Prüfung.
e. Abhängigkeit von + D.	Die Industrieländer wollen die *Abhängigkeit vom Erdöl* verringern.
e. Bindung an + A.	Die *Bindung an die Familie* ist in China nicht so stark wie früher.
r. Bedarf an + D.	Der *Bedarf an Fachkräften* wächst.
e. Flucht vor + D.	Viele Menschen befinden sich auf der *Flucht vor dem Krieg*.
e. Rücksicht auf + A.	Aus *Rücksicht auf seine Eltern* geht er nicht ins Ausland.
r. Einblick in + A.	Die Bürger bekamen keinen *Einblick in die Unterlagen*.
e. Antwort auf + A.	Die *Antwort auf meine Frage* hat er mir immer noch nicht gegeben.
e. Entschuldigung für + A.	Die *Entschuldigung für seine Verspätung* wird nicht angenommen.
e. Enttäuschung über + A.	Sie weinte aus *Enttäuschung über ihre schlechte Note* in der Prüfung.
e. Frage nach + D.	Der Ausländer verstand die *Frage nach dem Weg* nicht.
r. Grund für + A.	Ich kenne den *Grund für seine Eifersucht* nicht.
e. Hoffnung auf + A.	Die *Hoffnung auf eine Lösung des Problems* ist groß.
e. Kritik an + D.	Die *Kritik an der Regierung* nimmt zu.
e. Liebe zu + D. / zwischen + D.	Aus *Liebe zu ihren Kindern* verzichtete sie auf den Beruf. Die *Liebe zwischen mir und meinem Freund* macht uns glücklich. (Ähnlich wie "Liebe" sind noch: Kontakt, Beziehung, Freundschaft, Partnerschaft, Verhältnis, Verbindung, Zusammenhang)
e. Feindschaft zwischen + D.	Die *Feindschaft zwischen den beiden Kollegen* dauert schon jahrelang an.

r. Mangel an + D.	Aus *Mangel an Beweisen* wurde er frei gesprochen.
r. Neid auf + A.	Europa schaut mit *Neid auf die hohen Wachstumsraten in den USA*.
s. Recht auf + A.	Das Grundgesetz garantiert das *Recht auf freie Meinungsäußerung*.
r. Respekt vor + D.	Ich habe *Respekt vor meinem Doktorvater*.
e. Rücksicht auf + A.	Aus *Rücksicht auf seine Eltern* bleibt er im Inland.
e. Suche nach + D.	Nach der Katastrophe begann sofort die *Suche nach Überlebenden*.
e. Teilnahme an + D.	Die *Teilnahme an diesem Kurs* ist für ihn ein Muss.
r. Überblick über + A.	Der neue Student hatte keinen *Überblick über sein Studium*.
e. Ursache für + A.	Die *Ursache für den Unfall* ist schnell ermittelt worden.
s. Urteil über + A.	Ich möchte kein *Urteil über ihn* treffen.
e. Verantwortung für + A.	Der Bürgermeister trägt die *Verantwortung für die Bürger der Stadt*.
s. Verständnis für + A.	Meine Eltern haben kein *Verständnis für meine Wahl des Studienfaches*.
e. Vorbereitung auf + A.	Das Deutschkolleg bietet die *Vorbereitung auf das Studium in Deutschland* an.
r. Wunsch nach + D.	Die Menschen haben den *Wunsch nach langem Leben*.
r. Zweifel an + D.	Der Richter hatte *Zweifel an der Glaubwürdigkeit des Zeugen*.